# FOOTBALL
# ET POLITIQUE

130, rue de Rivoli
75001 Paris
www.jcgawsewitch.com

ISBN : 978-2-35013-240-2

Antoine Grynbaum
et Romain Schneider

# FOOTBALL ET POLITIQUE

## Les liaisons dangereuses

Jean-Claude Gawsewitch Éditeur

## Des liaisons dangereuses

Le football, pris en otage dans la victoire comme dans l'échec. Douze ans après le sacre mondial des Bleus, Nicolas Sarkozy, au plus bas dans les sondages, aurait tant apprécié de pouvoir bénéficier, comme Jacques Chirac en 1998, d'un vent d'optimisme né des performances des tricolores lors du Mondial sud-africain. Raté, et dans les grandes largeurs. Les Bleus ont quitté l'Afrique du Sud piteusement, dès le premier tour, avec un seul point au compteur. Ils ont surtout défrayé la chronique par leur comportement extra-sportif. Hors du terrain, l'équipe a sombré dans le ridicule.

On connaît la suite. Une grève de l'entraînement inédite et surréaliste pour protester contre l'exclusion de l'attaquant de Chelsea. Cette campagne désastreuse d'Afrique du Sud conduira l'Élysée, le ministère des Sports et de nombreux députés à réclamer publiquement une refonte du football français. Et le monde politique est devenu fou... Entre les auditions en commission parlementaire de Domenech et d'Escalettes – l'ex-sélectionneur et l'ex-président de la Fédération française de football – et le président Sarkozy recevant à l'Élysée Thierry Henry – l'ex-capitaine de la sélection nationale –, le jour de la mobilisation contre sa réforme des retraites, l'ingérence de l'État a atteint des sommets inédits. De quoi faire oublier un temps le dossier des retraites, l'affaire Éric Woerth ou encore les annonces d'un plan de rigueur qui ne dit pas son nom.

Ingérence de l'État ? Oui, on peut affirmer que Jean-Pierre Escalettes a bien été poussé vers la sortie par le pouvoir : « Après France-Afrique du Sud, Escalettes nous a dit qu'il avait été très choqué parce qu'il voulait accompagner la ministre dans le vestiaire mais elle lui en a interdit la porte, affirmant que le président de la République ne le souhaitait pas [1] », révèle un membre de la mission d'information chargée de faire la lumière sur ce qui s'est passé à Knysna. Oui, on peut affirmer que c'est bien le président de la République qui a fait venir Thierry Henry à l'Élysée : « On lui a demandé si c'était lui qui avait sollicité l'entretien, ce à quoi il a répondu avec pertinence "Vous pouvez imaginer que je ne possède pas le numéro personnel du président de la République" », confirme le membre de la mission d'information. Et dans la tragicomédie de Knysna, des larmes ont coulé. Au lendemain de la grève, la ministre des Sports est intervenue auprès des joueurs pour les mettre face à leurs responsabilités. Selon elle, ils auraient pleuré. À en croire certains joueurs auditionnés, ulcérés par les propos d'après-Mondial de Roselyne Bachelot sur "les petits caïds faisant la loi auprès des enfants apeurés", c'est l'inverse qui s'est produit : « Ils nous ont dit "C'est elle [Bachelot] qui pleurait dans les vestiaires" », poursuit le membre de la mission d'information…

1. Entretien avec les auteurs le 25 août 2010.

Selon *France football* du 29 juin, Domenech, humilié après avoir lu le communiqué des joueurs justifiant la grève de l'entraînement du 20 juin, aurait décidé de rentrer à Paris. Qui l'en aurait dissuadé fortement au téléphone ? Le président lui-même. Pendant que la chancelière allemande Angela Merkel vibrait sur place devant les exploits de la Mannschaft, Nicolas Sarkozy, le passionné, est prudemment resté en France. Après le fiasco, il tente pourtant bien de se poser en sauveur du foot français. Il décide la tenue des États généraux sur le football et, deux jours après l'élimination, il reçoit Thierry Henry. Au grand dam de la FIFA (Fédération internationale de football association), qui rappelle sèchement à la France que le pouvoir politique n'a pas à s'immiscer dans les affaires de la Fédération. Oui, après le désastre de l'Afrique du Sud, on a atteint dans l'Hexagone le summum de l'ingérence politique…

En 1998 et en 2000, Chirac a surfé sur les victoires françaises, s'offrant une bouffée d'oxygène alors qu'il subissait une cohabitation difficile. Avec le fiasco des Bleus en Afrique du Sud, on assiste à une récupération à l'envers.

Depuis qu'il est président, Nicolas Sarkozy suit attentivement les dossiers de l'équipe de France. Il est en première ligne le 28 mai dernier lors de l'obtention de l'Euro 2016. Ce jour-là, il se rend à Genève à la dernière minute pour apporter son soutien à la candidature française. « Sarkozy s'est décidé très tardivement. À l'Élysée, les conseillers étaient très partagés[1] », assure un directeur de cabinet

1. Entretien avec les auteurs le 25 août 2010.

proche du dossier. En 2005, alors que la France briguait les jeux Olympiques 2012, finalement attribués à Londres, le président de l'époque, Jacques Chirac, avait effectué le déplacement jusqu'à Singapour et afin d'emporter la décision. Avec moins de réussite. Là où Chirac avait échoué, Sarkozy veut réussir en s'impliquant dans le dossier. À la mi-janvier, il avait notamment rencontré à l'Élysée Michel Platini, le président de l'UEFA. « Platini, qui est aujourd'hui un fin politique, ne voulait pas se fâcher avec Sarkozy, ni avec Merkel. Les pays qui refusent l'entrée de la Turquie dans l'Union européenne ne tenaient pas à ce qu'Ankara organise l'Euro. Tout cela est très politique, comme pour l'obtention des jeux Olympiques 2012, quand les membres du Comité international olympique, le CIO, ont voté pour Londres en raison de la guerre en Irak. Berlusconi avait envoyé des troupes pour soutenir les États-Unis et l'Angleterre alors que la France avait refusé. Il y avait quatre ou cinq membres italiens et ça s'est joué à deux voix », assure cette même source.

La France, annoncée grande favorite pour l'Euro 2016, l'emportera sur le fil par sept voix contre six. Au plus bas dans les sondages, Sarkozy serait-il allé en Suisse s'il avait eu vent d'échos négatifs ? Arrivé au siège de la FIFA à la dernière minute, le président aurait-il pris le risque politique de s'exposer en première ligne ? On peut en douter. « Si les conseillers de l'Élysée avaient su que ça allait être aussi serré, Sarkozy n'y serait pas allé. À l'Élysée, on avait des informations comme quoi la France remporterait le vote avec plusieurs voix d'écarts. Pas une ! », assure le même directeur de cabinet. Il est vrai que Sarkozy avait déjà réussi un joli coup en convainquant Zinedine Zidane de l'accompagner à Genève. Un Zidane qui avait pourtant toujours pris soin d'éviter toute récupération politique. Pour saluer la victoire française, le président de la République a préféré le « nous » au « je ». Et Rama Yade, la secrétaire d'État aux Sports, en chœur avec Roselyne Bachelot, sa ministre de tutelle, de louer l'implication présidentielle. Les réactions dans l'opposition n'ont pas tardé à se faire entendre. Le 29 mai, à son arrivée à une convention du PS à La Plaine Saint-Denis, le Premier secrétaire du PS, Martine Aubry, accusait Sarkozy de tirer la couverture à lui : « C'est une victoire collective, il faut arrêter de récupérer, c'est minable. » Une nouvelle polémique née du football qui, lui, n'a rien demandé. Le football, opium du peuple pour les politiques. Quand tout va bien, on s'affiche avec les héros. Quand tout va mal, on hurle avec les loups. On stigmatise l'argent fou du foot, le comportement désinvolte des joueurs… Parce qu'il fédère l'ensemble d'une nation, le football devient logiquement un instrument de manipulation par les puissants.

Les temps changent. Il y a quelques années encore les hommes politiques français hésitaient à exprimer leur passion en public, ou tout du moins leur intérêt pour le football, puisque ce n'était pas un sport jugé très noble. La Coupe du Monde 1998 a tout changé. Beaucoup d'élus ont fait leur « *coming out* » en matière de football. Et aujourd'hui, les politiques, très sollicités par les médias, sont devenus de véritables commentateurs de foot. Alors bien sûr il y a des passionnés sincères, comme Daniel Cohn-Bendit,

Éric Besson ou le regretté Philippe Séguin. Mais pour quelques amateurs éclairés, combien de commentateurs opportunistes !

Pour Frédéric Lefebvre, porte-parole de l'UMP, ce sont les médias qui poussent les politiques à parler football. Et non l'inverse. « Deux chaînes de télévision m'ont poursuivi parce qu'elles voulaient savoir si elles pouvaient me filmer en train d'assister à un match de l'équipe de France lors de la dernière Coupe du Monde… J'ai refusé et je l'ai regardé chez moi tranquille avec mon fils. Ils m'ont bassiné ! Il ne faut pas expliquer que ce sont les politiques qui cherchent à s'exprimer sur le foot, c'est vous, journalistes, qui passez votre temps à demander notre avis [1]. »

Le football, encore et toujours véritable fait de société. Le grand divertissement planétaire du siècle, à l'impact considérable. Un sport universel qui échappe au monde du football et aux footballeurs. Son instrumentalisation ? Le phénomène n'est pas nouveau. On peut multiplier les exemples historiques. Autres temps, autres contextes. En 1934, Benito Mussolini utilise l'accueil du Mondial pour lancer une opération de propagande. Les dignitaires du parti fasciste remplissent les stades et scandent : « *Italia ! Duce !* » Les agissements de Silvio Berlusconi, bien des années plus tard, incarnent le plus bel exemple d'instrumentalisation du football à des fins politiques. Président d'une équipe mythique au palmarès impressionnant, l'AC Milan, il a su profiter de l'impact médiatique de ce sport pour convaincre les

1. Entretien avec les auteurs le 6 juillet 2010.

Italiens qu'il ferait un très bon Premier ministre… Quand politique et football sont intimement liés, cela donne aussi parfois de beaux symboles. En 1974, pour la première et dernière fois en quarante-cinq ans de séparation allemande, la RFA et la RDA s'affrontent lors du premier tour de la Coupe du Monde. À la surprise générale, c'est l'Allemagne de l'Est qui l'emporte, 1-0. Cette victoire, vécue comme celle du communisme sur le capitalisme, entraîne des scènes de liesse de l'autre côté du mur de Berlin. Quelques années plus tard, lors du Mondial 1998, le tirage au sort met aux prises, dès le premier tour, deux nations aux relations très tendues : les États-Unis et l'Iran. Le match, remporté par les Iraniens (2-1), se déroule finalement dans une ambiance pacifique, les joueurs posant même ensemble pour la photo. Beau symbole, là aussi.

Pour enquêter sur les relations entre le football et la politique, nous avons contacté des hommes politiques de tous bords et des acteurs du football. Certains politiques, vrais passionnés, comme le député européen Modem Jean-Luc Bennahmias, se sont prêtés au jeu facilement. D'autres, comme le ministre de l'Identité nationale, Éric Besson, se sont fait désirer. Si la ministre de la Santé et des Sports Roselyne Bachelot a préféré s'abstenir, sa secrétaire d'État, l'incontournable Rama Yade, a joué le jeu et justifié ses nombreuses sorties sur les Bleus. Plus d'une cinquantaine d'intervenants, politiques, présidents de club, joueurs, journalistes, sociologues, témoignent. Entre coups de cœur et coups de sang. Parmi eux, des footballeurs qui se sont aventurés sur le terrain politique. L'expérience a souvent un goût amer pour ceux qu'on a tenté de récupérer, comme Dominique Rocheteau, ou pour ceux qui se sont engagés, comme l'ancien gardien auxerrois Fabien Cool. Nous avons aussi rencontré des politiques qui ont été acteurs dans le monde du football. Frédéric Saint-Sernin, l'ancien conseiller de Jacques Chirac, explique dans un témoignage émouvant pourquoi le football l'a rendu malade. Nous avons sollicité le témoignage de Bernard Tapie, auquel nous consacrons un chapitre, qui relate son ascension et sa chute en politique. Ancien ministre, ancien président de l'OM, celui qui a failli briguer la mairie de Marseille n'a pas souhaité répondre à nos questions, expliquant qu'il ne voyait pas en quoi un livre axé sur les liens entre politique et football pouvait bien le concerner !

L'étrange relation entre football et politique ne se résume pas seulement à la récupération de l'équipe nationale. Elle provoque parfois de sulfureux mélanges des genres entre clubs et municipalités. Les responsables politiques vont dans les stades parce que le football est une discipline populaire. Ils y vont car ils sont certains d'être vus par leurs électeurs. Les décisions des élus locaux influent sur la vie des clubs français. Le couturier Daniel Hechter témoigne de ses déboires avec les politiques dans les années 1970 et 1980. L'élu marseillais Renaud Muselier revient sur sa présidence forcée de l'OM après le dépôt de bilan du club, au milieu des années 1990. L'ancien maire d'Auxerre Jean-Pierre Soisson se délecte d'anecdotes sur l'AJ Auxerre. Le président du LOSC Michel Seydoux parle de ses rapports avec Martine Aubry et les hommes et femmes politiques du Nord. Le maire de Lyon Gérard Collomb explique sa relation avec le très puissant Jean-Michel Aulas. Le maire de Paris Bertrand Delanoë se confie sur les déboires du PSG. Qu'ils soient amateurs ou non, les acteurs locaux ou nationaux sont bien « obligés » de s'intéresser au football. Car, comme l'a dit un jour le célèbre entraîneur écossais, Bill Shankly : « Le football ce n'est pas une question de vie ou de mort. C'est bien plus important que cela. »

# 1
# L'équipe de France otage des politiques

Le dimanche 20 juin 2010 restera à marquer d'une pierre noire pour le football français. Les Bleus ont piteusement perdu 2-0 contre le Mexique trois jours plus tôt. Les espoirs de qualification sont presque perdus. Le groupe se disloque après l'exclusion de Nicolas Anelka, le samedi 19 juin. Tout est parti des propos insultants qu'aurait balancés Anelka à son sélectionneur : « Va te faire enculer, sale fils de pute. » « Sans l'article de *L'Équipe*, rien ne se serait passé. Il suffisait de faire un communiqué pour démentir qu'Anelka avait tenu les propos qu'on lui prêtait. Et l'incident aurait été réglé [1] », assure le membre de la mission d'information chargée de faire la lumière sur la grève de Knysna. « Les joueurs avaient obtenu qu'Anelka aille s'excuser, poursuit cette source. Il a quitté le président Escalettes en bons termes puisqu'il est allé lui dire au revoir. L'attaquant de Chelsea a par ailleurs refusé des excuses publiques à Domenech, mais accepté des excuses privées à son sélectionneur ; Domenech n'a rien fait pour le recevoir », renchérit le membre de la mission d'information.

1. Entretien avec les auteurs le 25 août 2010.

Domenech ne ressortira pas grandi de la grève de Knysna. Piteuse image du sélectionneur qui lit lui-même le communiqué des joueurs justifiant leur refus de s'entraîner. Le texte a été rédigé par l'avocat de Toulalan, comme le révélera le *Journal du dimanche* du 11 juillet. Consterné par la tournure des événements, le président délégué de la FFF (Fédération française de football), Jean-Louis Valentin, qui n'était pas, à l'instar de Jean-Pierre Escalettes, informé de la grève des joueurs, prend ses responsabilités et quitte les lieux, ce fameux dimanche 20 juin, sous les yeux incrédules de centaines de journalistes. Haut fonctionnaire et homme politique élu dans la Manche, il a notamment été directeur de cabinet de Jean-Louis Debré, ancien président de l'Assemblée nationale. Valentin revient sur cette folle journée : « Je ne regrette pas ma démission. C'était la seule possibilité, placé là où j'étais, de montrer ma désapprobation par rapport à ce que représente l'équipe de France et aussi par rapport à la Fédération. C'étaient des événements d'une gravité telle qu'ils portaient atteinte à l'équipe de France. La suite m'a plutôt donné raison. Nous n'avions pas les moyens, nous dirigeants, de répondre de manière satisfaisante à ce qui se passait en engageant un dialogue d'avance voué à l'échec. Nous avons été piégés. Il fallait en tirer les conséquences. Si nous avions su avant ce qui se préparait on aurait pu dialoguer et trouver des solutions. Mais là, trop c'était trop. J'ai servi la Fédération. Mais cette grève, c'était une énorme erreur par rapport au maillot et aux valeurs que les Bleus sont censés incarner [1]. » Et l'ex-président

1. Entretien avec les auteurs le 31 août 2010.

délégué de dévoiler l'incroyable manque de communication entre Escalettes et Domenech.

« Escalettes a été mis au courant de l'incident Anelka très tard. Cela peut paraître étrange aux observateurs extérieurs. Ce n'est pas un mode de fonctionnement satisfaisant, il est vrai. Mais dans l'organisation des Bleus, depuis longtemps, c'est normal. Ce qui se passe dans le vestiaire reste au niveau du staff technique. Les instances politiques sont loin du staff technique et du terrain. C'est l'un des problèmes des Bleus à résoudre. Le président de la Fédé n'est pas placé dans la position d'un président de club vis-à-vis de son équipe. Les infos remontent lentement. Il y a une culture de l'éloignement des dirigeants chez les Bleus. Et ce n'est pas propre à Domenech. La distance entre les dirigeants et la sphère technique ne date pas d'hier. Les propos de vestiaire doivent être confinés au vestiaire. Quand on est loin de l'action, il est plus difficile d'intervenir. Les instances politiques de la Fédération ont une responsabilité. Domenech aurait pu s'appuyer davantage sur les dirigeants et les dirigeants auraient dû s'impliquer plus. C'est la grosse lacune du système. Les dirigeants sont là pour donner au staff technique les moyens d'agir mais ils n'ont pas le pouvoir d'impulsion et de direction qu'ils devraient avoir. Et ils n'ont pas un pouvoir d'anticipation. » Et de conclure, implacable : « L'image que l'on a donnée était inacceptable. Il fallait un geste fort pour montrer qu'on ne l'acceptait pas. J'ai démissionné en disant que c'était un scandale. » Un scandale qui va rapidement tourner au drame national. Et à l'interminable feuilleton. La mission d'information a rendu son rapport le 6 août. Cinq acteurs de la grève ont été déférés. Nicolas Anelka, Franck Ribéry, Patrice Évra, Éric Abidal et Jérémy Toulalan ont été désignés pour leur implication présumée dans la grève de Knysna. Le 17 août, la commission de discipline de la Fédération française a frappé fort. Nicolas Anelka a été sanctionné par dix-huit matchs de suspension, soit environ deux ans de privation des Bleus ; Évra a été privé de cinq rencontres, Ribéry de trois, Toulalan de une, Abidal a été dédouané. « Déférer vingt-trois joueurs, c'était ingérable matériellement. Et c'était saborder l'équipe de France et empêcher Laurent Blanc de travailler. À mon avis, la Fédération n'aurait pas été à l'abri de la démission du nouveau sélectionneur », poursuit le membre de la mission d'information. Un drame national qui ne va pas échapper au monde politique.

## Une mutinerie qui fait beaucoup parler

Si l'affaire du bus n'avait pas existé, la crise sportive des Bleus aurait, à n'en pas douter, moins interpellé le monde politique. « Le football est devenu un phénomène de société de première importance. Il y avait une crise morale, cette fois. Dès lors, la politique est appelée à donner son opinion et à se saisir du dossier. Pourquoi tout le monde donnerait son opinion sauf les représentants de la nation ? Dès lors que l'image de la France était abîmée par le retentissement de cette affaire, je n'ai pas été choqué que le pouvoir politique montre qu'il n'était pas indifférent », estime Jean-Louis Valentin. En 2002, aussi, la

France avait touché le fond au Mondial asiatique. Les politiques n'avaient rien dit ou presque. Autres temps, autres réactions…

Après le refus des joueurs de s'entraîner, les analyses fusent. Certains profitent de la conduite inqualifiable des Bleus pour faire de la politique politicienne. Dans un communiqué du 20 juin, Marine Le Pen va jusqu'à demander la démission de la ministre des Sports pour « l'humiliation mondiale subie par le pays ». Le socialiste Jérôme Cahuzac, sur Radio J, le même jour, dresse un parallèle entre les maux Bleus et le gouvernement Sarkozy : « Il règne en équipe de France un climat qu'au fond Nicolas Sarkozy a exalté. C'est l'individualisme, l'égoïsme, le chacun pour soi et la seule échelle de valeur de réussite humaine, c'est le chèque touché en fin de mois. » Dans le *Journal du dimanche* du 27 juin, le socialiste Manuel Valls en profite pour tacler l'ancien Premier secrétaire du PS : « L'équipe de France, c'est comme le PS de François Hollande : on perd mais on garde les mêmes. »

« L'équipe de France n'est plus une équipe », estime sur i>Télé, le 20 juin, Henri Guaino, conseiller spécial de Nicolas Sarkozy. L'attitude déplorable de Raymond Domenech refusant de serrer la main de Carlos Alberto Parreira, l'entraîneur brésilien des Bafana Bafana, lors de la défaite contre l'Afrique du Sud, inspire aussi les politiques. Luc Chatel se déclare, sur Canal +, « terriblement en colère », en tant que ministre de l'Éducation nationale. « Je pense aux centaines de milliers d'éducateurs qui, tous les dimanches, expliquent aux benjamins du plus petit club amateur qu'on sert la main de son adversaire ! »

Sur ordre du président de la République, la ministre des Sports Roselyne Bachelot est restée en Afrique du Sud jusqu'au bout du désastre. Un directeur de cabinet proche du dossier décrypte la stratégie de Bachelot : « En arrivant en Afrique du Sud, elle s'est rendu compte du vide absolu de la structure fédérale. Un vide matérialisé par l'absence totale de communication maîtrisée, comme ce devrait être le cas pour une grande fédération sur un événement de cette importance. Par exemple, Escalettes n'avait pas de revue de presse matinale. Bachelot, avec deux ou trois de ses conseillers, est en relation constante avec Sophie Dion, la conseillère sport de Sarkozy, mais au sein du gouvernement on improvise tout car on ne s'attendait pas à toutes ces polémiques. » La ministre prend donc les choses en main, quelques heures après l'affaire du bus : « J'appelle chacun à sa responsabilité, j'appelle chacun à la dignité. Quant aux nécessaires remises en cause, nous les pratiquerons évidemment sans aucune complaisance, dès le retour des Bleus dans notre pays, retour que j'espère le plus tard possible », déclarait-elle solennellement sur TF1 le 20 juin, en direct de Johannesburg. Le ton est empathique et provoque sur les plateaux de télévision un effet comique involontaire. Le lendemain, elle se rend à Bloemfontein, la ville où les Bleus doivent rencontrer l'Afrique du Sud, pour mettre les vingt-trois joueurs devant leurs responsabilités. Patrice Évra, sermonné, sort de la réunion en larmes. Et la ministre sort de l'entretien triomphante : « Le football français affronte un désastre moral. Je l'ai dit aux joueurs dans un entretien extrêmement émouvant », glisse-t-elle dans la foulée à la presse. Le lendemain, les hommes de Domenech s'inclineront devant l'Afrique du Sud 2-1. « Après, c'est vrai que la posture de Bachelot et sa récupération, c'était de l'amateurisme », poursuit le directeur de cabinet. Rideau.

Après le fiasco, treize élus UMP adressent une lettre à Roselyne Bachelot, dans laquelle ils lui demandent d'« imposer une charte fixant un certain nombre d'exigences pour tout joueur qui porte le maillot national ». Le vice-président de l'Assemblée nationale, Marc Le Fur, réclame avec Philippe Meunier la création d'une commission d'enquête parlementaire. Objectif : recommander des sanctions et évaluer les moyens financiers et les conditions de préparation des épreuves sportives. Si les joueurs ne respectaient pas leurs « obligations professionnelles et fédérales », des sanctions pourraient être prises. Il pourrait s'agir d'« amendes dont les bénéfices seraient destinés au sport amateur ». Roselyne Bachelot souscrit aux idées de ces parlementaires UMP et réclame un audit externe. De vaines paroles. Dans un premier temps discret sur la déconfiture des Bleus, le président de la République a laissé Roselyne Bachelot en première ligne, avant de reprendre les commandes en convoquant une réunion d'urgence à l'Élysée, le mercredi 23 juin, pour tirer les leçons du fiasco.

## Quand Nicolas Sarkozy reprend la main

Autour de la table : François Fillon, le Premier ministre ; Roselyne Bachelot et Rama Yade, la ministre et la secrétaire d'État aux Sports ; le secrétaire général

Claude Guéant, la conseillère sport Sophie Dion et le conseiller en communication Franck Louvrier. Nicolas Sarkozy balaye sèchement l'idée de sa ministre des Sports d'organiser un « audit », mais valide celle de la secrétaire d'État aux Sports, qui suggère l'organisation d'États généraux sur le football en octobre. Après les États généraux de la presse, les États généraux de la femme, les États généraux du football ! Tout un programme. « Stop à la récupération politicienne. » C'était le message adressé le jeudi 24 juin par l'Union nationale des footballeurs professionnels, l'UNFP, le syndicat relevant une « démesure populiste » dans l'interventionnisme politique. « Voilà que l'on demande des États généraux du football comme si le sujet, dans une France qui souffre et s'enfonce dans la crise, était vital pour l'avenir de notre pays. Voilà que l'on réclame une commission d'enquête parlementaire, et pourquoi pas un tribunal d'exception, le recours à la guillotine ou, à tout le moins, au Kärcher ? » Rencontré quelques semaines plus tôt, Sylvain Kastendeuch, vice-président de l'UNFP, ne cachait pas son dépit face au monde politique. « Parler du foot : c'est comme ça que les politiques sont repris dans les journaux. C'est pathétique car souvent ils sont mal informés. C'est de la discussion de comptoir. Ça n'élève pas beaucoup le débat et ça ne contribue pas à améliorer l'image des politiques. Sur le DIC [Droit à l'image collective], j'ai assisté à des discussions à l'Assemblée nationale. C'était affligeant. Des députés UMP ont voté pour mais ils n'y connaissent rien. On a été reçu dans des commissions mais c'était joué d'avance. Parfois on est un peu découragé. Les politiques sont sur les photos quand ça gagne. Ils poussent tout le monde pour être sur la photo mais dès qu'il faut réfléchir de manière à faire un travail de fond, il n'y a plus personne. Le sport est déconsidéré en France. Le budget des sports est de plus en plus réduit malgré les promesses de Sarko. Il n'y a aucune culture sportive en France. La nomination de Rama Yade est significative. Le fait qu'elle soit secrétaire d'État aux Sports, c'est le signe que le sport n'a pas d'importance[1]. » La crise de l'équipe de France, elle, en a ! Et les micros se tendent vers des hommes politiques devenus de véritables commentateurs sportifs.

Aucun média n'était venu demander, il y a quelques mois, l'avis d'un inconnu du grand public, le député de la 6e circonscription de l'Oise, François-Michel Gonnot, sur l'équipe de France de Domenech. Mais lui ne s'est pas privé de donner son opinion.

## Et pourtant François-Michel Gonnot avait prévenu…

Le député UMP s'est fait un nom le 4 mars dernier. Au lendemain de la défaite des Bleus contre l'Espagne 2-0, il publie sur son blog, intitulé « La tête de Raymond », un appel à Rama Yade : une question écrite posée à l'Assemblée nationale pour demander le renvoi en urgence du sélectionneur. Quelques mois plus tard, il revient sur ce coup de gueule particulier : « Je voulais au moins qu'on encadre Domenech. Ce que je lui reproche, c'est son

1. Entretien avec les auteurs le 25 mai 2010.

arrogance. On n'a pas le droit de traiter les gens de cette manière quand on a la chance d'être sélectionneur et d'être aussi bien payé[1]. » Sa question demeurera sans réponse : « Le silence de Rama Yade est inversement proportionnel à l'écho médiatique qu'a eu ma question. Je ne m'attendais franchement pas à autant de réactions. La résonance médiatique a été incroyable, notamment en Espagne et en Angleterre. » François-Michel Gonnot explique sa démarche : « Je fais un blog contre Domenech depuis deux ans. Le 13 octobre 2008, j'avais demandé sa tête pour la première fois, mais c'était passé inaperçu. » Un cri du cœur ? Sûrement. Un peu de récupération politique ? Probablement. Il s'en défend : « Il n'y avait pas de message politique. Non c'était juste un coup de gueule. » Un vrai buzz en tout cas… Sa boîte mail a vite été saturée et certains ont même trouvé son numéro de téléphone. « Il y avait en gros 60 % de gens qui me disaient : "Les politiques n'ont pas à se mêler de ça. Vous demandez la tête de Domenech, nous, on veut celle de Sarkozy. Vous n'êtes pas sélectionneur, vous n'avez aucune légitimité. Vous feriez mieux de vous occuper de la crise…" C'étaient des réponses assez violentes, majoritaires. Mais 40 % m'ont dit : "Vous avez raison. Le gouvernement devrait se débarrasser de Domenech." Une question récurrente : "En quoi le football regarde-t-il le politique ?" Devant toutes les machines à café de France, on parle foot. Chacun a le droit d'avoir son point de vue sur l'équipe de France. Et moi, parce que je suis député, je n'aurais pas le droit de m'exprimer ? »

1. Entretien avec les auteurs le 12 mai 2010.

Au-delà du message « tout sauf Domenech », le député a voulu dénoncer le comportement des acteurs du football vis-à-vis des politiques. « Quand le football a besoin d'argent, c'est auprès des députés qu'il va pleurer pour légaliser les paris en ligne. Quand la Fédération a besoin d'encore plus d'argent, elle sait trouver les députés pour l'aider à négocier ses droits TV. Elle sollicite aussi les parlementaires pour avoir des exonérations fiscales pour ses joueurs. Quand elle a besoin de blanchir les pratiques de certains agents sportifs, elle sait réclamer pour eux un nouveau statut. Quand les dirigeants de club sont impuissants devant la violence de leurs supporters, ils courent derrière les députés pour réclamer des mesures. Pourquoi un député n'aurait-il pas le droit, un jour, de pousser un coup de gueule alors que tous les Français le font ? Le foot pro, c'est du spectacle qui gère une série de névroses et d'enthousiasmes de la société. » Il fallait bien que quelqu'un se dévoue…

Quelques mois plus tard, les déboires des hommes de Domenech dépassent le cadre sportif. Au-delà du cas du sélectionneur, la conduite inqualifiable des Bleus devient alors un fait de société. Les raccourcis se multiplient. Les dérapages aussi.

## De dérapages en dérapages

Contraste. En 1998, l'équipe black-blanc-beur était érigée en modèle d'intégration, en symbole d'une société multiculturelle gagnante. Le fiasco bleu de 2010 reflète au contraire le symbole d'une France qui va mal. Après la France multiculturelle, voici la

France désintégrée par ses problèmes ethniques. Du pain béni pour Marine Le Pen, qui déclare, le 22 juin, sur France 2 : « Il y a manifestement des clans, ethniques, religieux, qui mettent en place une sorte d'apartheid au sein de cette équipe. Ils ne sont pas la démonstration de l'assimilation que nous, nous appelons de nos vœux. »

Et le philosophe Alain Finkielkraut d'assener, avec une des déclarations dont il a le secret, sur Europe 1 le 20 juin que l'équipe nationale est une sorte de miroir de la banlieue : « Nous avons la preuve effarante que l'équipe de France n'est pas une équipe. C'est une bande de voyous qui ne connaît qu'une seule morale, celle de la mafia [...]. On a rêvé avec l'équipe de la génération Zidane, aujourd'hui on a plutôt envie de vomir avec la génération caillera. » Le député PS Julien Dray, membre fondateur de SOS Racisme, réplique dans *France Soir* le 21 juin en dénonçant « un règlement de comptes contre la France du métissage et des banlieues ». Plus étonnant, la communication contradictoire de la ministre des Sports Roselyne Bachelot. Sur Europe 1, elle calmait le jeu : « Aujourd'hui, les polémiques ne sont plus de mise. Maintenant, le temps est à la réflexion, je serai la ministre de la réconciliation. » Et le lendemain, elle se lâchait à l'Assemblée en parlant de « caïds immatures faisant la loi auprès de gamins apeurés ». Un dérapage bien contrôlé. « Les joueurs que nous avons auditionnés lors de la mission d'information ont été ulcérés [1] », révèle le membre de la mission d'information. Cette opposition entre le

1. Entretien avec les auteurs le 25 août 2010.

clan des « racailles » – Anelka, Évra, ceux qui ne voulaient pas s'entraîner – et celle des « bons français » – Yoann Gourcuff par exemple – muselés par les « cailleras » interpelle. Une sorte d'opposition entre deux France, sur lesquelles les sarkozystes ont joué depuis la campagne présidentielle 2007 en attisant parfois la division. Un appel à un électorat très à droite en vue de l'élection présidentielle de 2012 ? Les propos du ministre de la Relance, Patrick Devedjian (UMP), vont dans ce sens. Il juge de son côté, sur Radio J le 27 juin, que l'équipe de France était « pratiquement devenue une bande ». Et, selon le *Canard enchaîné*, le président aurait lui aussi qualifié les Bleus de « petits caïds ». Une certitude : Sarkozy s'est emparé du dossier en recevant, le 24 juin à l'Élysée, l'attaquant Thierry Henry, à peine rentré d'Afrique du Sud.

## Quand Sarkozy demande à recevoir Henry

Le livre *Sarkozy côté vestiaires*[1], paru avant le Mondial, révélait que Raymond Domenech avait rencontré le président au mois de janvier dernier, lors d'une réunion secrète à l'Élysée. Après Domenech, pourquoi pas Thierry Henry ? « Henry a été reçu parce qu'il est le plus capé et que c'est lui qui a mis le plus de buts chez les Bleus[2] », explique un porte-parole de l'Élysée, où l'on assure que c'est l'ex-attaquant du FC Barcelone qui a contacté le chef de l'État dès la fin du match

1. Bruno Jeudy et Karim Nedjari, *Sarkozy côté vestiaires*, Plon, 2010.
2. Entretien avec les auteurs le 23 juillet 2010.

contre l'Afrique du Sud (défaite 2-1). C'est lui qui aurait demandé une audience « en urgence ». « On verra ce qu'il veut me dire. Si je ne m'occupe pas de ce problème, on me le reprochera mais on n'a pas vocation à intervenir en permanence sur ce dossier », avait déclaré Sarkozy le 24 juin, lors du petit déjeuner hebdomadaire de la majorité à l'Élysée. Sur RTL, l'entourage d'Henry contredit la version présidentielle en affirmant que c'est le président qui a convoqué le joueur. Et l'intéressé de botter en touche quand Michel Denisot lui demande, sur Canal + le 25 juin, si c'est lui qui a fait la démarche : « On a été mis en contact. Ça s'est très bien passé », s'est contenté de déclarer Henry.

Rien n'aura filtré des discussions d'ordre « privé » entre les deux hommes. « C'est extrêmement désobligeant à l'égard de la Fédération que l'on reçoive les joueurs sans, d'une part, l'entraîneur, et, d'autre part, le président de la Fédération », renchérit cette source. « Le président de la République rencontre qui il veut. Personne ne lui dicte son agenda », coupe Jean-Louis Valentin.

Alors qu'une centaine de journalistes et photographes étaient massés devant l'entrée principale, Henry a rejoint l'Élysée par une porte dérobée. Une petite visite qui va faire polémique. Choc des calendriers, puisque la rencontre intervient le jour de la grosse mobilisation nationale contre la réforme des retraites. Mais, pour le président de la République, la crise du football demeure visiblement une priorité. Une rencontre prévue avec des ONG françaises de développement, en vue du sommet du G20 qui se tenait début juillet au Canada, a été annulée à la dernière minute pour recevoir Thierry Henry. Colère des ONG, qui ont boycotté la rencontre de substitution avec des membres du gouvernement. « Pour le président de la République, recevoir un footballeur est plus important que la situation des trois milliards de pauvres des pays en développement. C'est un très mauvais signal pour la politique de coopération de la France », s'indignait, le 24 juin, Jean-Louis Vielajus, président de Coordination Sud, qui fédère des ONG françaises de solidarité internationale.

Et la secrétaire nationale des Verts Cécile Duflot de chausser les crampons de la polémique dans un communiqué. « L'annonce d'États généraux du football par le président Sarkozy frôle l'indécence. À la veille d'une manifestation nationale sur les retraites, cette annonce était totalement déplacée [...]. Cette absence de hiérarchisation confirme que Nicolas Sarkozy a fait de sa politique nationale une vulgaire opération de communication [...]. En transformant notre équipe nationale de football en affaire d'État, le président se garde bien d'imaginer les mesures réellement salutaires pour le pays. »

Pour le porte-parole Frédéric Lefebvre, cette polémique n'avait pas lieu d'être. « Cela me paraît d'ailleurs très bien que Nicolas Sarkozy ait vu Thierry Henry. Encore une fois, il y a eu un procès grotesque sous prétexte qu'il y avait au même moment la manifestation sur les retraites. C'est comme si les gens imaginaient qu'il allait arrêter de faire son travail pour une manifestation. Ce jour-là, il a fait beaucoup d'autres choses, j'étais moi-même au barreau de Paris où il a prononcé un discours, il a reçu une délégation de Nouvelle-Calédonie... Enfin, il a fait son travail de président de la République : recevoir une personnalité comme Thierry Henry après le spectacle désolant qui a été donné[1]. »

L'interventionnisme présidentiel n'a en tout cas pas rehaussé sa cote dans les sondages. À la question parue dans *L'Équipe* : « Est-ce à Sarkozy de régler les problèmes du football français ? », 80 % des Français ont répondu par la négative.

## La FIFA rappelle l'État à l'ordre

« On se croirait en Afrique, dans une République bananière où les politiques décident du sort de la Fédération. » Confidence de Gérard Houiller, ancien Directeur technique national (DTN) de la FFF, désormais manager d'Aston Villa, le 24 juin, jour où Roselyne Bachelot met la pression sur Escalettes en jugeant son départ « inéluctable ». L'interventionnisme des politiques exaspère les cadres de la Fédération et agace la puissante FIFA. Celle-ci adresse même une mise en garde à la France le 26 juin. Selon ses règlements, les autorités publiques n'ont en effet aucun droit d'influer sur les affaires de leur fédération, sous peine de sanctions pouvant aller jusqu'à l'exclusion des compétitions internationales. Les fédérations kenyane et irakienne ont par le passé été suspendues après ingérence du gouvernement. « En France, ils ont fait du football une affaire d'État mais le football reste entre les mains de la Fédération. S'il s'avère qu'il y a vraiment une intervention, nous aiderons la Fédération. Si le problème ne peut être résolu

1. Entretien avec les auteurs le 6 juillet 2010.

dans la discussion, la seule solution sera de suspendre la Fédération », coupe sèchement, le 29 juin, le président de la FIFA Sepp Blatter lors d'une conférence de presse en Afrique du Sud.

Une menace à peine voilée pour rappeler le principe d'indépendance de la FFF. C'est elle que réaffirme Luc Chatel, le porte-parole du gouvernement, tentant de calmer le jeu après la mise en garde de Blatter : « En quoi est-ce de l'ingérence de considérer que les événements, les faits, font qu'une démission semble inéluctable compte tenu des circonstances ? » Il ajoute : « Le gouvernement ne peut pas se désintéresser des dérives comportementales des Bleus durant le Mondial. » Pour Luc Chatel, il n'est pas « anormal » que les députés « essaient de savoir exactement ce qu'il s'est passé ». Ils s'y sont employés en auditionnant le président de la Fédération et le sélectionneur. Une première.

### Domenech et Escalettes au rapport !

« Ils ont tous pété les plombs, de quoi ils se mêlent ? L'Assemblée nationale qui fait une commission d'enquête : on est tombé sur la tête ! [...] Que les politiques s'occupent du chômage, du pouvoir d'achat, de la difficulté que la crise a créée... Qu'ils foutent la paix aux footballeurs. » Signé Bernard Tapie, le 30 juin, au micro de France Info. En matière de mélange des genres, Nanard est, il est vrai, un expert...

Une semaine après le retour des Bleus, le 29 juin, Jean-Pierre Escalettes et Raymond Domenech étaient donc auditionnés par la Commission des affaires culturelles et de l'éducation – celle-ci pouvant se saisir de tout dossier d'actualité relevant de son domaine de compétence, en l'occurrence la « jeunesse et les sports », et entendre les protagonistes. Alors pourquoi pas le football ? Ce jour-là, une fois n'est pas coutume, des centaines de journalistes se pressent aux portes de la commission parlementaire pour une audition à huis clos. Un traitement de faveur pour Domenech et Escalettes. Comme le sont habituellement toutes les autres, cette audition aurait dû être publique et ouverte aux médias. Mais on ne refuse décidément rien à la puissante FFF, et la présence de Domenech et Escalettes a été soumise à cette condition. La veille au soir, vers vingt heures, la commission avait reçu un fax de la Fédération française réclamant le huis clos. La chaîne parlementaire LCP, qui devait initialement retransmettre les débats, a été à la dernière minute contrainte de revoir sa grille de programmes. Autre souhait exigé, et exaucé : la possibilité pour le sélectionneur et le président d'accéder à la commission par une porte dérobée pour éviter les méchants médias. Des exigences dictées par le meilleur ami de la presse : Raymond Domenech. Le lendemain de l'audition, *Le Parisien-Aujourd'hui en France* lâchait un florilège des réponses respectives du désormais ex-sélectionneur et du président démissionnaire. L'entraîneur des Bleus, égal à lui-même, mettait notamment en cause les médias : « C'est le procès de la presse qu'il faut faire. » « Je suis un enseignant d'un autre siècle, je n'ai jamais vu ça », lançait Escalettes, deux jours avant sa démission de la présidence de la FFF. Une démission volontaire ? Aucunement.

## Comment l'État a poussé Jean-Pierre Escalettes vers la sortie

Pour écarter Daniel Bouton de la présidence exécutive de la Société générale après l'affaire Jérôme Kerviel, le président de la République avait déclaré, le 29 janvier dernier : « Daniel Bouton doit prendre ses responsabilités. » Dans la crise des Bleus, visiblement aussi importante aux yeux du gouvernement que les dérives des banques, le président, dans un communiqué au ton très cassant, à appelé « les responsables » à tirer « rapidement les conséquences de ce désastre ». Ou comment mettre la pression à Jean-Pierre Escalettes, qui annoncera sa démission le 28 juin. Le 24 juin, sur les ondes de RTL, la ministre des Sports ne se prive pas pour dire que la démission d'Escalettes lui paraît « inéluctable ». Escalettes jettera l'éponge quatre jours plus tard. « Quand les choses ont commencé à se détériorer, il n'avait aucune intention de démissionner. C'est à son retour à Paris que tout va s'accélérer avec les déclarations de Bachelot sur les responsabilités fédérales. Dans le sauve-qui-peut fédéral, Escalettes pare au plus pressé. C'est un type honnête. Il ne se sent pas bien et sous la pression de Bachelot, il décide de démissionner car il a un grand attachement pour la FFF. Il a juste cherché à faire baisser la pression en démissionnant [1] », confie un directeur de cabinet proche du dossier.

Le 23 juin, la veille du passage d'Escalettes et de Domenech devant la Commission des affaires

1. Entretien avec les auteurs le 25 août 2010.

culturelles, Roselyne Bachelot était auditionnée. Pressée de questions par les parlementaires, la ministre a nié en bloc. Non, Jean-Pierre Escalettes, démissionnaire de son poste de président de la FFF le 21 juin, n'a pas été « soumis à des pressions ». « À aucun moment, je ne lui ai demandé sa démission car justement sa nomination relève d'un processus démocratique, a-t-elle expliqué. Il n'a pas été nommé par le gouvernement. » Sans aucun doute puisque de toute façon l'État n'a pas, en vertu de l'autonomie du mouvement sportif, le pouvoir de révoquer le président de la FFF. Sa seule action possible serait le retrait de la délégation de service public dont bénéficie la Fédération…

Il y a la théorie et les faits. Nous avons évoqué plus haut le revers essuyé par Jean-Pierre Escalettes quand la ministre lui a interdit l'accès des vestiaires après France-Afrique du Sud. Il faut dire qu'Escalettes a toujours laissé sceptique le président de la République, qui se désole que le business du football français soit tenu par un bénévole, ancien professeur d'anglais, âgé de 74 ans, élu en 2005, et désormais à la tête d'une entreprise de deux cents salariés et de deux millions de licenciés. Il n'est pas le seul. Le constat de ce président de club, qui souhaite garder l'anonymat, est sans appel : « J'ai pris deux mois de suspension quand j'ai critiqué la Fédé. On est au niveau du stalinisme. Cette Fédération est mal gérée. Il y a un gouffre entre le monde professionnel et amateur. Une gentille personne âgée qui pilote le produit phare, ça ne va pas. Je ne veux pas embaucher un vieux croûton pour piloter ma F1. Quand je vois des politiques donner leurs avis sur Domenech et la Fédé, je me dis que le système est vraiment décalé.

C'est un débat public qui va continuer. Je ne sais pas comment on va révolutionner la Fédé française[1]. » La révolution attendra puisque le successeur de Jean-Pierre Escalettes, Fernand Duchaussoy, issu du monde amateur, est un ancien professeur lui aussi…

Les rapports entre Escalettes et l'État n'ont jamais été un long fleuve tranquille. L'incontournable Rama Yade a critiqué à maintes reprises les dirigeants du football français. Elle anticipait déjà le fiasco bleu sur Radio Orient le 5 mars : « Il faudra, après la Coupe du Monde, renouveler toute l'organisation, revoir les modes de fonctionnement, revoir les modes de communication, il faudra rebâtir une équipe. » Au surlendemain de la défaite contre l'Espagne au Stade de France, Jean-Pierre Escalettes n'a évidemment pas trop apprécié : « Que Domenech soit devenu l'objet majeur des préoccupations des politiques me choque. » Et le 9 mars, dans les colonnes de *Sud Ouest*, il taclait la secrétaire d'État aux Sports : « Quand il y a des difficultés, on les assume et on attend un soutien. C'est ce qu'on espérait de notre ministère de tutelle, on a eu des critiques… » Rama Yade se défend d'avoir allumé la mèche. Elle était dans son rôle, voilà tout : « La Fédération n'a pas à juger les propos de la ministre de tutelle car elle est dépendante du ministère des Sports. D'ailleurs, Jean-Pierre Escalettes ne l'a plus jamais fait. La Fédération est une délégation de service public. Le ministère est en droit de d'exiger des comptes. J'ai d'ailleurs demandé à la Fédération de soutenir l'équipe de France. Quand il y a polémique sur les Bleus, il est du devoir de la Fédération d'être aux côtés de son

1. Entretien avec les auteurs le 24 mars 2010

sélectionneur. Elle aurait dû être plus présente. Les primes ? Je n'ai pas trouvé normal que le sélectionneur se justifie. C'est la Fédération qui les donne. Il est du devoir du ministre des Sports de dire à la Fédération de soutenir son sélectionneur. » La secrétaire d'État a parfois de drôles de façons de soutenir l'équipe de France…

**Un hôtel cinq étoiles qui fait débat**

Avant même de commencer, le Mondial des Français était déjà marqué du sceau de la polémique. Le 6 juin, Rama Yade critiquait sur Radio J le choix d'un hôtel cinq étoiles pour les Bleus en Afrique du Sud : « J'attends que l'équipe de France nous éblouisse par ses résultats plutôt que par le clinquant des hôtels. Moi, je les ai appelés à la décence en temps de crise. »

Un bien curieux message de soutien envoyé à cinq jours du Mondial. Le lendemain, dans un communiqué, le président de la Ligue de football professionnel Frédéric Thiriez sortait de ses gonds : « C'est la Coupe du Monde de la démagogie ! Assez de ces attaques de tous bords, de droite, de gauche et du milieu contre le football et les footballeurs. Assez d'hypocrisie. Les faux vertueux sont souvent les premiers à vouloir être sur la photo. On parle de luxe ? Ce qui ne serait pas du luxe, c'est que tout le monde soutienne enfin notre sélection nationale. »

La nouvelle sortie de Rama Yade va bien évidemment faire réagir la classe politique. À commencer par Roselyne Bachelot qui, l'après-midi même, recadrait Yade sur RTL : « Allez, maintenant stop, on est derrière notre équipe. Elle en a besoin. »

Pour le porte-parole de l'UMP Frédéric Lefebvre, les responsables de cette nouvelle tempête médiatique sont bien évidemment les médias : « Rama Yade n'était pas dans une logique de polémique. Elle a répondu et le journaliste a essayé, pendant une minute trente, de la faire revenir à la charge pour avoir ce mot qui crée une aspérité [1]. »

L'arroseur arrosé. Le 16 juin, les révélations du *Canard enchaîné* plongent la benjamine du gouvernement dans l'embarras. Elle avait prévu de passer deux nuits dans un hôtel cinq étoiles de Georgetown. Prix de la chambre réservée par le ministère : 667 euros. Cinq autres chambres à 340 euros l'unité avaient été réservées pour des membres de son cabinet. Entre les billets d'avion et les réservations de chambres d'hôtel, le tout s'élevait à 45 000 euros.

« On voit qu'on ne touche pas impunément aux intérêts financiers les plus lourds sans que l'on cherche à vous les faire payer d'une manière ou d'une autre », se défendait face à la presse Rama Yade. Après avoir reproché aux Bleus le « clinquant » de leur hôtel, la secrétaire d'État, toujours d'après le *Canard*, a voulu annuler cette réservation ; mais le ministère de la Santé avait déjà payé la facture – qui ne pourra pas être remboursée. Sur Canal +, Rama Yade avait indiqué avoir passé deux nuits dans la résidence du consul de France, « comme d'hab », avant de préciser que la dernière nuit était réservée « dans une chambre d'hôtes » sans grand luxe. « Ce

1. Entretien avec les auteurs le 6 juillet 2010.

n'est quand même pas le Formule 1 », poursuivait Yade. On s'en serait douté.

Roselyne Bachelot bénéficiera, elle, de tous les égards. La ministre de la Santé passera la nuit du 17 au 18 juin dans le fameux hôtel des Bleus.

La secrétaire d'État aux Sports assistait au premier match du Mondial le 11 juin contre l'Uruguay, au Cap, et visitait le 13 un township à Knysna ; visite initialement prévue avec les Bleus. Ce sera finalement sans eux, ces derniers préférant marquer leur distance avec la secrétaire d'État. « Le message qu'on a fait remonter disait simplement que le groupe n'était pas content. On voulait qu'elle le sache », déclara Éric Abidal en conférence de presse.

Les faits donneront finalement raison à l'impertinente Rama Yade. L'hôtel le plus cher des délégations pour les Bleus, le ridicule aussi pour eux. Cette saillie de Rama Yade sur l'argent dans le football n'est pas la première d'un homme politique. Quelques mois plus tôt, le président Nicolas Sarkozy avait lui aussi tapé sur l'argent des footeux.

## Les politiques et l'argent du foot

Sur TF1, le 25 janvier dernier, sur le plateau du JT de Laurence Ferrari, le président de la République tentait de justifier le double salaire d'Henri Proglio – 450 000 euros chez Veolia, auxquels s'ajoutait 1,6 million d'euros en tant que nouveau P.-D.G. d'EDF – en lâchant : « Moi, ce qui me choque, c'est le salaire de certains footballeurs. » S'étonner des salaires mirobolants des stars du football, c'est un peu crier avec les loups. « Sarkozy n'est pas le plus crédible pour parler des dérives de l'argent dans tous les domaines [1] », ironise le maire PS de Paris Bertrand Delanoë.

Avant même le début de la Coupe du Monde, l'argent du football avait été l'objet des commentaires de l'éternelle militante trotskyste Arlette Laguillier, que l'on n'avait point entendue depuis quelques mois : « Que le peuple s'amuse donc et reste scotché devant les écrans de télévision pendant quatre semaines : tout cela fait tourner la machine à profit. » Et Jean-Luc Mélenchon, du Parti de Gauche, de lâcher le 6 juin sur RTL : « C'est l'opium du peuple. Ça m'a toujours choqué de voir des rmistes applaudir des millionnaires » ; quant à Marine Le Pen, elle maugréait, sur RMC, le 3 juin, « contre le pognon qui dégouline de ces gens ». Avec le naufrage bleu, ce fut bien évidemment la déferlante, à gauche comme à droite. Jackpot assuré. Lier la fronde des Bleus à l'argent marche à tous les coups.

« Les footballeurs sont considérés comme des ouvriers qui ont réussi. On peut rêver d'être sportif tandis que le grand patron semble appartenir à un monde inaccessible. Les hauts salaires des patrons du CAC 40 paraissent déconnectés de tout mérite, alors que le sportif a créé une affection quasi irrationnelle avec le public. En 1998, on ne s'est pas demandé ce que touchaient les Bleus, on était fier de ce qu'ils gagnaient. Le problème, c'est quand ils perdent. C'est à ce moment-là que le sentiment d'indécence peut surgir. Où l'argent peut apparaître comme un phénomène presque corrupteur »,

1. Entretien avec les auteurs le 25 mai 2010.

explique la chercheuse Jeanne Lazarus dans *Sociologie de l'argent*[1].

L'ancien portier auxerrois Fabien Cool, politiquement engagé, défend son ancienne corporation : « C'est complètement démago de taper sur les footballeurs. Le footballeur est payé une certaine somme, minime par rapport à ce qu'il rapporte. Si les télés mettent 600 millions d'euros sur le foot, ce n'est pas pour rien. Combien gagne Depardieu quand il tourne un film ? Ça passe car on considère qu'il a un don particulier. Mais le footballeur aussi ! Si Sarkozy avait tapé sur les acteurs il se serait mis le milieu culturel à dos. Alors que taper sur le footballeur, c'est facile. Les artistes ont d'ailleurs plus d'avantages fiscaux que les footballeurs[2]. »

Quand les politiques ne tapent pas sur l'argent du football, ils leur arrive d'essayer de faire avancer les choses. Jean-Luc Bennahmias est, comme tout le monde, choqué par le salaire mirobolant des stars du football : « C'est du show-biz, même si sept cent mille euros par mois pour Ribéry ce n'est pas possible ! Il n'a pas besoin d'acheter huit Porsche. Il y a de quoi péter les plombs quand tu touches des sommes comme cela. Qu'est-ce que ça veut dire ! Je touche six mille euros par mois, le salaire des mecs d'Arles-Avignon et je ne m'en plains pas[3]. » Le député européen Modem, par ailleurs mordu de football, a planché sérieusement sur la question et a pondu l'année dernière un rapport avec Ivo Belet,

1. Jeanne Lazarus et Damien de Blic, *Sociologie de l'argent*, La Découverte 2007.
2. Entretien avec les auteurs le 11 mai 2010.
3. Entretien avec les auteurs le 29 mai 2010.

député de droite européen, « sur le besoin de régulation des masses financières en jeu, le rôle des agents de joueurs, la nécessité d'un fair-play financier entre clubs de haut niveau et les liens entre le foot et la lutte contre le racisme et la violence. Je voulais un organisme de contrôle sur les finances, comme l'agence mondiale antidopage ». Il y a vouloir et pouvoir : « J'aurais bien aimé qu'existe une loi sur les agents, mais là le monde pro freine énormément. Si le monde pro du foot ultralibéral continue, ça fera comme les banques. La bulle explosera. »

Pour le maire de Lyon Gérard Collomb, « il faudrait une législation européenne unifiée. Une DNCG [Direction nationale de contrôle et de gestion] européenne ». Il ajoute : « Je trouve que le *Salary Cap* pratiqué aux États-Unis, et notamment en NBA, est une bonne chose. Cela oblige à réfléchir lors des budgets[1]. » Voilà qui semble plus pertinent que les attaques démagogiques de gauche comme de droite sur les footeux trop payés.

## La main de la « honte »

« J'ai dit à Brian Cowen, le Premier ministre irlandais, combien j'étais désolé pour eux. Ne me demandez pas de me substituer à l'arbitre, aux instances du foot français, aux instances du football européen : laissez-moi à ma place », déclarait Nicolas Sarkozy à la presse, en marge du sommet européen de Bruxelles, le 20 novembre 2009. Le président de la

1. Entretien avec les auteurs le 26 mai 2010.

République est alors embarrassé. On le comprend. La main de l'attaquant de l'équipe de France fait polémique. Plus que de raison. La surmédiatisation de cet événement va, comme souvent en France, faire réagir les politiques et enflammer les intellectuels. Chacun y va de son avis : faire rejouer le match, défendre Thierry Henry, entériner le résultat, déplacer la polémique sur le terrain moral. Une gigantesque cacophonie dans laquelle, d'un coup, le football devient un enjeu national. Il faut avoir un avis bien tranché, et tant pis si l'on n'y connaît rien. Les opinions sont nombreuses, et dépassent même les clivages droite-gauche. Nicolas Sarkozy reste neutre, ne se prononce pas. François Fillon non plus. Pourtant Christine Lagarde, ministre de l'Économie, s'écarte le 19 novembre de la ligne fixée par le gouvernement. Elle est la première à prendre position sur RTL : « Ce serait bien de rejouer la rencontre contre l'Irlande. Je suis évidemment très contente que l'équipe soit à la Coupe du Monde mais je trouve ça très triste de s'être qualifié sur cette tricherie [...]. Si les règles sont mauvaises, il faut les remettre en cause. » Christine Lagarde, le sport, elle connaît. Ancien membre de l'équipe de France de natation synchronisée, Christine Lagarde s'intéresse donc aussi au football... François Bayrou n'est jamais très loin. Le leader du Modem veut aussi faire rejouer France-Irlande. Quelques voix discordantes : l'écologiste Daniel Cohn-Bendit estime le 19 novembre qu'Henry « a fait son job » alors que Manuel Valls s'étonne : « Nous sommes un drôle de pays où même quand on est qualifié, on débat et on est triste. »

Pour la secrétaire d'État aux Sports, Rama Yade, l'une des premières à avoir défendu Thierry Henry, il n'y a pas de surinterprétation à faire. « La main de Thierry Henry a donné lieu à un débat, d'abord dans le milieu du football, des journalistes sportifs, et puis, comme ça s'envenimait, les politiques qui se retrouvaient sur des plateaux télé pour parler, je ne sais pas, moi, de leurs sujets, ont été interpellés par des journalistes politiques, qui d'habitude ne parlent absolument pas de foot ou de sport. Pour être dans l'ambiance, ou dans la frénésie du débat, les politiques ont voulu du coup s'en préoccuper ou donner leur opinion là-dessus [1]. » D'anciens ministres des Sports sont unanimes : « C'est une occasion de faire parler de soi. Ils n'ont jamais rien dit sur le football, d'un coup ils s'expriment, c'est sur la forme et non sur le fond. Pour moi qui ai fait vingt-cinq ans de politique et pratiquement autant de sport de haut niveau, c'est étonnant [2]... », affirme Guy Drut, ministre des Sports entre 1995 et 1997. « Je pense que les supporters ne sont pas dupes. C'est la politique du moment et de l'instant. Ça ne laisse pas de traces, poursuit Drut. La main de Maradona à la Coupe du Monde 1986... Personne n'a rien dit. On l'a regrettée mais à l'arrivée, l'Argentine a été championne du monde. » Même son de cloche chez l'ancien ministre des Sports, de 1997 à 2002, Marie-George Buffet : « Excusez-moi, c'est un peu ridicule. C'est donner au sport une dimension qu'il ne peut pas avoir. On va bientôt lui demander de jouer le rôle

1. Entretien avec les auteurs le 7 mai 2010.
2. Entretien avec les auteurs le 5 mai 2010.

de l'ONU et de l'OTAN à la fois[1]. » L'ancien sélectionneur de l'équipe de France, Michel Hidalgo, va même un peu plus loin : « Il y a une campagne politique actuellement [l'interview a été réalisée au moment des régionales 2010]. Il s'est passé un tour de vote dimanche dernier, il va s'en passer un autre dimanche prochain. Est-ce que vous avez vu des hommes politiques réagir correctement selon qu'ils sont vainqueurs ou vaincus ? Il n'y a aucun vaincu. Ils sont tous à peu près satisfaits, alors qu'on sait très bien qu'il y a, fatalement, un groupe, un parti qui n'a pas obtenu les résultats escomptés. Ils essayent tous de masquer les choses, ce n'est quand même pas ces gens-là qui vont donner des leçons, quand eux ne respectent pas le résultat[2]. »

Le débat se déplacera ensuite sur l'utilisation de la vidéo dans le football. L'International Board de la FIFA, chargé des lois du jeu, refuse toujours cet outil technologique. Au grand dam de certains : « La vidéo est un passage obligé vers l'exemplarité », écrit Frédéric Lefebvre dans un courrier qu'il publie sur Facebook. Interrogé début juillet, le porte-parole de l'UMP peaufine son analyse. : « Ça fait dix fois que j'en parle depuis trois ans. Beaucoup de journalistes ont écrit que tout d'un coup, je m'étais mis à parler de la vidéo pour faire diversion sur d'autres sujets politiques. C'est grotesque. Cela réfère à des valeurs de respect. C'est pour ça que je me bats pour la vidéo depuis bien longtemps, y compris quand "La Marseillaise" était sifflée. Je considère que la refuser, c'est

1. Entretien avec les auteurs le 27 avril 2010.
2. Entretien avec les auteurs le 17 mars 2010.

d'abord ridiculiser les arbitres pour ne pas avoir vu alors que tout le monde s'est rendu compte en direct qu'ils ont fait une erreur[1]. »

Deux jours après France-Irlande, Roselyne Bachelot fait un rappel à l'ordre d'un genre un peu particulier : « Raymond Domenech ne peut pas se dire qu'à partir de là, il est sur un chemin de roses. J'ai envie de lui dire : Raymond, il faut vraiment que tu te mobilises, et que tes gars se mobilisent parce que, nous, les Français, on est quand même inquiets et déçus. »

Derrière cette prise de position, il y a surtout la remise en cause du style de jeu de l'équipe de France qui ne correspond pas à ce qu'un pays attend. Un débat de fond, donc : quelle est la légitimité de la ministre à donner son avis là-dessus ? Sa secrétaire d'État, Rama Yade, a la réponse : « On a quand même le droit de dire que la passe n'était pas bonne ou que le coup de pied arrêté d'un tel n'était pas de qualité. Et je vous mets au défi d'entendre qui que ce soit contester le jugement sur une passe, un but… Je ne pense pas que ce soit condamnable ! De toute façon, comment voulez-vous qu'elle y ait échappé ? Vous-même, vous nous interrogez dessus ! À peine sortis du stade que les micros se tendent… On est bien obligé de répondre quelque chose ! »

Qu'ont pensé les principaux acteurs de cette affaire d'État ? « J'en ai parlé avec les joueurs à Tignes [lors du stage de préparation de la Coupe du Monde 2010] devant un café[2] », explique Noël Le

1. Entretien avec les auteurs le 6 juillet 2010.
2. Entretien avec les auteurs le 19 mai 2010.

Graët, vice-président de la FFF. « Ça fait partie du bagage des politiques : se montrer au bon moment. Le politique suit l'opinion publique. L'affaire Henry, c'était exagéré. J'ai vu des gens de qualité tenir des arguments… [Il soupire.] Ils n'ont pas été très respectueux de leurs postes. » Dans sa grande solitude, l'ancien capitaine des Bleus pourra toujours compter sur un ami, un vrai. Le seul, l'unique. Jean-Marie Le Pen. « J'ai une certaine estime pour Henry. Je l'aime bien [1] », assurait celui-ci. Avant d'ajouter : « Je suis contre les récupérations politiques de ce type. Il y a de telles sommes d'argent en jeu dans ces compétitions sportives… Vous savez, on est désormais bien loin du sport amateur. »

En Argentine, la main de Maradona face à l'Angleterre est considérée comme l'une des plus grandes pages de l'histoire du football albiceleste… Un fait de jeu intervenant quatre ans seulement après la fin de la guerre des Malouines, le conflit entre l'Argentine et le Royaume-Uni à propos de la souveraineté de ces îles, situées à 480 km des côtes argentines et peuplées de descendants de Britanniques. Maradona, ce héros. Henry, ce banni. À chacun sa manière d'écrire l'histoire.

## Ribéry, Zahia, Rama et le maillot de l'équipe de France

C'est un prénom qui restera pour toujours associé au football français : Zahia. Ou l'histoire d'une prostituée qui vend ses services à des joueurs de l'équipe

1. Entretien avec les auteurs le 6 avril 2010.

de France. Une fois l'affaire révélée, une déclaration va créer la polémique : « Le maillot de l'équipe de France est sacré et ne peut être porté par un mis en examen, si jamais monsieur Ribéry est mis en examen », lâche le 29 avril, sur le plateau du *Grand Journal* de Canal +, Rama Yade, secrétaire d'État aux Sports. Quelques heures plus tôt, Roselyne Bachelot avait donné un avis similaire. Une fois n'est pas coutume, la ministre et sa secrétaire d'État sont sur la même longueur d'onde. Les réponses de leurs prédécesseurs sont sans équivoque. « Attention à la présomption d'innocence quand même. Il y a la mise en examen et il y a la condamnation. Ce sont deux choses différentes [1] », déclare Marie-George Buffet. Guy Drut renchérit : « Bon, c'est le plus vieux métier du monde. Ils ont eu l'imbécillité de se faire prendre. Moi, je me serais tu. J'aurais peut-être sermonné les sportifs. Mais par rapport à Rama Yade ou à d'autres, j'avais l'avantage, comme Jean-François Lamour par exemple, d'avoir été champion olympique et de savoir ce que c'est d'être international et de porter le maillot de l'équipe de France. Marie-George Buffet a raison, il y a aussi la présomption d'innocence. La secrétaire d'État a peut-être parlé un peu vite [2]. » L'ancien président du PSG Daniel Hechter, lui aussi, a un avis bien tranché ; un de plus : « Elle les accumule, les bourdes. Et la présomption d'innocence, elle en fait quoi ? Elle est brillante mais ne connaît pas la réalité du terrain. Les fonctionnaires qui la conseillent ne connaissent pas le milieu sportif. C'est

1. Entretien avec les auteurs le 27 avril 2010.
2. Entretien avec les auteurs le 5 mai 2010.

ça le problème[1]. » Rama Yade se fait souvent entendre, quitte, parfois, à parler trop vite. « Vraiment, elle a eu tort », déclare Jack Lang, député de la 6e circonscription du Pas-de-Calais et qui connaît bien Franck Ribéry, né dans le coin, à Boulogne-sur-Mer. « Si l'on ne devait donner ce maillot qu'à ceux qui sont des saints absolus... Il n'y en aurait pas beaucoup ! Un ministre de la République n'a pas à se mêler de la vie privée d'un sportif[2]. »

Dans le Nord, l'affaire Zahia a donné lieu à une polémique politico-politicienne. En cause : un portrait géant du milieu de terrain sur le port de Boulogne, de vingt-sept mètres sur trente, visible depuis toutes les entrées de la ville. La campagne de promotion a bien failli ne pas aboutir... le projet ayant été remis en cause et suspendu début mai par le conseil régional du Nord-Pas de Calais, en pleine polémique. Doit-on mettre en avant un joueur dont l'image n'est pas bonne pour la région ? « Le maire de Boulogne-sur-Mer est de gauche. Et Daniel Percheron, le président du conseil régional, est un très grand amateur de foot. Pour certaines raisons, il était réservé, il ne s'est pas exprimé lui-même sur cette installation, rappelle l'ancien ministre de la Culture de François Mitterrand. Il a laissé s'exprimer un conseiller régional qui a eu des paroles malheureuses, d'ailleurs, en faisant un parallèle avec l'affaire d'Outreau. Le maire de Boulogne s'est élevé contre cette censure, contre cet interdit. Franck Ribéry est une icône. Il n'y avait aucune raison de ne pas afficher son portrait. »

1. Entretien avec les auteurs le 25 mai 2010
2. Entretien avec les auteurs le 29 mai 2010.

Fabien Cool, gardien d'Auxerre pendant de nombreuses années et aujourd'hui membre du Nouveau Centre, défend son ancienne confrérie. « Le football, c'est une fenêtre médiatique formidable. L'affaire Ribéry, c'est la possibilité de faire croire aux gens qu'ils sont garants d'une certaine morale. Si Ribéry va "aux putes", c'est son droit. Si on mettait sur Internet tous les hommes politiques qui vont "aux putes"... Le foot est pris en otage[1]. » Écoutons l'intéressée : « Je n'ai parlé de rien. J'ai d'ailleurs fait un communiqué pour dire que je respectais la présomption d'innocence. Je me suis retrouvée sur un plateau. On me pose la question. Je répète que l'on a livré des noms en pâture à l'opinion publique. J'ai parlé quinze fois de la présomption d'innocence. Mais tout le monde "s'en fout". Et l'AFP, dans sa dépêche, n'a retenu que cela. On me demande si, sur cette question-là, j'adopte la même position que Roselyne Bachelot : si Ribéry est mis en examen, il n'a pas le droit de porter le maillot ? Je réponds oui et si j'avais dit l'inverse, les journalistes auraient expliqué que je n'étais pas d'accord avec ma ministre de tutelle. Et ça aurait fait une polémique de plus[2]. »

La surmédiatisation de cette affaire est aussi liée à deux choses : le devoir d'exemplarité et le salaire... Le fait que les footballeurs soient jalousés parce qu'ils gagnent dix, quinze, vingt, cent fois plus qu'un Français lambda s'inscrit également dans la polémique.

---

1. Entretien avec les auteurs le 11 mai 2010.
2. Entretien avec les auteurs le 7 mai 2010.

Guy Drut ajoute : « Qu'ils le veuillent ou non, ils ont un devoir d'exemplarité. Ils sont ravis, ils sont contents de signer des contrats, d'avoir leur photo dans le journal, de passer à la télé… Donc à partir de ce moment-là, il faut en accepter les avantages et les inconvénients. Moi, quand j'étais petit, je voulais être Kopa, bon et bien hier c'était Zidane et aujourd'hui c'est un autre. »

Pour le moment, Ribéry est mis en examen mais ce n'est évidemment pas synonyme de condamnation définitive. Compte tenu de la vitesse bien connue de la justice française, entre l'instruction, le renvoi en correctionnelle, l'appel, le procès en appel, le pourvoi en cassation, il pourrait s'écouler entre quatre et cinq ans au minimum. Les derniers rebondissements sont intervenus le 22 juillet dernier.

Quelques heures après les gardes à vue de Ribéry et Benzema, Roselyne Bachelot a de nouveau fait entendre sa voix. La ministre de la Santé et des Sports a réaffirmé, lors d'un déplacement à Bordeaux le 22 juillet, que le statut de mis en examen des footballeurs Franck Ribéry et Karim Benzema lui paraissait « difficilement compatible avec une présence en équipe de France. En l'état, il est toutefois évident que les footballeurs mis en cause sont réputés innocents », a-t-elle tenu à préciser.

Comme par hasard, le nouveau président de la FFF par intérim, Fernand Duchaussoy, a lui aussi opté pour la mise à l'écart des deux joueurs français – ou comment se mettre bien d'entrée avec la ministre – en signant ce communiqué du 22 juillet : « C'est une affaire privée dont je ne connais pas les tenants et les aboutissants et je ne veux juger personne. Comme tout citoyen et amoureux de l'équipe de France, je ne vois pas comment un joueur mis en examen pourrait être convoqué en sélection. » L'avocate de Franck Ribéry juge, elle, « choquant et regrettable que certains représentants de l'État au plus haut niveau bafouent cette règle élémentaire des droits de la défense, en exerçant une influence par leurs propos déplacés et contraires à la loi ».

Le débat s'est déplacé. Cette affaire de justice ne serait-elle finalement qu'un prétexte ? Heureusement, pour les deux hommes, le nouveau sélectionneur, Laurent Blanc, a un tout autre regard sur la question : « Il faut faire attention à ne pas prendre des décisions radicales, déclare-t-il à *L'Équipe* le 28 juillet dernier. Méfions-nous des effets d'annonce qui obligent ensuite à revenir en arrière. Il s'agit de faits privés. J'espère que Ribéry et Benzema seront des éléments importants de l'équipe de France[1]. » Tout est dit… Le sportif, plus important que la petite cuisine politicienne !

1. Le 20 juillet 2010, Franck Ribéry et Karim Benzema ont été mis en examen, tout comme le beau-frère du milieu du Bayern Munich, pour « sollicitation de prostituée mineure » à Paris. Remis en liberté sans contrôle judiciaire, tous trois sont soupçonnés d'avoir sollicité Zahia, une prostituée, à avoir des rapports sexuels alors que la jeune femme était mineure. Un délit passible de trois ans de prison et de 45 000 euros d'amende. Mais il revient à l'accusation de prouver que les clients savaient que la prostituée était mineure. Selon Zahia Dehar, qui s'était confiée dans la presse, les footballeurs ignoraient qu'elle était mineure au moment des faits.

# 2
# Bernard Tapie, entre football et politique

« De manière évidente, quand on gagne la Coupe d'Europe avec Marseille et qu'on est président de l'OM, on peut se présenter à une élection, on sait que ça va passer. À l'époque, il ne dort pas bien la nuit. Il regarde des cassettes de football très tard et il réveille son entraîneur Raymond Goethals en pleine nuit pour lui dire qu'il vient de voir un match de l'AC Milan et que le Milan, c'est vraiment très fort. Il est trois heures du matin et le technicien belge lui répond de manière ironique : “Bah, tu m'as appris quelque chose [1].” »

Cette période, évoquée par Roger Zabel, ancien présentateur des soirées *Ligue des champions* sur TF1 au début des années 1990, la plus grande époque de l'histoire de l'OM, a constitué l'une des plus belles phases de la vie de Bernard Tapie. Tout lui sourit : la victoire en Ligue des champions en 1993, des titres de champion de France, des victoires en Coupe nationale… et puis la gloire d'un homme qui a tout pour être heureux. Mais il ne dort pas bien la nuit. Car Tapie fait partie de ces hommes qui ont la culture du détail, atout majeur pour réussir. Or la réussite sportive et

1. Entretien avec les auteurs le 8 avril 2010.

politique repose aussi sur un mode de fonctionnement destiné à défendre ses intérêts, sur des moyens de pression mis en place pour protéger son image. C'est un peu tout cela, le système Tapie.

## Un itinéraire bien particulier

Petit retour en arrière, au milieu des années 1970. Vendeur de téléviseurs au début de sa vie professionnelle, Bernard Tapie se lance dans l'achat, la remise sur pied et la revente d'entreprises en difficulté, loin, si loin de la gloire, de la médiatisation… Et pourtant, il y a déjà chez cet homme la volonté de briller, d'imposer ses idées, sa personnalité : « L'énergie, le charme, l'engagement, parce qu'on croit toujours que Tapie a le goût de l'argent… Pas du tout, il a le goût de l'action. Il avait cette volonté de conquérir le monde alors que le monde ne le connaissait pas encore[1]. » Jacques Séguéla a connu Tapie dans les années 1970 et a ensuite fait parti du cercle de proches du Parisien. Le publicitaire a même grandement contribué à sa carrière politique en organisant chez lui, quelques années plus tard, une rencontre avec un homme d'importance, c'est peu de le dire. Les années 1980 vont ensuite lui servir de tremplin. Tapie continue de reprendre des entreprises en difficulté et en exige toujours la même chose : que les licenciements aient lieu avant le rachat, histoire de s'assurer une rentabilité immédiate. Et parmi ces sociétés, il y en a une qui va le faire entrer dans un monde qui le fascine depuis longtemps.

1. Entretien avec les auteurs le 26 mai 2010.

## Premiers pas réussis dans le sport

En 1983, Bernard Hinault, fâché avec son directeur sportif Cyrille Guimard, décide de quitter l'équipe Renault-Gitane. Hinault part alors à la recherche d'un sponsor pour monter une nouvelle équipe. Et l'homme d'affaires, Bernard Tapie, réussit à convaincre le Breton. Tapie voit les choses en grand en mettant des millions sur la table. Il s'agit alors d'une véritable révolution qui va transformer en profondeur le petit monde du vélo.

La réussite sera au rendez-vous : victoires d'Hinault dans le Tour de France 1985, puis de Lemond l'année suivante. Les premières grandes heures de cet homme. Un seul mot à la bouche, gagner ; mais le cyclisme ne sera qu'une étape.

## Des débuts plus que prometteurs

À Marseille, il y a certaines choses que l'on a parfois du mal à accepter. Notamment voir un Parisien devenir président de l'OM. Mario Albano, journaliste à *La Provence* et spécialiste du club olympien depuis près de trente ans, restitue le contexte : « Le précédent président qui avait fait gagner l'OM, c'était Marcel Leclerc, arrivé en 1965 et parti en 1972, avec lequel Marseille avait gagné deux titres de champions et deux Coupes de France. Lui aussi était Parisien et issu du monde des médias. Le public marseillais était sevré de titres. Il sortait même de plusieurs années de purgatoire, en deuxième division après avoir failli voir l'OM disparaître car il y avait eu un dépôt de bilan en 1981. Il y avait quand même du scepticisme lors de l'arrivée de Tapie[1]. » Mais la personne la plus attendue à Marseille, c'était Michel Hidalgo. « Nous étions à l'hiver 1985-1986, un an et demi après la victoire de l'équipe de France à l'Euro, trois ans et demi après la demi-finale de Séville, et Michel Hidalgo, c'était celui qui avait sorti le foot français de l'ornière. C'était un symbole de droiture, de beau jeu et de succès. Tapie, qui avait choisi le "bon cheval" en misant sur Hinault quelques années avant dans le cyclisme, misait là aussi sur le bon numéro en nommant Hidalgo comme manager et non comme entraîneur. L'espoir était là et on se disait que la venue d'Hidalgo allait en plus permettre d'attirer de grands joueurs. Ceux qui auraient pu être méfiants à l'égard d'un homme d'affaires inconnu dans le monde du football allaient suivre Hidalgo. C'est quand même grâce à lui que Giresse, Domergue, Papin sont venus à l'OM. Après, il y a aussi la force de persuasion de Bernard Tapie. » Dans ses différentes aventures, l'homme d'affaires a compris qu'il fallait toujours parfaitement s'entourer, gage de réussite et de légitimité, notamment dans le milieu du football, plutôt critique voire moqueur envers ce qui vient d'un autre monde. « Au départ, il connaissait le foot de l'extérieur. Et il a vite compris comment ça marchait à l'intérieur… Aussi bien la manière de fonctionner des clubs que les transferts. Il était aussi capable de tenir des discussions techniques. Après, il en a peut-être appris trop, ce qui l'a amené à faire des choses répréhensibles… »

1. Entretien avec les auteurs le 28 avril 2010.

Il y avait malgré tout ce charisme, cette manière de s'exprimer proche des gens, voire parfois un peu grivoise. Tapie a même fini par être caricaturé chez les *Guignols de l'info*, où il était décrit comme le « baratineur de première », capable de vous faire avaler n'importe quoi. Cela fait partie du personnage. « Tapie, il était capable de vous dire blanc un jour et, le lendemain matin, soutenir qu'il avait dit noir. C'est un peu sa marque de fabrique [1] », déclare Roger Zabel. Thierry Roland, un autre ancien de TF1, commentateur historique des matchs de l'équipe de France, a côtoyé Tapie de près : « Je ne m'en cache pas. J'ai toujours été pote avec lui et je le suis encore aujourd'hui. Je crois que j'ai toujours chez moi le premier 33 tours qu'il ait fait [sous le nom de Tapy]. C'était de la variété. Mais il n'était pas mauvais. C'est peut-être à cette époque-là que je l'ai connu [2]. »

Au milieu des années 1980, le Parisien bénéficie, il est vrai, d'un soutien de poids selon Albano. « À l'époque, Gaston Deferre était maire de Marseille et son intérêt, c'était que l'OM aille bien. L'OM et Marseille sont intimement imbriqués. Deferre, qui était aussi ministre de l'Intérieur à l'époque, disait volontiers : "Quand on me voit, on dit, c'est le maire de l'OM." »

Et le maire, par l'intermédiaire de son épouse, Edmonde Charles-Roux, a contacté Tapie et grandement contribué à son arrivée à l'OM. Deferre était propriétaire du *Provençal*, principal journal à Marseille. En tant que patron, il souhaitait que son journal soutienne son initiative allant dans le sens du bien

1. Entretien avec les auteurs le 8 avril 2010.
2. Entretien avec les auteurs le 12 avril 2010.

de la ville. « Deferre pensait que l'homme qu'il lui fallait pour l'OM, c'était Tapie », renchérit Jack Lang, ministre socialiste et proche des différents acteurs. « Il pensait que c'était un homme d'entreprise qui saurait incarner l'équipe avec éclat, il a toujours aimé les personnalités fortes [1] ! »

Tapie comprend les choses plus vite que beaucoup d'autres. Plusieurs années avant l'arrivée du « tout communication », l'homme d'affaires parisien a déjà le bras long et sait qu'avoir les médias du coin à ses côtés est capital. Mais comme d'habitude, il va voir encore plus grand. *Le Provençal*, à Marseille, c'est très bien, mais TF1, c'est encore mieux. Actionnaire à hauteur de 5 % de la nouvelle chaîne privatisée, Tapie est loin de penser à quel point son club sera lié à la petite dernière du groupe Bouygues.

On n'en est pas encore à parler de politique, mais l'ascension irrésistible de cet ancien vendeur de postes de télé va progressivement l'amener aux plus proches du pouvoir.

## L'OM, la « Rolls » de TF1

Au début des années 1990, TF1 lance ses grandes soirées *Ligue des champions*, le tout dans un esprit convivial et chaleureux où de jolies demoiselles sont subtilement placées juste derrière les présentateurs. À cette époque, il n'y a qu'un seul club en France, un seul capable de drainer des millions de téléspectateurs, de créer des recettes publicitaires exceptionnelles. Il

1. Entretien avec les auteurs le 29 mai 2010.

ne faut pas bien longtemps à l'homme d'affaires pour comprendre comment il peut utiliser un tel rendez-vous à une heure de très, très grande écoute.

À vrai dire, pour Bernard Tapie, il y a aussi la possibilité de profiter de la surmédiatisation de son club. À TF1, certains vont apprendre à le connaître de très près ; notamment Jean-Claude Dassier, directeur des sports de la première chaîne de France à l'époque. « Il n'aurait pas fait cette carrière exceptionnelle si ce n'était pas dans sa nature. On se parlait dix fois par semaine avec Tapie mais il parlait à toute la presse. Il menait une bagarre permanente pour défendre son club, son équipe, ses résultats. C'était Bernard Tapie[1]. »

Parfois, cela ira un peu plus loin. Thierry Roland peut en témoigner : « Comme il faisait partie du tour de table du TF1 privatisé, il se croyait un peu chez lui. Il appelait et il était très surpris quand quelqu'un lui disait non. Il y avait des moments, il disait : “Il faudrait que tu fasses ça.” Quand quelqu'un lui tenait tête, parce qu'il voulait toujours avoir raison… C'était comme si Patrick Le Lay nous téléphonait en nous disant de faire quelque chose. C'était le président de TF1… Mais jamais, que ce soit Patrick Le Lay ou Étienne Mougeotte, jamais on ne nous a téléphoné pour nous demander de placer je ne sais quoi au milieu de tel match. Jamais[2]. »

« Moi, je ne l'ai jamais pris au téléphone[3] », témoigne Roger Zabel. « Je ne sais pas si on me l'a fait payer. Toujours est-il qu'à la fin de la saison,

1. Entretien avec les auteurs le 19 avril 2010.
2. Entretien avec les auteurs le 12 avril 2010.
3. Entretien avec les auteurs le 8 avril 2010.

Thierry Roland a repris la présentation de *Téléfoot.* » Tapie y était-il pour quelque chose ? « Le jour où j'ai appris qu'on me virait de l'émission, j'ai déjeuné avec Tapie pour savoir s'il avait joué un rôle mais comme j'ai toujours eu du mal à le croire… Tapie, je pense, en disait plus qu'il n'en faisait. »

À TF1, certains auront donc mieux vécu que d'autres les ingérences du président marseillais. Mais une chose est sûre : chaque fois qu'ils évoquent ce personnage si particulier, marginal, ils ont une sorte de sourire teinté de mélancolie. « Le Lay nous avait dit : "L'OM est l'une des stars de TF1." Et tout ça, c'était en accord avec Tapie. L'OM, c'était le club de TF1 », conclut Zabel. Au point qu'il a circulé, à cette période, plein de bruits selon lesquels TF1 allait acheter le club.

## Munich 1993 : tremplin vers les sommets

Bernard Tapie ne laisse pas insensible. Son omniprésence médiatique, ses coups de gueule en font l'un des hommes les plus influents dans la société française de la fin du XX^e^ siècle. Il ne lui manque plus qu'une chose, une seule : une victoire qui contribuera à développer encore peu plus cette image de gagneur ; un succès en Coupe d'Europe, en Ligue des champions, ce qu'aucun club français n'a réussi à faire jusque-là.

Les heures précédant la finale de la Coupe d'Europe, des clubs champions entre Marseille et l'AC Milan sont source de tensions – mais pas forcément celles que l'on imagine.

Le vendredi précédant la deuxième finale européenne de l'histoire marseillaise a lieu un certain Valenciennes-OM, rencontre à l'origine de la chute de Tapie. Mais en mai 1993, l'homme d'affaires nage en pleine euphorie et en fait profiter les proches du club. Tapie, homme à tout faire, toujours là pour veiller au bien-être de certains journalistes.

Zabel se souvient : « Avant la finale de Munich, je suis dans l'hôtel en immersion avec les joueurs et j'interviens toutes les heures sur TF1 en direct pour raconter ce qu'ils font. Je me souviens ; je ne sais pas si ce n'est pas Di Meco et Boli, ils étaient à la fenêtre et me balancent un seau d'eau sur la tête en plein direct. Tapie me voit un matin dans l'hôtel et me dit : “Oh, tu n'as pas l'air en forme !” Je dis : “Si, ça va.” “Viens, viens avec moi… Je vais te faire goûter le jus d'orange spécial joueurs.” Bon, on arrive dans la cuisine… Et là, à la Tapie : “Coco, amène-moi le jus d'orange, mais celui des joueurs hein… Tu vois ce que je veux dire !” Je bois ce verre de jus d'orange et je me dis que je peux faire un marathon derrière normalement, si ce qu'il me laisse entendre est vrai. Il n'y avait pas de produits dopants. Ça n'a eu aucun effet [1]. »

Tout ça pour ça. Un verre de jus d'orange. Mais pour Tapie, offrir un accès à Zabel et TF1, un accès à l'hôtel, au camp d'entraînement, au vestiaire, cela fait partie d'une stratégie d'ensemble. Il ouvre les portes à tel point que le journaliste de la première chaîne va assister, après la victoire en finale, à une scène très étrange. « On est dans une période

1. Entretien avec les auteurs le 8 avril 2010.

d'euphorie. Je suis l'un des premiers à arriver dans le vestiaire à Munich après le match et je vois Bernès en pleurs. Sur le moment, je ne comprends pas bien. L'affaire VA-OM venait se régler en interne. » Bernès est effondré alors que l'OM vient de gagner la Ligue des champions. Fin d'une relation synonyme de gloire pour Marseille. Tapie et son lieutenant, bras droit, capable de tout, de presque tout pour un patron fascinant. « La relation est, je pense, éternellement rompue. Il n'y a pas moyen, me semble-t-il, de les réconcilier [1] », selon Jean-Claude Dassier.

Mais Tapie, lui, n'a qu'une seule chose en tête : profiter de ce succès historique dans l'histoire du football français. L'apogée sportif d'un président. 26 mai 1993, l'une des plus grandes dates de sa vie. Le lendemain, une grande fête est organisée au Vélodrome à une heure plutôt bien choisie : 14 h 43, 17 h 34, non… en début de soirée, vers 20 h, évidemment. Le JT de TF1, les amis de la première chaîne de France en gros. Une vraie théâtralisation de la victoire, de sa victoire. Quoi de plus naturel quand on est aussi devenu un acteur majeur du monde politique français depuis plusieurs années.

### La politique, nouveau terrain de jeu

Les débuts remontent à 1988. Un premier test aux législatives de juin, dans la 6e circonscription des Bouches-du-Rhône. Le Parisien éprouve les pires difficultés à s'enticher des Marseillais. L'homme pressé

1. Entretien avec les auteurs le 19 avril 2010.

n'a pas le contact facile avec la foule. Des débuts synonymes de défaite. Tapie saisit le Conseil constitutionnel qui annule l'élection et se représente ensuite lors de la législative partielle en 1989. Il est élu député. Première victoire politique. Deuxième acte fondateur de l'homme d'affaires, président de l'OM : un débat surmédiatisé à quelques semaines des européennes 1989. Tapie a besoin d'asseoir sa légitimité sur un plan purement politique et il voit encore très grand. Il n'a peur de rien ni de personne. Alors, quoi de mieux que de défier le tribun du moment, celui que personne ne veut vraiment affronter, Jean-Marie Le Pen, sur un thème 100 % Front national : l'immigration ? Ce débat sera l'élément clé de son évolution – où comment passer d'une popularité régionale à une stature nationale. Que retenir de ce face-à-face ? Peu de choses sur le plan des projets politiques mais, et c'est là le plus important, que la France a trouvé un homme capable de rivaliser en termes de rhétorique avec Le Pen. Tapie a utilisé la popularité née de ses succès avec l'OM, de sa stature de président d'un club de football dans une ville cosmopolite, face au tribun du Front national. Pari osé, mais concluant. Place aux régionales de 1992. Le président de l'OM est tête de liste à gauche en Provence-Alpes-Côte d'Azur. Son mouvement a été créé pour l'occasion : Énergie Sud.

Présents à ses côtés, des personnes venant de tous horizons : des politiques, forcément (Élisabeth Guigou, Hubert Védrine, Jean-Louis Bianco), une actrice (Mylène Demongeot), un professeur en cancérologie (Léon Schwartzenberg), et puis un autre homme d'affaires et passionné de foot (Daniel Hechter). C'est finalement Jean-Claude Gaudin (UDF) qui est réélu président de région avec une majorité relative. Daniel Hechter en garde un souvenir mitigé : « J'ai démissionné quand j'ai vu ce qu'était la politique. Le FN faisait des scores importants. Un jour, Tapie m'appelle. Il me dit : "J'ai besoin de toi car mon candidat dans le Var vient de me lâcher. J'ai fait une enquête sur place et la personne la plus populaire pour conduire une liste dans le Var, c'est toi." Le combat contre le FN, c'est ça qui m'a intéressé. J'ai démissionné au bout de quatre ans. En politique, pour réussir, il faut trahir ses amis avant de battre son adversaire. Pour monter dans l'échelle, il faut éliminer tous ses amis, les uns après les autres. C'est comme lors d'un tournoi de tennis. Ça, ça ne me plaît pas. Je ne peux pas déconner avec quelqu'un le soir et, le lendemain, lui planter un couteau dans le dos. Tapie, c'est un bon patron. Il a ses qualités et ses défauts. Beaucoup de défauts. Son plus gros défaut, c'est de ne pas être fidèle à ses amis politiques, sinon il aurait été président de la République. C'est un type extrêmement brillant, réactif. Ce n'est pas mon meilleur ami. Il est exceptionnel dans le sens premier du terme, pas traditionnel. Malgré VA-OM, Tapie aurait pu être président. S'il n'a pas réussi en politique, c'est qu'il a oublié sur la route un certain nombre de gens qui l'ont aidé. Je parle des petits, des conseillers[1]. »

1992 est une année qui fera date dans la vie de Tapie. Le 2 avril, plus précisément. Tapie devient ministre de la Ville au sein du gouvernement Bérégovoy. Un poste occupé pendant deux périodes : au milieu de l'année,

1. Entretien avec les auteurs le 25 mai 2010.

puis de décembre 1992 à mars 1993, avant qu'il soit remplacé par Simone Veil suite à la défaite de la gauche aux législatives de 1993. Court, mais tellement grisant pour ce Parisien issu de milieu modeste.

## Quand Tapie joue à l'entremetteur (épisode 1)

Chez Bernard Tapie, il y a toujours eu cette envie d'aider – enfin, d'aider certaines personnes. Alors quand il s'agit de venir en aide à un ancien champion olympique du cent dix mètres haies (jeux Olympiques de Montréal, 1976), il le fait bien volontiers. « Tapie m'a toujours paru sympathique car en 1982, alors que j'étais dans une période assez difficile, il y a deux types qui m'ont tendu la main : Chirac et Tapie, déclare Guy Drut. C'est la raison pour laquelle je me suis abstenu quand l'Assemblée a voté, s'est exprimée sur son immunité parlementaire... Il m'a offert du boulot. En 1982, il pensait déjà devenir président d'un club de foot. Il m'avait parlé vélo et football. Tapie voulait racheter le Country Club de tennis de Boulogne-Billancourt et m'en confier la direction [1]. »

Le futur ministre des Sports de Jacques Chirac a donc côtoyé Bernard Tapie pendant quelques mois. L'occasion de découvrir un homme particulier et qui avait souvent un temps d'avance. « Je me rappelle qu'il m'avait invité à assister à un quart de finale de Coupe d'Europe à Marseille, c'était OM-AC Milan je crois... [Ligue des Champions 1990-1991]. On avait

1. Entretien avec les auteurs le 19 mai 2010.

discuté un peu dans l'avion. Il m'avait fait un comparatif des retombées de la presse entre la politique et le sport. En tant que politique, il avait dix pages. En tant que président de l'OM, il avait cent cinquante pages. Et pour un politique, la notoriété, faire parler de soi, c'est quelque chose de très important. »

Bernard Tapie a ainsi rentabilisé sa popularité marseillaise puis nationale à des fins politiques. Jusque-là, rien de bien extraordinaire, mais Guy Drut garde en mémoire un souvenir plus surprenant. Aujourd'hui, l'image de Tapie est étroitement liée à Marseille et aux plus grandes heures de l'OM, mais le destin de l'homme à tout faire aurait pu être bien différent : « Au départ, en 1982, il s'intéressait au PSG. Du moins, il avait ça dans la tête. On en avait parlé et il ne dira pas le contraire parce que ce n'est pas un menteur. Sur les choses importantes comme ça, il ne pourra pas dire l'inverse. » Avant de préciser : « Il n'a pas fait de proposition de rachat du club. Il m'avait dit que le football l'intéressait et qu'il se verrait bien président d'un club comme le PSG. »

Bernard Tapie, président du club de la capitale, les plus fervents supporters du club parisien ne voudront peut-être pas y croire tant il a incarné les plus belles pages de l'histoire olympienne – et pourtant.

## Tapie et « Tonton »

Le parcours de Tapie suscite alors l'intérêt d'un homme : le président de la République. François Mitterrand l'apprécie. Son culot, sa personnalité ne le laissent pas insensible. Jacques Séguéla, l'homme de la « force tranquille », le slogan de la campagne de Mitterrand lors de la présidentielle 1981, se souvient parfaitement de cette période. Et pour cause, il a tout simplement organisé chez lui la rencontre entre les deux hommes au milieu des années 1980. « Mitterrand a été subjugué. Alors que Tapie n'imaginait pas vraiment faire de la politique, il s'est finalement décidé parce que Mitterrand lui avait demandé de s'engager. Tape hésitait encore mais il s'est pris de passion pour la politique et puis il a été charmé par le président. Il s'est engagé à fond et, comme il était le chouchou de Mitterrand, tous les politiques de gauche se sont mis à le jalouser et tous les politiques de droite à le craindre [1] »

Puis il confirme : « Sa brillance médiatique dérangeait également. C'est un temps où les politiques, surtout les politiques quinquas, étaient terrorisés par les télévisions, mauvais comme des cochons, et lui est arrivé avec sa gueule de star, sa faconde, avec son art de la médiatisation et son talent pour le pugilat médiatique qu'il a démontré dans le débat avec Le Pen. Il est arrivé en changeant tous les codes et en modernisant la politique. Mitterrand disait à certains de ses ministres, lors de déjeuners : "Arrêtez, faites comme Tapie, modernisez-vous, apprenez à parler à la télé, soyez proche des Français... Vous avez le modèle !" Et donc ça les rendaient ivres de rage parce que Tapie, lui, n'était pas du sérail. Il n'avait pas milité pendant des années, il avait été nommé ministre sans même être élu. Tout cela les rendait profondément jaloux. » Jack Lang, l'un des proches

1. Entretien avec les auteurs le 26 mai 2010.

de Mitterrand, confirme : « Le président avait un sentiment admiratif pour le personnage, son talent, ses capacités, son courage. Tapie avait affronté Le Pen dans un débat national, il est l'un des rares à l'avoir fait avec Jospin. C'est Pierre Bérégovoy qui a proposé de le faire entrer au gouvernement. Il pensait que par son talent, son charisme et ses capacités à traiter les problèmes, il pourrait traiter la question des difficultés dans les quartiers [1]. »

Et Mitterrand va rapidement comprendre à quel point le nouvel homme fort de la politique française peut lui être utile. Nous sommes en 1994, à un an de la présidentielle. Rocard rêve de succéder à Mitterrand. Les deux hommes ont toujours été opposés et, avant de partir, le président de la République compte bien détruire définitivement ses anciens ennemis. En juin 1994, Tapie est tête de liste des radicaux de gauche aux élections européennes, avec l'aval, en sous-main, de François Mitterrand. « C'est la légende. C'est Tapie lui-même qui, membre du Parti radical, a voulu faire une liste », croit savoir Lang. « Rocard aurait pu ne pas être candidat. Je pense que l'élection européenne a été très difficile pour le parti socialiste, je pense qu'il a commis une faute. En étant candidat, il s'est un peu suicidé lui-même. Lors de sa campagne, Rocard a fait beaucoup d'erreurs. Par rapport à un PS qui paraissait un peu fatigué – on avait perdu les législatives de 1993 –, très mal en point, Tapie pouvait incarner une sorte de renouveau. Il était très européen, il a fait une très bonne campagne. Il n'y a pas eu de stratégie de la part de Mitterrand. Le suc-

1. Entretien avec les auteurs le 29 mai 2010.

cès de la campagne de Tapie a été préjudiciable à Rocard qui se trouvait en difficulté, c'est certain. »

En tout cas, l'opération est plus que réussie : Tapie siphonne les voix de Rocard et du PS, c'est peu de le dire. L'ancien Premier ministre est deuxième, mais avec seulement 14,49 % des voix, alors que la liste Tapie arrive quatrième avec 12,03 % des suffrages. La dernière page de gloire politique du boss de l'OM. Jean Glavany, ancien membre du gouvernement Bérégovoy et proche de Mitterrand, a assisté de très près à l'évolution de Tapie : « Je suis rentré dans le gouvernement Bérégovoy. J'étais secrétaire d'État à l'enseignement technique. J'ai été nommé en même temps que Tapie. Cela fait une drôle d'impression. Mitterrand, il est dans une opération politicienne avec Tapie. Ce n'est pas ce que j'ai le plus aimé du président. Après la défaite de 1993, Rocard se présente en tête de liste des européennes 1994, Mitterrand favorise le vote pour la liste Tapie et fusille un peu Rocard. Mitterrand a été séduit par son caractère séduisant. C'est un embobineur, un enjoliveur, un bonimenteur. Je n'ai pas de conflit avec lui par ailleurs. Mais je n'ai pas d'estime particulière pour son parcours, à une époque où l'on glorifiait l'argent-roi, et ses personnages redresseurs d'entreprises qui, en fait, se gavaient sur la bête. Mitterrand a été bluffé par ce mec. Et on ne peut pas dire que ça a fait beaucoup bien à la gauche sur la durée[1]. »

Fin 1994, Tapie est mis personnellement en liquidation judiciaire, ce qui entraîne la perte immédiate de ses mandats et une inéligibilité de cinq ans, sans possibilité

1. Entretien avec les auteurs le 2 juin 2010.

de faire appel. Ses soutiens parisiens l'ont abandonné, il ne se relèvera plus. Contraint de tirer sa révérence, il fera un détour en prison. « Tapie, c'était l'aventurier libéral. Peut-être a-t-il dérangé par moments par sa personnalité. Aujourd'hui, ce ne serait certainement plus la même chose car l'image a pris une importance considérable dans la vie politique, parfois au détriment des idées. À l'époque, son itinéraire devait déranger les traditions politiques du moment[1] », se souvient Marie-George Buffet. Elle n'était à l'époque qu'une simple militante du PCF, bien loin des petites « combines » politiques destinées à écarter un proche de Mitterrand. Flingué politiquement peut-être, mais Tapie les a bien aidés en commettant certaines fautes graves. Les « affaires » seront de trop.

## Quand gauche et droite font cause commune

« Il est certain que lorsque l'on voit l'énorme surface que Tapie occupait, il constituait une gêne. C'était quelqu'un de très atypique. Il était non seulement aimé des gens qui suivaient la politique mais également de ceux qui, habituellement, ne s'y intéressaient pas. C'était un homme qui dépassait les marges. C'est ce qui faisait de lui quelqu'un de redoutable pour tout le monde[2]. » Avant de devenir président de l'OM, Pape Diouf a été journaliste à *La Marseillaise*. Bernard Tapie, il connaît. « Dès lors

1. Entretien avec les auteurs le 27 avril 2010.
2. Entretien avec les auteurs le 19 mai 2010.

qu'il s'est présenté comme homme politique cherchant à être élu, il était dans l'arène. Dans ce monde-là, les coups partent de tous les côtés, et sans pitié. Donc, à un moment donné, il faut savoir encaisser. »
« Je me souviens des élections de 1992 : tous les bons leaders de gauche lui couraient après pour qu'il vienne faire leur campagne[1] », poursuit l'ancien baron mitterrandiste Jack Lang. Et, après la gloire, les coups. Quelques années plus tard, Tapie plaide toujours non coupable.

L'ancien boss de l'OM jure que la gauche et la droite se sont alliées afin de le faire tomber. Interrogé sur France 2 en avril, il a ainsi cogné clair, net et précis : « La droite ne voulait pas que je gagne la mairie de Marseille au profit de Gaudin. À gauche, on ne voulait pas que je fasse à Jospin ce que je venais de faire à Rocard. Dans ce pays, quand vous avez la droite et la gauche pour vous flinguer, vous avez très peu de chances. » « Tout le monde sait que mes ennuis ont commencé sous l'influence de certains hauts responsables socialistes, à commencer par Michel Rocard », déclare-t-il également au *Parisien* le 3 avril. « À droite, Jean-Claude Gaudin, qui était convaincu que j'allais devenir maire de Marseille, a tout fait pour m'éliminer grâce, notamment, à son ami Pierre Méhaignerie, qui était garde des Sceaux ».

La théorie du complot. Certes, des hommes de droite et de gauche ont évidemment cherché à l'éliminer, mais Tapie s'est flingué tout seul. La corruption de certains joueurs valenciennois censés lever le

1. Entretien avec les auteurs le 29 mai 2010.

pied, le match acheté... Au départ, une combine parmi d'autres. « Tapie a d'abord trouvé les choses très injustes parce que, oui, il a acheté un joueur mais c'est ce que faisaient les Italiens pour chaque rencontre, et ce que faisaient à l'époque pratiquement tous les clubs internationaux[1] », estime Séguéla. « Il l'a fait sur un match totalement bénin, uniquement pour arriver avec la même fraîcheur que ses concurrents le jour de la finale [de la Ligue des champions 1993]. Enfin, je ne sais pas si c'est de la corruption. Il a acheté un joueur. Donc, comme c'est un garçon pragmatique, il a dit : "Oui, j'ai fait une faute, je la reconnais." Mais c'est parce qu'il était Bernard Tapie et que l'affaire était devenue politique qu'il a pris un an de prison ferme et qu'il a fait neuf mois je crois. Aucun autre président de club n'aurait été condamné aussi lourdement. »

Pour Jacques Séguéla, amitié rime avec solidarité et ce quelles que soient les situations. Il doit sacrément l'apprécier, Tapie, pour minimiser l'affaire VA-OM... La justice, elle, établira que la motivation des Marseillais était essentiellement basée sur le désir de ne pas perdre de joueur sur blessure, et que Tapie n'en était pas l'acteur principal. Les peines infligées par le tribunal correctionnel de Valenciennes le 15 mai 1995 étant là pour rappeler les faits. Bernard Tapie sera condamné à deux ans d'emprisonnement, dont un ferme (il est condamné en appel à deux ans de prison dont seize mois avec sursis, trois ans d'inéligibilité et 20 000 francs d'amende – environ 3 000 euros). Jean-Pierre Bernès (directeur sportif de

1. Entretien avec les auteurs le 26 mai 2010.

l'OM), à deux ans avec sursis et 15 000 francs d'amende (environ 2 300 euros).

Plus dure sera la chute. « Il avait quand même accumulé un certain nombre de "casseroles", rappelle Mario Albano. Et au bout de quelque temps, il ne devait pas être très profitable politiquement d'être associé à lui. Malgré tout, grâce aux succès de l'OM, il continuait d'être populaire et je crois que même aujourd'hui, il y a des gens qui ne croient pas à la corruption pourtant avérée de VA-OM et crient au complot. Donc, après avoir été très utile, il pouvait être dangereux. Je pense qu'il s'est senti pendant longtemps intouchable... Peut-être qu'on ne l'a pas mis en garde sur le fait que dès lors qu'il y aurait un changement de majorité [après les législatives 1993], il ne serait plus dans le sens du vent [1]. » « Sans doute, cette affaire lui a fait du mal... L'histoire Paris-Béthune aussi [2], il y avait le sentiment qu'il pouvait raconter des cracks », déclare également Jack Lang.

Pour Noël Le Graët, à l'époque président de la Ligue de football professionnel, cette période a été assez désagréable. « Je me suis souvent retrouvé un peu seul. Il fallait mener ce combat quand j'étais à la tête de la Ligue. Le dépôt de bilan, c'était une chose.

1. Entretien avec les auteurs le 28 avril 2010.

2. L'ex-entraîneur de Valenciennes, Boro Primorac, avait affirmé que, le 17 juin, au siège parisien de BTF, Bernard Tapie avait tenté de l'acheter pour qu'il modifie ses déclarations à propos de l'affaire VA-OM. Mais Tapie avait nié l'avoir rencontré, vers quinze heures ce jour-là. Son principal alibi avait tourné autour d'une prétendue réunion avec Jacques Mellick, maire de Béthune à l'époque et sa collaboratrice. Jacques Mellick avait ensuite soutenu avoir menti « pour sauver Béthune » où était installée l'entreprise Testut, appartenant alors au groupe de Bernard Tapie.

La corruption, c'était pire. Ça a été un long combat avec un adversaire de taille, très médiatique. Je n'ai jamais reçu de pressions de la part de l'Élysée et de Matignon mais, il faut être honnête, personne ne me poussait à trouver la vérité. Je n'ai pas vu Tapie depuis longtemps. Aujourd'hui il est très proche de Sarkozy. Il sait faire, il sait rebondir, il est fort[1]. »

La France prend conscience des magouilles de Tapie mais, dans le monde du foot, les doutes, eux, sont là, et depuis bien longtemps. André Soulier, avocat lyonnais de renom et personnage influent du football français, a vécu les petites combines de « Nanard » de l'intérieur, et ce avant VA-OM. « Je deviens président de la commission de discipline en 1989. On était en pleine période d'affrontement Tapie-Bez. On n'était pas impressionné par Tapie. L'indépendance de cette commission a été totale. Tapie disposait d'une influence certaine. Mais jamais la présidence de la République n'est intervenue auprès de nous pour nous mettre la pression. Le dossier Tapie, je le communique à la FFF, article 40 du code pénal. Un dossier qui révèle des infractions. Je leur conseille de le communiquer au procureur de Marseille, monsieur Dropet. Ce dossier montrait que Tapie truquait des matchs. On était une commission de la FFF. On devait lui transmettre le dossier. On l'a gardé des mois sous le coude. Si je suis convaincu que l'Élysée et Matignon ne sont pas intervenus, on a cependant certainement voulu protéger Tapie, qui à l'époque était en pleine ascension politique[2]. »

1. Entretien avec les auteurs le 19 mai 2010.
2. Entretien avec les auteurs le 16 mars 2010.

Le livre *Le Flambeur*[1] d'Airy et Valérie Lecasble, révèle que Michel Charasse, ministre du budget, fait comprendre au procureur de la République d'enterrer le dossier. Tapie protégé ? Jean Glavany préfère employer le conditionnel. « Qu'une partie de la gauche ait eu une indulgence au regard des actions de Tapie, pour moi, c'est évident. Quand je rentre au gouvernement, en 1992, Charasse, ministre du Budget, nous informe que chaque membre du gouvernement recevra un contrôle fiscal, car sous les gouvernements de droite, un ministre comme Madelin ne payait pas ses impôts depuis des années. Charasse m'envoie une lettre m'accusant d'avoir planqué des revenus. Cela m'a marqué. Je n'en ai pas dormi de la nuit. Je rentre au gouvernement en même temps que Tapie. Je suppose qu'il a dû, lui aussi, faire l'objet d'un contrôle fiscal. Il a dû faire l'objet d'indulgence… Sûrement à ce moment-là, quand on sait ce qu'il a fait[2]… » Deux poids, deux mesures.

Un ancien collaborateur du président de l'OM des années 1980 et de la grande époque marseillaise a d'ailleurs eu cette réaction à l'évocation du cas Tapie : « J'ai travaillé avec lui pendant plusieurs années et j'ai vu des choses… » Le président de la République, en tout cas, défendra son ministre lors de l'interview télé du 14 juillet 1993 : « Mitterrand n'était pas un lâche, il n'abandonnait pas les personnes qui travaillaient pour lui, qui étaient avec lui quand il traversait des difficultés… Jamais il ne les

1. Airy Routier et Valérie Lecasble, *Le Flambeur, la vraie vie de Bernard Tapie*, Grasset, 1994.
2. Entretien avec les auteurs le 2 juin 2010.

abandonnait », relate Jack Lang. « C'était son tempérament et pas seulement avec Tapie. Disons qu'il avait une sorte forme d'admiration pour lui. Après, je crois que les campagnes ont été telles contre Tapie qu'il a commencé à se poser des questions. »

### Quand Tapie joue à l'entremetteur (épisode 2)

Cet homme, hâbleur et calculateur, est décidément incroyable. Alors qu'il a été éjecté du milieu après l'affaire VA-OM, Tapie reste malgré tout bien présent dans le monde footballistique. À croire que sa personnalité et ses relations lui donneront toujours la possibilité de se relancer. Nous sommes à l'été 1997. Le Tournoi de France, sorte de mini-répétition, en termes d'organisation, de la Coupe du Monde 1998, va donner lieu à un scénario assez inattendu. Au programme, France-Italie au Parc des Princes et une rencontre improbable entre deux hommes qui se sont côtoyés de près, de très près, au début des années 1990.

« Une demi-heure, trois quarts d'heure avant le coup d'envoi, Tapie me prend par l'épaule ; j'étais en train de discuter avec des confrères… Il y avait Pascal Praud qui était là. Et il commence à me dire : "Voilà, on cherche quelqu'un pour prendre la présidence de l'OM, et c'est toi." Je lui dis : "Mais tu es tombé sur la tête, ce n'est pas mon truc." Bernard Tapie : "Mais si, mais si… Ça y est. On en a discuté avec Le Graët. Notre choix s'est porté sur toi. Je vais arranger ça avec Le Lay. Tu descends trois jours par semaine à Marseille. Les comptes sont cleans." J'ai cru que j'allais éclater de rire quand il m'a dit que les comptes étaient cleans. Comme j'ai été tellement habitué à ce qu'il me raconte des histoires, je vais ensuite voir Le Graët dans la corbeille du Parc des Princes [surnom donné à cette tribune réservée aux politiques et aux “people”]. Je monte le voir juste avant le coup d'envoi. Je lui dis : “Président, c'est quoi cette histoire avec Tapie pour l'OM ?” “Oui, oui, c'est sérieux. Je vous rappelle demain.” Et je n'ai plus eu aucune nouvelle. Moi, ça me foutait une trouille bleue. Après, vous découvrez que Tapie a fait la même proposition à dix personnes. Si je m'en souviens bien, il y avait Foucault et Jacques Vendroux de France Inter[1]. » L'histoire s'arrêtera donc là. Le Graët était président de la Ligue de football professionnel lors de l'affaire VA-OM et a combattu Tapie. Quatre ans plus tard, ils font cause commune !

À part ça, quel est ce journaliste auquel Tapie a proposé la présidence de l'OM ? Roger Zabel.

## Retour manqué

Après ses démêlés judiciaires, Bernard Tapie revient à l'OM, saison 2000-2001, comme directeur sportif afin de sauver le club de la relégation. L'image de battant, de sauveur, est encore très fraîche mais, au-delà du mythe, Tapie va connaître un cinglant échec. Les temps ont changé et l'ancien président semble dépassé. « Je crois que cette expérience-là a été de trop, explique Mario Albano. On s'est rendu compte

1. Entretien avec les auteurs le 8 avril 2010.

qu'il n'avait plus la main. Il a fait des choix catastrophiques en matière de transferts et on se demande même si c'était motivé par l'aspect sportif ou s'il n'avait pas des services à rendre à des gens qui avaient des joueurs à caser ou qui l'avaient aidé auparavant. On se demande quand même pourquoi certains joueurs sont venus à Marseille. Des types comme Dimas ou Torrisi étaient pourris, complètement cuits. Ils ont d'ailleurs très peu joué. Dimas, un Portugais qui a joué à la Juventus Turin avec Didier Deschamps et qui est arrivé en 2002 à Marseille, on avait l'impression qu'il avait cinquante ans[1] ! », renchérit le journaliste marseillais. Une question se pose : Robert Louis-Dreyfus, actionnaire majoritaire, a-t-il pris Tapie pour tuer définitivement le mythe et travailler tranquillement sans l'ombre gênante de cet homme si médiatique ? « Sur le moment, on a eu le sentiment que Louis-Dreyfus était désemparé. Au départ, il est arrivé dans un club qui vivotait. Puis il a fait venir Courbis. Les résultats ont été bons et ensuite, une succession de dirigeants, présidents, managers, entraîneurs, ont conduit le club au bord de la descente en Ligue 2. On pensait que l'OM allait dans le mur et le public le réclamait. Aujourd'hui, on peut se dire que Louis-Dreyfus a tué dans l'œuf toute velléité ultérieure. On s'est rendu compte que ça n'était pas le messie et que son passage n'avait pas été couronné de succès. Mais sur le moment, on ne peut pas imaginer qu'il l'ait fait revenir pour qu'il échoue », assure Mario Albano.

Pour Renaud Muselier, adjoint au maire de Marseille entre 1995 et 2008, le casting était improbable :

---

1. Entretien avec les auteurs le 28 avril 2010.

« Quand Tapie est revenu à l'OM, j'étais perplexe. Robert Louis-Dreyfus met Dubiton [directeur financier], un ancien d'extrême droite, avec Tapie, “le voleur”. Tapie déteste Dreyfus, qui lui a repris le club, et Dubiton, qui l'a amené au tribunal. Tout allait exploser. Et ça a explosé. Ils se détestent tous. Cela ne pouvait pas marcher. Tactique de l'actionnaire : si on descend, ils seront associés à la descente, si on se maintient c'est moi qui en sortirai renforcé. C'est le genre de pari que je ne ferai pas. Tapie, un type exceptionnel capable du meilleur comme du pire. Je n'en dirai pas de mal. Il a un parcours, disons, atypique[1]. » Bref, Tapie ne restera qu'un an, dans l'incapacité de réécrire les grandes pages des années 1990.

## Vers de nouvelles aventures, quoique…

Alors que Tapie a déjà pratiquement touché à tout – affaires, politique, monde sportif, musique –, il y a encore, à la fin des années 1990, des univers qu'il ne connaît pas, comme le cinéma ou le théâtre. Une sorte de deuxième vie où, comme toujours, il peut être au centre de toutes les attentions. Les seconds rôles, Tapie, ce n'est pas pour lui. Et alors que sa carrière de comédien connaît un certain succès, l'ancien président de l'OM va faire une annonce remarquée dans les colonnes du *Parisien* le 3 avril dernier. Ses ambitions sont très claires : politique et football, de nouveau. Et on le comprend : après avoir touché une indemnité de 285 millions d'euros lors de son procès

1. Entretien avec les auteurs le 31 mars 2010.

contre le Crédit Lyonnais, « Nanard » peut voir venir. Alors que ces deux milieux ont été à l'origine de sa chute, le Parisien n'en démord pas. C'est plus fort que lui. Mais pour son ami de longue date, Thierry Roland, les raisons sont peut-être un peu différentes. Tapie est touché dans son ego : « Longtemps, il a dit que tout ça, c'était fini. Je ne sais pas ce qui l'a fait changer d'avis. Finalement, au fond de lui-même, il était sans doute assez content que, depuis son départ, l'OM n'arrive à rien. Et puis là, quelque part, ça doit l'énerver. Ce n'est pas impossible que le renouveau de Marseille [doublé Ligue 1 et Coupe de la Ligue 2010] lui ait donné des idées de retour[1]. » Jean-Claude Dassier, président de l'OM aujourd'hui, est bien placé pour en parler : « C'est possible que ça l'agace. Il a tort. Ce sont un peu les limites du personnage. Faut accepter le succès des autres. Il a tout gagné. Il est loin devant, Bernard. Il a bien tort de se faire du souci[2]. » On ne sait pas de quoi sera fait l'avenir de Bernard Tapie, capable de tout… Certains ne manqueront pas de lui donner quelques conseils, notamment Jacques Séguéla : « Sa femme et moi-même lui avions dit : "Méfie-toi, Bernard, ce sont des piranhas." Mais comme il avait tout tenté dans sa vie, et puis, pratiquement tout réussi sauf la politique, il a tenté. La politique a détruit tout ce qu'il avait construit mais il n'a pas de regrets car c'est un homme d'aventures[3]. » « Tapie, ça restera, c'est, quasiment le président à vie de

1. Entretien avec les auteurs le 20 mai 2010.
2. Entretien avec les auteurs le 19 avril 2010.
3. Entretien avec les auteurs le 26 mai 2010.

l'Olympique de Marseille. C'est Aulas multiplié par dix[1] », ajoute quant à lui Roger Zabel. « Personne n'a de prise sur lui, que ce soit le président de la Ligue, de la Fédération française de football ou le président de la République. Tapie, c'est le roi du pétrole. » Et un homme d'aventures qui fait encore peur aujourd'hui...

« Tapie ? On peut avoir un joker ? Je ne suis pas fan, pas admiratif[2] », assure Gérard Collomb, le maire socialiste de Lyon. De nombreuses personnes venant d'horizons très différents ont ainsi refusé de nous répondre dès lors qu'il s'agissait d'évoquer cet homme si particulier et au parcours atypique. S'il n'avait pas existé, il aurait presque fallu l'inventer !

1. Entretien avec les auteurs le 8 avril 2010.
2. Entretien avec les auteurs le 26 mai 2010.

# 3
# L'identité nationale et le football

## Un débat polémique

Le débat sur l'identité nationale a animé la vie de notre pays durant plusieurs mois. Or cette problématique a aussi un prolongement dans le football. Comment y apparaît-elle ? Par le biais du respect du maillot de l'équipe de France, du nombre de joueurs de couleur chez les Bleus ou encore des débats sur « La Marseillaise ». Illustration, le 11 mai 2002, finale de la Coupe de France entre Lorient et Bastia. Jacques Chirac vient juste d'être réélu président de la République avec 81,8 % des voix. Et, histoire de marquer d'entrée son deuxième mandat avec des gestes forts, le chef de l'État quitte la tribune du Stade de France. « La Marseillaise » a été sifflée de concert par quelques Corses et Bretons en quête d'indépendance. Juste l'expression nationaliste de leurs causes, sans réelles revendications. Chirac marque le coup quelques mois après un certain France-Algérie.

## France-Algérie : un immense gâchis

« Je suis assez émue de reparler de cette affaire-là quelques années plus tard. J'avais reçu des projectiles, mais moins qu'Élisabeth Guigou qui avait été légèrement blessée. C'était un match que l'on attendait depuis longtemps. On avait organisé la venue des enfants de nos villes. Il y avait de la joie, du plaisir, c'était France-Algérie ! Bon, et puis tout ça a été gâché [1]. » Le temps passe, mais près de neuf ans plus tard, Marie-George Buffet se souvient encore des moindres détails de cette triste soirée. Ce devait être une fête historique. Le rapprochement entre deux pays. Une soirée sans rapports de force. Le 6 octobre 2001, un peu moins d'un mois après les attentats du 11-Septembre. À l'époque, les communautés musulmanes sont stigmatisées un peu partout dans le monde. Le contexte est pesant. Alors, ne valait-il mieux pas annuler cette rencontre ? « Je ne sais pas s'il faut le regretter. Si nous avions décidé d'annuler ce match, quelque part on pointait du doigt l'Algérie… En gros, que ce pays serait quelque part responsable du 11-Septembre aux États-Unis. Donc c'est comme ça que j'ai raisonné. J'ai dit "Il faut maintenir ce match" pour dire "Nous ne stigmatisons pas un pays ou une région du monde". On l'a tenu. Il y a eu les sifflets de "La Marseillaise"… Ce n'est ni la première, ni la dernière fois. »

Mais cette fois, « La Marseillaise » sera même conspuée. Buffet ajoute : « Moi, j'aime notre hymne car il représente la Révolution française, la création

1. Entretien avec les auteurs le 27 avril 2010.

de la République. Si, pour des individus, "La Marseillaise" c'est simplement le reflet d'un État centralisateur, répressif, et qui ne leur donne pas les moyens de vivre, pourquoi voulez-vous qu'ils trouvent ça merveilleux ? "La Marseillaise", il faut lui donner une signification et le sens, c'est "Liberté, Égalité, Fraternité". L'identité nationale, c'est quoi ? Je ne sais pas. En revanche, je sais ce qu'est la nation : un collectif d'individus. Elle s'est forgée à travers la Révolution française, à travers de grands mouvements sociaux, démocratiques. » S'il n'y avait eu que « La Marseillaise »... Le vrai problème interviendra à la soixante-quinzième minute. La pelouse est envahie par des centaines de personnes. La fête tourne au cauchemar. Se dessine quelque chose de plus profond : ces matchs de football surmédiatisés offrent surtout la possibilité à certaines communautés d'exprimer leurs frustrations. « Je crois que siffler "La Marseillaise", pas simplement pendant ce match mais aussi pendant d'autres rencontres, est lié à une certaine forme d'exacerbation, de nationalisme, de communautarisme à travers le sport », analyse l'ancienne Première secrétaire du Parti communiste. « On utilise le football parce que c'est le sport le plus universel, le plus pratiqué. Partout où je vais, je vois des stades, des mômes qui jouent. À travers le foot, il y a des hommes et des femmes qui expriment des mécontentements par rapport à un pays ou à un gouvernement. C'est lié à un mal-être ! Que vous soyez citoyen français, très bien, mais vous avez une histoire, vous appartenez à une communauté... Et quand on montre du doigt cette histoire, quand, quelque part, on dit "C'est votre faute ce qui se passe", eh bien vous réagissez, voilà, c'est tout. Et c'est pour ça qu'aujourd'hui, nous vivons une période très dangereuse. Parce que nous sommes de nouveau en train de stigmatiser une communauté. »

Dalil Boubakeur, Grand Recteur de la mosquée de Paris et ancien président du Conseil français du culte musulman entre 2003 et 2008, revient sur cette triste soirée. « Il y avait peut-être une espèce d'attente frustrée qui voulait s'exprimer d'une façon audible. D'attente par rapport à la situation de tous ces jeunes… Si vous voulez, il y avait une déception qui s'exprimait. Je ne pense pas qu'ils aient voulu porter atteinte à "La Marseillaise" en tant que telle, ou alors "La Marseillaise" ne représentait pas pour eux ce qu'elle doit représenter… Peut-être quelque chose de plus réducteur dans leur esprit que l'hymne national. Ils revendiquent le fait qu'ils sont en principe dans leur pays, chez eux, mais que leur réalité ne leur apporte pas de solutions existentielles [1]. » Et la stigmatisation dans tout ça ? « Nous souhaitons que tout le monde se sente Français, à l'aise, intégré. J'avais déjà remarqué ça lors des émeutes de Clichy-sous-Bois [en 2005]. Et quand j'ai été en compagnie d'autres religieux… Nous voulions comprendre. C'était lors du ramadan… Nous avions fait la prière et quand on a voulu discuter avec les jeunes, alors là, je me suis rendu compte que nous étions dans deux mondes très différents. Leur monde à eux, qui exprime une protestation, une espèce de révolte est en réalité une affirmation de leur situation et du fait qu'ils sont dans un état d'attente et de désir d'être

1. Entretien avec les auteurs le 16 mars 2010.

comme les autres. C'est un sentiment d'exclusion grave, mal vécue. Ils expriment leur sentiment d'injustice. Beaucoup d'autres communautés se sont intégrées à la France avec beaucoup moins de difficultés, mais au bout d'une ou deux générations, on est arrivé à s'intégrer. Alors pourquoi ces jeunes-là, pourquoi ces familles qu'il faut appeler les gens de culture musulmane… ? Pourquoi faut-il qu'à chaque fois, on appuie sur le bouton de la stigmatisation ? »

Une autre question se pose donc naturellement : se sentent-ils plus Algériens que Français ? « Moi, je pense qu'ils se sentent Français et ne demandent qu'à être Français. Il y a là une demande. Je connais la communauté musulmane, qui est en attente, et quand elle est frustrée par rapport à ses attentes, elle réagit probablement de manière négative et critiquable. Ce sont des réactions un peu brutales, un peu infantiles. Je crois qu'il y a un gros travail de pédagogie, il faut montrer que la vie en France n'est pas une compétition, n'est pas quelque chose de dur pour ces jeunes-là. C'est un message de désespoir qui est envoyé, beaucoup plus qu'un message d'hostilité. »

À travers ce match, Lionel Jospin a-t-il quant à lui cherché à démontrer sa stature de chef d'État, à six mois de l'élection présidentielle, alors qu'il y avait des risques de débordements ? Une sorte de coup politique ? Aider à la réconciliation entre Français et Algériens. Marie-George Buffet, sa ministre des Sports de l'époque, est catégorique. « Non, absolument pas. Moi, je ne suis pas là pour défendre Lionel Jospin. J'aime dire la vérité. Parfois, on n'était pas d'accord mais il était très soucieux avant ce match, il était très inquiet sur les conditions dans lesquelles pouvait se tenir cette rencontre. Il avait reçu certains rapports des Renseignements généraux à l'époque, qui étaient plutôt inquiétants, et on avait eu un entraînement, un match amical juste avant qui s'était très, très bien passé, donc ça nous avait plutôt rassurés. Le Premier ministre était soucieux, comme moi, et à aucun moment je ne l'ai senti en utilisation politique de cette partie. »

Jacques Chirac, lui, était absent ce jour-là. Cela interpelle encore aujourd'hui l'ancienne ministre : « Il n'y a eu aucun représentant de droite lors de cette rencontre. C'était peut-être lié à des informations qu'ils auraient eues et que nous n'avions pas. Je me suis interrogée sur la première personne qui est descendue sur la pelouse : une jeune fille de Lyon. Qui était cette personne ? Je me suis toujours demandée si, dans cette affaire-là, tout était lié à une mauvaise décision que j'avais prise et puis bon "bing"… ou si d'autres n'avaient pas utilisé ce match à d'autres fins. J'aimerais savoir qui elle est, son itinéraire, pourquoi elle a fait ça ? Ça faisait un bout de temps que ça bougeait dans cette tribune. Je voyais bien que ça descendait. Et on a mis du temps à réagir. Revoyez les images de ce match. Je suis restée très longtemps dans le stade après la fin du match, avec notamment l'ambassadeur d'Algérie qui était présent. J'ai été en contact avec Lionel Jospin[1] qui a téléphoné pour avoir de nos nouvelles. Donc voilà, je suis restée assez longtemps. Je me suis posée. Je voulais savoir si tout le monde partait bien. Si tout le monde évacuait cor-

1. Rassuré par son ministre de l'Intérieur, Daniel Vaillant, le Premier ministre décide d'assister au match.

rectement. S'il n'y avait pas d'incidents dans les rues aux alentours. J'ai surtout pensé à ça, le soir même et puis les jours qui ont suivi, évidemment. »

Une certitude parmi toutes ces interrogations : les mesures de sécurité exigées pour un match à l'enjeu si important n'ont pas été au niveau. La fête sportive tourne à l'événement politique. Quant à Lionel Jospin, selon un article du *point.fr* du 19 janvier 2007, il aurait aussi reçu un projectile, assure un témoin. « Il était décomposé, crispé, on pouvait lire sa colère sur son visage et dans ses yeux », se souvient l'un de ses voisins. Marie-George Buffet et Daniel Vaillant seront sévèrement recadrés. Le site du *Point* livre ensuite un récit édifiant. « L'exfiltration du Premier ministre assurée, les personnalités sont invitées à rester pendant une bonne heure dans la salle de réception qui jouxte la tribune officielle. Les officiers de sécurité les dissuadent d'en sortir. Mieux vaut éviter que les voitures à cocarde ne croisent les jeunes des banlieues. "Nous étions dans la salle, certains prenaient un verre au buffet. Tout le monde était choqué. Nous attendions des nouvelles d'Élisabeth Guigou, qui se faisait soigner à côté", raconte un témoin. Ils comprendront plus tard qu'ils ont échappé au pire : "Heureusement que la fouille avait été bien faite à l'entrée du stade. Car des jeunes banlieusards étaient installés jusque dans la tribune officielle", ajoute un spectateur encore sous le choc. Et, selon des témoins, la sécurité dans la tribune officielle n'était, en réalité, assurée que par les gardes du corps des ministres présents. »

Quelques années plus tard, deux matchs entre les Bleus et d'autres pays du Maghreb seront organisés à

Saint-Denis : France-Maroc en novembre 2007, et France-Tunisie en novembre 2008, avec à chaque fois le même refrain… « La Marseillaise » sifflée. La récupération politique sera d'une tout autre tonalité, bien plus axée sur l'identité nationale, gouvernement de droite oblige – notamment lors de France-Tunisie. Beaucoup de bruit pour…

Chacun condamne les sifflets à sa façon. François Fillon donne le coup d'envoi médiatique. Sa ministre des Sports, Roselyne Bachelot, annonce qu'à l'instant où l'hymne national sera sifflé, les membres du gouvernement quitteront le stade. L'idée avait déjà été émise en 2004 par Jean-François Lamour, mais jamais mise en pratique. Nicolas Sarkozy en profite pour annoncer son attachement à l'hymne national, rappeler les valeurs de la France et soigner son électorat. Bernard Laporte, secrétaire d'État aux Sports en novembre 2008, se souvient : « Pourquoi je suis resté en tribune ce jour-là ? Je suis un sportif… Je ne voyais pas le ministre des Sports partir et laisser les joueurs au milieu qui étaient, eux, obligés de jouer. Je crois que ça aurait été lâche de ma part et c'est pour ça que j'ai assumé. Peut-être qu'un non-sportif serait parti, mais je n'étais pas là pour faire un coup médiatique. Ça aurait été facile de partir et d'en faire une affaire personnelle. Au contraire, j'ai pu montrer ma solidarité vis-à-vis du public. Pour quelques personnes qui ont voulu nuire à la fête et qui ont réussi… Ça aurait été leur accorder trop d'importance. Après, c'est un phénomène de société… Ça va loin [1] »

1. Entretien avec les auteurs le 30 mars 2010.

Le Grand Recteur de la mosquée de Paris à son avis sur la question. « Je pense qu'ils ont trop accentué la récupération. Il fallait replacer l'incident dans une analyse plus froide, plus lucide. Il fallait plus de pédagogie devant une inconscience comme celle-là plutôt qu'une attitude de sanction, plutôt que de désigner une communauté automatiquement comme hostile, ennemie, destructrice ou étrangère. Après, ces jeunes avaient-ils conscience de leurs actes ? Sans diminuer leurs responsabilités, je dis qu'ils sont irresponsables et on ne condamne pas un irresponsable. »

Interrogé sur le sujet, Jean-Marie Le Pen ne voit évidemment pas les choses de la même manière : « Bien sûr que oui, on est responsable de ses actes sauf quand on est aliéné. Bien sûr qu'ils sont responsables de leurs actes, mais ils ne sont pas forcément responsables de leurs sentiments. Bon, il est certain qu'il y a un transfert affectif qui se fait sur les équipes sportives. Quand elles sont équipes nationales, elles sont considérées comme portant les valeurs de la nation. Leurs succès et leurs échecs sont ressentis de manière directe par les fans. Le problème, c'est que ce sont des Français de papier… C'est-à-dire : un Français de papier peut être un Français de cœur, mais il ne l'est pas toujours hélas. Ils ont la nationalité française mais cela ne leur donne pas pour autant l'amour de la France, ni de ses valeurs. C'est un titre administratif et ce débat est troublé par le phénomène de la double nationalité qui permet à quelqu'un d'avoir deux loyautés. Prenons le cas des Français d'origine algérienne, des Franco-Algériens, il semble qu'ils sont beaucoup plus proches de leurs affections algériennes que françaises. On se sent appartenir à une communauté. C'est instinctif en fait. Or eux, ils se sentent plus proches de leur communauté d'origine par l'ethnie, la religion, les mœurs et ils se trouvent dans un pays où ils sont des "pièces rapportées"... Ils le sentent[1]. »

Pour la majorité des sociologues, on vit dans l'ère de la pluriethnicité, donc il n'y a rien de choquant à aimer et la France et l'Algérie. Pas sûr que Jean-Marie Le Pen adhère à cette thèse.

Le dernier mot au Grand Recteur : « Je pense que l'insécurité, doublée par les problèmes posés par l'identité nationale, triplée par les problèmes de l'immigration, quadruplée par le débat sur la burqa, quintuplée par le problème des minarets, sextuplée par le soi-disant choc entre l'islam et l'Occident... Arrêtons l'escalade ! C'est véritablement un montage. C'est à croire que l'on est en plein délire de l'islamophobie que je dénonce. Est-ce que c'est fait pour occulter que les ancêtres de ces jeunes sont venus en France et sont morts au combat pour la France ? »

## Aux armes, citoyens...

Certains l'on tellement peu chantée qu'ils n'en connaissent peut-être pas les paroles. On force le trait. Mais c'est un débat qui touche l'ensemble de la population française : les joueurs de l'équipe de France doivent-ils chanter « La Marseillaise » ? Pourquoi certains ne la chantent-ils pas ? Ne se sentent-ils

1. Entretien avec les auteurs le 6 avril 2010.

pas Français pour autant ? « C'est quelque chose de très individuel mais à connotation grand public[1] », confie l'un des cadres de France 1998. « Je ne me souviens pas si je la chantais à chaque fois. Oui, ça m'arrivait de chanter selon mes ressentis sur le moment présent, selon les événements. Je ne pense pas que l'on ait besoin de le faire pour afficher son patriotisme. Il n'y a pas de conclusions à tirer ou de discours à tenir en fonction du fait que vous chantiez ou pas. Ça touche tout simplement à votre propre pudeur. Sinon, c'est du commercial, c'est trop facile, ça veut dire qu'il suffit de chanter l'hymne pour être catalogué comme ceci ou comme cela. J'ajouterais même que l'intégration "à la Française" ne se définit pas par rapport au fait de chanter ou non "La Marseillaise". Beaucoup d'autres joueurs d'autres équipes étaient dans la même situation mais on nous a surmédiatisé, nous, joueurs de l'équipe de France de football par rapport à ça. Et quand je parle d'autres équipes, il ne faut pas prendre l'équipe de France de rugby en compte car le rugby, c'est très particulier par rapport au patriotisme. »

Voilà qui est dit. Après les joueurs, voici l'avis d'un ancien sélectionneur de l'équipe de France, Michel Hidalgo. « On ne peut pas obliger quelqu'un à chanter "La Marseillaise" ; ce serait une autre chanson, ce serait pareil. Il y a ceux qui ont toujours la possibilité de fredonner, de chanter, et il y a ceux qui sont tellement pris par le match, tellement concentrés qu'ils ne pensent pas à chanter. L'attachement n'est pas de chanter quelques morceaux d'une chanson,

1. Entretien avec les auteurs le 17 mars 2010.

l'attachement est, comment dire, c'est ce que l'on donne pour la France lors des matchs. Moi je demandais aux joueurs de respecter le maillot français, de respecter le maillot bleu et de jouer le mieux possible et, si possible, de ramener des victoires. C'était beaucoup plus important [1]. »

Les sportifs s'excuseraient presque de la chanter. Le respect de « La Marseillaise », un homme y est forcément un peu plus sensible que d'autres : Jean-Marie Le Pen. « Anelka, c'est lui qui ne chante jamais “La Marseillaise” et serre les dents de façon ostensible ? Quand c'est délibérément, comme je crois le cas d'Anelka… On peut faire semblant, au moins, d'être un peu dans le coup. Quand ses camarades la chantent et que lui reste la bouche fermée, les dents serrées, bah on peut considérer que c'est un geste d'hostilité à l'égard de l'hymne national. Vous lui avez posé la question [2] ? », s'inquiète Jean-Marie Le Pen [3].

« À d'autres époques, on faisait la description des juifs comme ça, hein. Voilà, c'est tout [4] », lui répond Marie-George Buffet. C'est dit. « On peut aussi écouter “La Marseillaise” sans la chanter ! Vous ne voulez quand même pas faire défiler les enfants dans les écoles avec la levée du drapeau ! »

Buffet, Pape Diouf, même combat : « Je ne débattrai pas sur les commentaires de Jean-Marie Le Pen. Pour moi, c'est insignifiant. C'est un homme que j'exècre, ça ne m'intéresse même pas de parler de ce

1. Entretien avec les auteurs le 6 juillet 2010.
2. Entretien avec les auteurs le 6 avril 2010.
3. Contacté *via* l'un de ses proches, l'attaquant de Chelsea n'a pas souhaité réagir.
4. Entretien avec les auteurs le 27 avril 2010.

qu'il dit. Tout ce qui sort de sa bouche est venin [1] », affirme l'ancien président de l'OM.

Concernant Rama Yade, c'est, comme souvent, tout et son contraire : « S'ils ont envie de chanter, ils chantent. Et ceux qui ne chantent pas, il ne faut pas le prendre mal », déclare-t-elle sur Direct 8 le 9 juin 2010. « Je n'ai pas à leur demander ça. Ils font ce qu'ils veulent, les joueurs », dit-elle, faisant valoir que le contraire équivaudrait à « une espèce de dictature » et qu'il ne faut de toute façon « pas prendre l'absence de réaction pour du mépris ou de l'antipatriotisme ». Deux semaines plus tard, après l'élimination de l'équipe de France en Afrique du Sud, l'affaire Anelka et le bus de la honte, la secrétaire d'État aux Sports a changé d'avis. Sur le plateau du JT de France 2 le 23 juin, Rama Yade s'exprime sur les devoirs civiques des Bleus et notamment sur la question de l'hymne national : « Il faut qu'ils chantent "La Marseillaise" parce qu'ils représentent les valeurs, l'image, l'identité de la France », assure-t-elle, avant d'insister sur l'importance « d'un volet civique dans la formation sportive des joueurs de l'équipe de France ». Chez les *Guignols de l'info*, sur Canal +, les auteurs l'ont caricaturée… Rama Yade, « les convictions et la mémoire d'un poisson rouge ».

Frédéric Lefebvre donne la position officielle de l'UMP : « Tous les joueurs n'ont pas le même comportement, c'est visible, y compris par rapport à l'hymne national ; certains chantent et d'autres s'en foutent. Je trouve ça totalement anormal. Qu'on se retrouve, y compris sur la partie équipe de France, avec des logiques de "fric"… Il y a un moment où on

1. Entretien avec les auteurs le 19 mai 2010.

doit donner à son pays, lui rendre ce qu'il vous a donné quand il vous a formé[1]. »

La fibre patriotique de Thierry Roland, qui a côtoyé les Bleus pendant près de quarante ans, n'est plus à démontrer. « Ça me choque beaucoup, très sincèrement, s'attriste-t-il. Et je comparerais avec ce qui est comparable, notamment les équipes de France de rugby et de handball qui, elles, chantent à pleins poumons “La Marseillaise”. Ça me paraît tout à fait normal. Et je ne comparerais pas avec les équipes étrangères. Je fais partie de ces personnes éduquées avec l'amour de l'équipe nationale. Quand j'écoute l'hymne national, ça me fait quelque chose. Et quand je suis à Liverpool, et que j'entends non pas l'hymne national mais l'hymne local, quand je vois le stade d'Anfield brandir les écharpes et que je l'entends chanter “*You'll never walk alone*”, je vous jure, je suis à chaque fois au bord des larmes[2]. »

Pour information, selon un sondage Lightspeed du 10 juin dernier, 21 % des Français chantent « La Marseillaise » devant leur télé, soit un Français sur cinq, et 14 % portent le maillot bleu ou un vêtement fétiche. Enfin, pour conclure, lors du premier match des Bleus face à l'Uruguay en Afrique du Sud, ils étaient huit sur onze à chanter « La Marseillaise ». Seuls Diaby, Abidal et Anelka ne l'ont pas fredonnée. Le mot de la fin au nouvel homme fort du football français, Laurent Blanc : « Je vais les inciter à chanter “La Marseillaise” », déclare-t-il au *Parisien* fin juillet. On lui souhaite bon courage.

1. Entretien avec les auteurs le 6 juillet 2010.
2. Entretien avec les auteurs le 12 avril 2010.

## Des dérapages en tout genre

Un homme politique est coutumier de propos outranciers, concernant à peu près tous les domaines : les harkis, Laurent Fabius et l'équipe de France de football. « Dans cette équipe, il y a neuf Blacks sur onze. La normalité serait qu'il y en ait trois ou quatre, ce serait le reflet de la société, mais là, c'est parce que les Blancs sont nuls, j'ai honte pour ce pays, bientôt il y aura onze Blacks. Quand je vois certaines équipes de foot, ça me fait de la peine. » Signé Georges Frêche en 2006, président du conseil régional de Languedoc-Roussillon.

Réponse de Pape Diouf, simple et directe et pleine d'humour : « D'abord, il faut dire à Georges Frêche que la prochaine fois, il faut parler de Noirs mais pas de Blacks, moi je ne parle pas de *Whites*, première chose. Deuxième chose, il n'a peut-être pas tort si on considère la proportion des Noirs dans la population française et la place qu'ils occupent en équipe de France. Mais de la même manière, si j'observe ce qui se passe autour de moi, je m'aperçois simplement qu'au niveau de la télévision, au niveau des sociétés du CAC 40 ou de l'armée, il ne s'est pas mis en avant pour réclamer le même type de proportions. Est-ce que Frêche est d'accord pour que la télévision française soit représentée de manière beaucoup plus homogène par la population [1] ? » Le Grand Recteur de la mosquée de Paris abonde dans ce sens. « C'est choquant et ça fait appel à de vieux sentiments

1. Entretien avec les auteurs le 19 mai 2010.

racistes, qui ont existé dans des sociétés européennes où l'on ne réfléchit pas trop[1]. »

Des joueurs de couleur en équipe de France. Rien de neuf. Sur ce point, la France a toujours eu de l'avance sur les autres nations. Le premier international noir Raul Diagne est appelé chez les Bleus en 1931. « Autrefois, quand un joueur de couleur était apparu en équipe d'Angleterre, on avait été très surpris, rappelle Thierry Rolland. C'était dans les années 1960, un peu après la victoire des Anglais lors de la Coupe du Monde 1966. C'était un arrière droit, Viviane Anderson. Aujourd'hui, ça ne choque plus personne. Quand vous regardez en Europe, en Italie, il apparaît maintenant par-ci, par-là, des joueurs noirs. En Espagne, il y en a très peu ou sinon ce sont des naturalisés brésiliens. En Allemagne, pareil. C'est lié à l'Empire colonial[2]. »

Sans surprise, un autre leader politique assume aussi ses propos. Un ancien deuxième ligne de rugby, mais qui aime bien le football, surtout devant sa télé. « Je suis rarement invité dans les stades, ce qui est étonnant pour un élu, poursuit le leader du Front national. Je pense que c'est de l'ostracisme politique. On ne veut pas me voir dans un stade de football. J'ai été dix ans conseiller régional de la région PACA et je n'ai jamais reçu d'invitation pour aller voir un match de l'OM. De temps en temps, je vais voir Reims parce que j'ai un copain qui m'invite. » Jean-Marie Le Pen avait estimé en 2006 que la France ne se reconnaissait pas totalement dans l'équipe qui por-

1. Entretien avec les auteurs le 16 mars 2010.
2. Entretien avec les auteurs le 12 avril 2010.

tait ses couleurs à la Coupe du Monde de football, et que l'on avait « peut-être exagéré la proportion de joueurs de couleur ». Il persiste, quatre ans plus tard : « Je crois que, de la part de Domenech, c'était délibéré. Déjà, par rapport à ses idées politiques. C'est un homme de gauche, voire d'extrême gauche. Il l'a manifesté à plusieurs reprises. Je pense qu'il y a dans le réservoir des footballeurs de haute qualité... La proportion disons de couleurs aurait pu être différente et plus proche de celle de la population. Pour qu'une équipe soit considérée comme représentative de la nation, faut-il encore qu'elle la représente de manière homogène [1] ! » Et le leader frontiste de poursuivre : « Il faudrait cesser de qualifier l'équipe de "nationale". Il n'y a plus d'équipes nationales dans le cyclisme. Il y a des équipes de marques ou des équipes de villes. En l'occurrence, ça pourrait être la même chose. L'équipe de football sélectionnée par monsieur Domenech pourrait être l'équipe, je ne sais pas, des huiles Silor... ! [Rires.] C'est sûr que quand, en équipe de France, il y a un ou deux Blancs, ça interpelle les gens qui voient l'équipe d'Italie, d'Espagne et d'autres équipes plus proches de la représentation de leur population. »

Concernant les joueurs de l'équipe de France convertis à l'islam (Ribéry) ou musulmans (Nasri) et priant le Coran avant le coup d'envoi, le leader frontiste a eu ces mots : « Les autres ne prient pas avant. Les joueurs des autres confessions ne se mettent pas à genou en faisant le signe de croix, en faisant une prière. Il y a donc un petit côté provocateur de la part

1. Entretien avec les auteurs le 6 avril 2010.

de Ribéry… Provocateur par rapport à l'opinion. » Marine Le Pen a le même genre de rhétorique, essentiellement axée sur la provocation : « Cette équipe ne représente plus la France, elle représente Nike, TF1, SFR. On ne représente plus son pays. On concourt pour son portefeuille. On est pourri par l'argent. En 1998, c'était l'équipe black-blanc-beur. Maintenant, c'est l'équipe fric-fric-fric. C'est bien regrettable », a-t-elle déclaré sur le plateau de *Dimanche* + le 6 juin dernier.

Se pose le problème de la fierté d'évoluer en sélection. Les joueurs voient-ils l'équipe de France comme une mise en valeur de leur parcours ou sont-ils vraiment heureux de représenter leur pays ?

Un ancien international nous a tenu ces propos récemment : « Aujourd'hui, ils viennent pour le prestige, les contrats. On serait presque plus attaché à l'équipe de France de rugby. »

À l'arrivée, le désamour s'installe. Le football, prolongement logique du débat sur l'identité nationale.

# 4
# Les rapports étroits entre municipalités et clubs

La majorité des clubs français ont été créés sous le statut d'associations loi 1901, longtemps demeuré le seul cadre juridique offert aux clubs sportifs. À ce titre, non seulement ceux-ci bénéficiaient de subventions de la ville, mais ils occupaient aussi le stade municipal sans verser de contrepartie à la municipalité. C'est dire si le lien était étroit entre mairie et club. Le football français vivait encore à des années-lumière des 668 millions d'euros annuels des droits TV qu'il perçoit aujourd'hui. C'était le temps des présidents paternalistes.

« Les maires, à l'époque, étaient les présidents de club, avance même Daniel Hechter. J'ai assisté un match à Nice. J'étais avec ma femme et Pierre Mazeau, à l'époque ministre des Sports. Jacques Médecin s'est levé un moment et a dit au président de l'OGC Nice : "Celui-là je ne veux plus le revoir sur le terrain." Pierre Mazeau était choqué. Les subventions, à l'époque, correspondaient à ce que sont les droits TV aujourd'hui. Plus de 50 % du budget. Nice m'a grillé des joueurs comme Guillou, que je voulais à Paris. La mairie était intervenue [1]. »

1. Entretien avec les auteurs le 25 mai 2010.

L'avocat lyonnais André Soulier évoque ce temps si lointain : « À l'époque, les clubs de foot, héritiers de ce lointain patronage, n'avaient guère de ressources de sponsors. Des gens y consacraient leur fortune. Henri Germain a consacré, dans les années 1950, beaucoup de l'argent qu'il gagnait dans le champagne. D'autres s'offraient la possibilité de financer le club, comme Roger Rocher. Sa passion dévorante a fini par le miner[1]. » Oui, pour l'amour du foot, certains se sont brûlés et ont provoqué certains dommages collatéraux pour les collectivités locales.

## Bez, Rocher et les autres…

Claude Bez, ancien président emblématique des Girondins de Bordeaux – décédé d'un infarctus en 1999 à cinquante-huit ans – restera un passionné pour qui la fin justifiait tous les moyens. Avant l'arrivée de Tapie, il était le président le plus médiatique de l'Hexagone. En 1974, cet expert-comptable entre au sein du conseil d'administration des Girondins, en qualité de trésorier. Jean Roureau, le président de l'époque, lui cédera son fauteuil quatre ans plus tard. Bez est ambitieux. Il rêve d'une grande équipe mais les caisses du club aquitain sont loin d'être pleines. Il trouve alors la solution : embaucher des joueurs en fin de contrat. Très dur en affaires, il dépasse souvent allégrement la ligne blanche, avec notamment la corruption des arbitres pour les matchs de Coupe

1. Entretien avec les auteurs le 16 mars 2010.

d'Europe... Au cours de son règne, il a par ailleurs obtenu des collectivités locales une enveloppe de 54 millions de francs pour la rénovation du Haillan, le centre d'entraînement des Girondins. Son coût réel ? 44 millions après enquête du fisc... Le 22 mars 1994, le tribunal correctionnel le condamne à deux ans de prison, dont un avec sursis, et à 2 millions de francs d'amende, pour escroquerie et recel d'usage de faux. Quand il quitte Bordeaux, fin 1990, il laisse derrière lui un trou de près de 300 millions. La garantie d'emprunt, imposée par Chaban-Delmas après sa chute, en plus d'une subvention qui n'a pas baissé (8,4 millions), coûtera aux contribuables, au total, plus de 20 millions de francs... Soit 15 % du budget global de la ville ! « Ces collusions mairie et club entraînaient des dérives. Chaban, à Bordeaux, s'il n'avait pas été Chaban, il aurait terminé au trou [1] », lâche Gérard Collomb.

Les dérives de Bez auraient pu en effet coûter cher à Chaban-Delmas, maire emblématique de Bordeaux. Celles du président de Brest, François Yvinec, ont plombé les comptes du port breton au début des années 1990. François Cuillandre, l'actuel maire de la ville, alors adjoint, se souvient des efforts consentis par la mairie pour sauver ce qui pouvait l'être encore : « Il a fait pression pour que la ville garantisse un emprunt. Cinq à six millions de francs pendant six ou sept ans. Ce n'était pas rien ! Le club a finalement été mis en liquidation judiciaire. Ce qu'on a donné n'a donc servi à rien [2]. » Avec un déficit financier de

1. Entretien avec les auteurs le 26 mai 2010.
2. Entretien avec les auteurs le 24 mars 2010.

155 millions de francs (23,5 millions d'euros), le club bascule administrativement de la première à la troisième division en moins de six mois. Aujourd'hui, les règles juridiques sur la possibilité d'une collectivité locale à garantir des emprunts ont changé…

Roger Rocher, président de l'AS Saint-Étienne de 1961 à 1982, devra démissionner le 17 mai 1982. On lui reprocha d'avoir profité de l'image prestigieuse du club pour faire accepter à la Fédération ou à des entreprises des arrangements douteux, qui ont abouti à la constitution d'une caisse noire. Plus de 20 millions de francs auraient transité. Cet épisode peu glorieux du football français aura des conséquences politiques. Condamné le 15 mai 1991 à trente-six mois de prison, dont trente-deux avec sursis, et à 800 000 francs d'amende, le président Rocher ne passera que quatre mois en détention préventive avant de bénéficier d'une grâce présidentielle en octobre de la même année. Il devait rembourser des sommes astronomiques qu'il n'avait pas. L'État s'en chargera. L'« homme à la pipe » a bénéficié de l'aide précieuse de Jean Glavany, alors à l'Élysée, qui a obtenu de François Mitterrand le feu vert pour faire le nécessaire.

Quand l'État vient au secours d'un dirigeant de football… Daniel Hechter a eu moins de chance avec les politiques. Illustration.

## Hechter et les politiques

À l'en croire, la trajectoire du célèbre couturier n'a pas été très appréciée par les politiques. Trente ans plus tard, l'amertume reste tenace. Football et politique ne font pas toujours bon ménage. Le couturier n'a rien oublié. Passionné par le ballon rond, Hechter fait ses premiers pas dans le monde du football par le biais du Paris FC en 1972. Première expérience ratée : « Au départ, j'avais la proposition de reprendre ce club. Il cherchait un sponsor pour les maillots. J'avais été contacté et je voulais avoir un droit de regard. Je me suis aperçu après quelques semaines que les dirigeants étaient plus des supporters que des dirigeants. J'avais trente-deux ans et j'ai proposé de reprendre le PFC mais je me suis heurté à une fin de non-recevoir qui m'a un peu choqué et vexé [1]. »

Cette expérience ratée ne décourage pas Hechter. Avec Francis Borelli, éditeur publicitaire, et Charles Talar, producteur, qui l'ont rejoint, il jette son dévolu sur le Red Star, financé par Jean-Baptiste Doumeng, le « milliardaire rouge », adhérent au PC. Just Fontaine était l'ami du richissime homme d'affaires et Hechter le connaissait de Saint-Tropez. Mais le maire de Saint-Ouen voulait garder la main sur « son club ». Direction alors Saint-Germain. Avec l'aide de son ami Just Fontaine, meilleur buteur de la Coupe du Monde 1958 en Suède avec les Bleus, Hechter contacte le PSG, alors en troisième division après la scission avec le Paris FC. La discussion avec le maire de Saint-Germain Henri Patrelle se révèle plus chaleureuse. Hechter apporte l'argent et confie les rênes de l'équipe première à Just Fontaine. Le publicitaire Bernard Brochand devient directeur de la

1. Entretien avec les auteurs le 25 mai 2010.

communication du club. C'est lui qui va conclure le partenariat avec RTL. Hechter devient président du comité de gestion le 15 juin 1973. Le club remonte en deuxième division, car Quevilly doit renoncer à la promotion en raison de problèmes financiers. C'est véritablement le début de l'aventure parisienne. Daniel Hechter ne reçoit aucune aide financière. « Au début de mon aventure je n'avais absolument aucun soutien. J'étais le seul président de club à ne recevoir aucune subvention. » Pierre Mazeaud, alors ministre de la Jeunesse et des Sports, lui présente Philippe Séguin. Par son intermédiaire il obtient une subvention de 400 000 francs. Séguin, un ami qui veut vous du bien…

Dans les années 1970, les droits TV n'existaient pas et la plupart des recettes provenaient des guichets. Une époque, un autre siècle, où le plafond salarial du footballeur était fixé à 12 000 francs par mois. Officiellement. Beaucoup gagnaient plus. Afin de limiter les charges, les clubs versaient des dessous-de-table aux joueurs. D'où la mise en place de la double billetterie. Une pratique banale selon Hechter : « À l'époque, sur douze mille clubs en France, il y avait onze mille neuf cent quatre-vingt-dix-neuf caisses noires. Les salaires n'étaient pas très élevés. Il y avait donc des compléments de salaire. Au PSG, on ne déclarait pas les matchs amicaux. Le secrétaire administratif du club qui travaillait à RTL, Philippe Lacourtablaise, m'a dit qu'on allait vendre des billets scolaires, qui au départ sont gratuits. Je n'ai rien inventé. Il y a eu de fausses prestations de joueurs permettant de les payer mieux. Cette double billetterie a principalement servi à alimenter le porte-monnaie des joueurs. »

En clair, quelque dix mille billets étaient vendus au noir à chaque match au Parc des Princes. Scandale et fureur à la mairie de Paris. Un certain Alain Rosen, devenu secrétaire général du club, avait été introduit sur les recommandations de « Bernard Brochand et de Philippe Séguin », dixit Hechter, pour mettre au jour cette pratique. « J'ai vite compris qu'il avait été placé par le RPR pour me poser des problèmes. Un homme politique important visait ma place pour une raison simple. La circonscription de Toulon dans laquelle il avait été désigné par le RPR pour les législatives était ingagnable. » Cet homme serait un certain Philippe Séguin. Selon la version du couturier, Séguin s'était dit que la présidence du PSG pouvait être le meilleur tremplin en cas de défaite aux législatives. Et la chiraquie avait placé Rosen pour écarter le couturier, lequel ne cachait pas ses sympathies pour François Mitterrand, qu'il avait soutenu lors de la présidentielle de 1974. « Alain Rosen avait été mis en place dans le club pour dénoncer la double billetterie. Quand je l'ai rencontré chez le juge d'instruction, il m'a dit : "J'ai beaucoup de respect pour vous, monsieur Hechter, mais j'ai rempli ma mission." Il fallait trouver une raison de m'écarter. » « Je considérais qu'il avait fait du bon travail pour le PSG. Peut-être fallait-il un bouc émissaire [1] », glisse Jean Tiberi.

6 janvier 1978. Hechter est suspendu à vie par la Fédération française de football. Une décision du

1. Entretien avec les auteurs le 15 mars 2010.

tribunal annulée le 19 décembre 1980 par le Conseil d'État. Daniel Hechter reviendra à la lumière en prenant la présidence de Strasbourg quelques années plus tard. Et là encore, les politiques vont lui barrer la route…

## À Strasbourg, seul contre tous

La page parisienne tournée, direction l'Alsace. Le gaulliste André Bord, ami du couturier, lui présente le maire centriste de Strasbourg, Marcel Rudloff. Le courant passe entre l'élu de droite et Hechter. La mission s'annonce compliquée. Relever une équipe endettée, championne en 1978-1979 mais reléguée en Ligue 2 au milieu des années 1980. L'ancien président parisien tente le pari et devient le patron du club alsacien. « J'ai eu tort de relever le défi car on m'avait prévenu. J'avais dit au maire : "Il me faut sept ans pour stabiliser le club." » Un combat perdu d'avance : « Je me suis accroché car je suis un battant mais ils ne voulaient pas de moi. » Ils ? Les politiques locaux et la presse locale. Explications. Après des débuts encourageants, le club remonte en Ligue 1 au bout d'une année. Mais redescend l'année suivante. Pour ne rien arranger, Hechter va aussi faire face à des difficultés en raison des bouleversements politiques régionaux. Contre toute attente, Rudloff est battu aux élections municipales de 1989 par la socialiste Catherine Trautmann. Changement de décor. Entre Trautmann et Hechter, les premiers échanges à l'hôtel de ville sont glaciaux. Plus de vingt ans plus tard, le couturier ne mâche pas ses mots. « Elle faisait preuve d'autoritarisme à la limite du fascisme. Elle me dit qu'elle n'a aucune raison de ne pas me faire confiance mais qu'elle en a tout autant de ne pas me la donner. » Roland Ries, le maire actuel, adjoint de Trautmann aux sports à l'époque, serait à en croire Hechter à l'origine d'une campagne de déstabilisation. Le président du Racing, critiqué pour sa gestion, reçoit alors des lettres insultantes qui seront publiées dans le quotidien *Les Dernières Nouvelles d'Alsace*. Hechter engage un détective privé pour savoir qui sont les auteurs des lettres. « L'enquête a révélé que ces gens n'existaient pas. Le seul nom réel était le cousin d'un journaliste sportif du quotidien. Il y a eu clairement des connivences entre la mairie et la presse pour me déstabiliser avec ces fausses lettres », poursuit le couturier. Une presse liguée contre lui et un soutien politique absent. Hechter demande le soutien de Lionel Jospin, alors ministre de l'Éducation nationale, pour obtenir un rendez-vous avec le maire. Trautmann n'apprécie guère et le fait savoir à l'intéressé qui se sent vite indésirable. Et d'en conclure : « Trautmann était élue de gauche dans une région de droite. Pour obtenir les voix contre le Front national, il fallait à tout prix entretenir la fibre régionaliste et garder ces électeurs qui n'aiment pas les Français de l'extérieur. En Alsace, tout le monde est un peu régionaliste. Parmi les Français de l'extérieur, il y avait moi. » Et de conclure : « J'ai toujours quitté le football à cause des politiques. »

Hechter, victime d'un complot de la presse et des politiques locaux ? Peut-être, mais il faut dire aussi que le couturier, dont la gestion n'était pas irréprochable, a laissé à son départ un club très endetté. La ville a dû payer des annuités d'emprunts jusqu'en 1996 pour régler la dette du Racing. Et si Trautmann n'était pas réputée pour être un amateur de football, c'est elle qui a monté une société d'économie mixte pour éviter les dettes astronomiques et qui a pris du recul avec le club en le refilant à IMG Mc Cormack. Avec plus ou moins de succès…

Dans les années 1980, les maires pouvaient faire et défaire les présidents de club à leur guise. C'étaient eux, les vrais patrons. C'étaient eux qui faisaient la pluie et le beau temps et qui devaient colmater les brèches quand les finances de club se trouvaient dans le rouge.

Au point d'excéder les grandes villes de l'Hexagone, et notamment sa capitale. À la fin des années 1990, la ville de Paris menace de ne plus financer le PSG, en pleine gabegie financière. Bernard Brochand entre alors en scène. Ou quand les politiques se mêlent du destin du PSG.

## Quand la mairie de Paris sauve le PSG

Bernard Brochand, actuel député-maire de Cannes, a longtemps été au service du PSG. Il connaît l'importance d'une mairie dans l'essor d'un club de football. Après le départ forcé de Daniel Hechter, le comité de direction du PSG lui demande de diriger le club. Il refuse en raison de ses fonctions dans le groupe Havas. Et c'est l'éditeur pied-noir Francis Borelli qui devient, le 9 janvier 1978, le nouveau président du PSG. Sous sa houlette, le club de la capitale remporte deux Coupes de France, en 1982 et 1983, puis le titre de champion de France en 1986-1987. Mais à la fin des années 1980, les résultats ne sont plus au rendez-vous et le bilan financier se révèle catastrophique. À l'orée de la saison 1990-1991, le déficit cumulé du club avoisine les 60 millions de francs. La moitié du trou financier correspond aux 25 millions de francs qu'avait accordés Jacques Chirac après le titre de champion. Mais c'était un prêt. Sous Gérard Houiller, Borelli avait beaucoup dépensé. Beaucoup trop. Charles Talar avait alors obtenu des prêts et des cautions importantes à la banque Paribas. Mais le PSG ne parvenait plus à rembourser cet emprunt.

Brochand est à l'époque l'interlocuteur de la mairie, qui le priait de vérifier les comptes. Borelli pense à tort avoir le soutien du maire Jacques Chirac. Les dirigeants du PSG se tournent vers la mairie de Paris, son principal bailleur de subventions. Juppé, en charge des finances de 1983 à 1989, exprime son ras-le-bol à Brochand : « Juppé ne voulait plus mettre de sou dans le club. Il m'a dit : "Si vous ne remboursez pas le prêt que vous nous devez, vous ne recevrez plus aucune subvention. Pas question pour nous de rembourser vos dettes" », confirme Brochand. « La situation était complexe et le président Borelli n'était pas un grand financier. J'ai été chargé d'écarter Borelli et d'établir le grand projet PSG », poursuit-il. Se joue l'avenir d'un club menacé de disparaître.

Chirac laisse alors une quinzaine de jours à Brochand pour dénicher un actionnaire majoritaire, « si possible un média », précise le maire de Cannes. Jean Tiberi, alors en charge du dossier, témoigne : « Chirac n'était pas très chaud pour mettre de l'argent dans le club. Il y avait urgence. J'ai pris en main l'affaire. J'ai eu du mal à le convaincre, ainsi que Juppé. Je leur ai dit que Paris ne pouvait pas ne pas avoir un grand club de foot. Il fallait apurer la dette et penser à l'avenir. J'avais cette double idée : la mairie comblerait cette dette, mais ensuite, ce serait au tour du repreneur d'investir pour l'avenir [1]. »

Selon des propos rapportés par Charles Pasqua en mars 1991, Silvio Berlusconi, propriétaire, entre autres, du Milan AC, aurait proposé la reprise du club à Jacques Chirac. Il se serait engagé à couvrir les dettes du club et à injecter 150 millions de francs. Au mois de mars 1991, Chirac et sa garde rapprochée reçoivent Brochand. Chirac est catégorique. Il ne veut pas laisser le club à un investisseur étranger. « Je vous confirme l'intérêt de Berlusconi pour le PSG à la fin des années 1980, poursuit Brochand. Mais Chirac n'en voulait pas. Drut, Juppé, Tiberi ont tous examiné la proposition de Berlusconi. À cette époque Berlusconi voulait la chaîne de télé la Cinq. Tout le monde a dit : "On va être obligé de lui devoir quelque chose s'il entre au PSG." Chirac a dit qu'il ne voulait pas être dans le chantage. Chirac n'a pas voulu de Berlusconi et m'a demandé de parler de mon projet. » Il faut dire qu'aux yeux de Chirac, Berlusconi était proche du pouvoir socialiste, Mitterrand ayant ouvert les portes du paysage audiovisuel à l'Italien…

Chirac veut repousser la convoitise Berlusconi. État d'urgence. « J'avais huit jours pour trouver un partenaire et convaincre le tour de table. Lagardère était O.K., mais sans plus. Il n'avait pas encore digéré

1. Entretien avec les auteurs le 15 mars 2010.

l'échec du Matra Racing, ses 450 millions de francs perdus, et ses relations délicates avec la mairie. Je suis allé voir TF1, intéressée mais sans plus, puis Pierre Lescure – pas André Rousselet, le président de Canal +, car j'étais fâché avec lui. On a trouvé un accord avec Lescure. Canal + rachetait 50 % du club et apurait la dette. La ville de Paris donnait trois années de subventions d'avance. Ce qui faisait 90 millions de francs, et Canal + versait 80 millions de francs. Au total, 180 pour former cette équipe. »

Le 20 mai, un accord de principe est trouvé. Explications de Jean Tiberi : « Canal + exigeait l'apurement de la dette et une subvention de la ville. Il y a eu des fortes réticences de Juppé et de Chirac mais j'ai fait accepter le principe. Il a fallu des heures pour convaincre Chirac car il ne voulait pas prendre de risques. En apurant la dette, on gardait un grand club à Paris. Mais en cas de difficulté la ville n'était pas responsable financièrement. C'est Canal + qui prenait la responsabilité. Pour le contribuable parisien, c'était une garantie très importante. »

Le PSG change de statut et passe d'association loi 1901 à celui de société anonyme à objet sportif. Le 31 mai 1991, accord ferme et définitif. Lescure dirige alors la SAOS et Brochand l'association PSG. Et Michel Denisot devient président délégué.

Canal + ne voulait plus de Borelli. Sa mise à l'écart se joue à la mairie du V^e^ arrondissement. Moment douloureux pour Tiberi : « J'ai eu la tâche redoutable d'annoncer son départ à Borelli. C'était désagréable et injuste pour lui mais la survie du club l'exigeait. Borelli était un ami. Avec lui, j'allais souvent dîner avec les joueurs dans un hôtel près de Paris. C'était un passionné, désintéressé, qui a donné une bonne image du football. Il savait créer de la chaleur. Son décès [en octobre 2007] m'a beaucoup peiné. »

Président de club, un poste qui n'a jamais été vraiment un tremplin politique ni à Paris, ni à Marseille. « Ceux qui sont maires de l'OM ne seront jamais maires de Marseille, affirme Renaud Muselier. L'histoire nous le prouve. Le mélange des genres ne plaît pas trop aux gens. Marcel Leclerc, président charismatique de l'OM dans les années 1970, s'est présenté aux régionales, il a fait 3 % alors qu'il venait de faire le doublé avec l'OM [1]. » Et puis il y a ces présidents de club régulièrement « dragués » par les politiques. Exemple : Gervais Martel, le président lensois. « On prononce régulièrement le nom de Martel dans le Pas-de-Calais quand la droite a besoin d'un leader. Parce qu'il est populaire et que toute la ville vit du foot à Lens. En 1997-1998, il avait déclaré, au cours d'une réunion sérieuse : "Je me présenterais bien à la mairie de Lens." André Delelis, socialiste, n'était pas contre. Il était un peu en froid avec les autres barons socialistes du coin et ne détestait pas l'idée que Martel lui succède. Cela n'aurait pas été simple, quand on connaît la puissance de la gauche dans le bassin minier. Je pense que Martel avait déclaré cela sur un ton mi-boutade, mi-intéressé. À mon avis, il ne franchira jamais le pas [2] », affirme Marc Prevost, journaliste indépendant dans le Nord.

À Valenciennes, en tout cas, le football a servi de tremplin à un certain Jean-Louis Borloo.

1. Entretien avec les auteurs le 31 mars 2010.
2. Entretien avec les auteurs le 1er juin 2010.

## Borloo et VA : un tremplin politique

Le 5 mai 2006, le club nordiste remonte en Ligue 1 pour la première fois depuis l'affaire VA-OM. Jean-Louis Borloo n'a pas mis les pieds au stade de la saison. Ce qui ne l'empêche pas de descendre sur la pelouse et de recevoir une ovation de la part du public nordiste. Quinze mille supporters qui scandent votre nom, un phénomène rarissime pour un homme politique dans un stade ! Les Valenciennois n'ont pas la mémoire courte et se souviennent que dans les années 1980, Jean-Louis Borloo a sauvé le club et l'a même dirigé avec un certain succès de 1986 à 1991.

Brillant avocat d'affaires parisien, l'ambitieux Borloo fait fortune dans les années 1980. À 29 ans, le magazine *Fortune* le classait parmi les cinq avocats les mieux payés au monde. Avocat notamment de Bernard Tapie, il vient au secours de l'US VA, l'ancien club de Valenciennes alors en pleine déconfiture et en quasi-faillite. Colette Gadeyne, en charge de l'administration de VA, l'appelle en 1986 pour sauver le club. L'avocat, ex-joueur de rugby, sort près de 3 millions d'euros pour renflouer les caisses du club et le tribunal de grande instance de Valenciennes accepte son plan de reprise en février 1987 : « Je trouvais que ça suffisait. Tout avait fermé : la sidérurgie, les entreprises. Le foot, ça aurait fait trop [1]. »

À 35 ans, il devient le plus jeune président d'un club de football. « Il venait de Paris et est tombé amoureux de Valenciennes, ville sinistrée après la

1. Laurent Jaoui et Lionel Rosso, *Politique football club*, Calmann-Lévy, 2004.

disparition des mines et de la sidérurgie. Il y avait plus de 20 % de chômage. Il s'est dit, il faut faire quelque chose. Borloo c'est un type très catholique. Il reprend l'association sportive et met des billes dedans [1] », souligne Marc Prevost. Borloo se prend au jeu. Le club remonte peu à peu les échelons et le jeune président va même sortir de sa retraite Didier Six. L'ambitieux politique aime Valenciennes, qui le lui rend bien.

Son implantation dans le monde du football reste avant tout un choix stratégique payant pour lancer une carrière politique qui se révélera brillante. « Grâce au ballon rond, le Parisien s'est enraciné dans cette ville du Nord. Il s'est intégré à la vie locale. Sa présidence à Valenciennes l'a rendu populaire. Elle a constitué un tremplin décisif pour la mairie », poursuit Marc Prevost. Avec une liste apolitique qui regroupait centristes, écologistes et représentants de la société civile, Borloo bat le maire RPR sortant et prend une ville gérée par la droite. Crédité de 10 % dans les sondages, l'avocat parisien est élu au second tour avec 76 % des voix. Il sera réélu triomphalement au premier tour en 1995 et 2001. On connaît la suite. Député européen, conseiller régional du Nord-Pas de Calais, député puis ministre à partir de 2002.

Il a fait grimper le club en première division le temps d'une saison avant la descente aux enfers et la relégation en quatrième division après l'affaire VA-OM en 1993. Le volubile ministre du Travail n'a jamais été très disert sur l'affaire. Il a d'ailleurs pris

1. Entretien avec les auteurs le 1er juin.

du recul pendant dix ans avant de revenir au stade quand le club est remonté…

Borloo a toutefois gardé un œil attentif sur Valenciennes. Il a adoubé Francis Decourrière à la présidence en 2005. Ancien dirigeant d'entreprise, ce conseiller municipal à Valenciennes, député européen de 1994 à 2004, est aussi le père de Valérie Létard, aujourd'hui secrétaire d'État… de Borloo. « Valenciennes, c'est un peu une grande famille, poursuit Prevost. Decourrière a été le mentor politique de Borloo dans les années 1980. Sa nomination à la présidence de VA était d'abord politique. C'est lui qui l'a initié à Valenciennes. C'est lui qui lui a expliqué comment il fallait faire. C'est un franc-maçon, très influent avec beaucoup d'entregent. »

On n'a pas fini de parler de Borloo, le sauveur de Valenciennes.

## Un lien toujours plus fort

Le ballon ne tourne plus rond du tout au début des années 1990. Les scandales judiciaires incitent les mairies à la prudence. Depuis trente ans, le poids des financements par les collectivités locales a été diminué. Les mairies qui épongeaient les dettes ont cessé d'être des vaches à lait. Fin du statut associatif : les clubs sont devenus des sociétés anonymes. La loi sur le sport professionnel du 28 décembre 1999 (loi 99-1124) a donné lieu à la création d'un nouveau statut juridique pour les clubs professionnels, celui de société anonyme sportive professionnelle (SASP). Cette nouvelle loi soulage les collectivités locales. Elle interdit formellement toute gabegie financière. Concrètement, les collectivités locales ne peuvent plus aujourd'hui se porter garantes d'emprunts et la structure juridique des clubs a évolué. Que font les municipalités ? Elles n'ont que le droit d'acheter des espaces de publicité, sur le terrain ou sur le maillot, ou d'aider à la formation des jeunes. Elles prennent aussi en charge l'entretien du stade, dont elles sont la plupart du temps propriétaires et pénalement responsables. Les chambres régionales des comptes apprécient toujours modérément les achats des places, qui restent cependant une pratique habituelle.

Le poids des subventions dans le budget des clubs demeure variable en fonction de l'importance du club. Dans les petits clubs, de national ou de CFA, la subvention peut couvrir presque la moitié du budget, mais dans les clubs de l'élite elle ne représente qu'une goutte d'eau. Le lien n'est pas pour autant distendu. Loin de là : « Les présidents changent et les mairies ont du mal à couper le cordon. Ils se disent : “Quel est le méchant capitaliste qui arrive ?” Ce sont des mariages forcés puisque vous êtes obligé de cohabiter[1] », glisse Michel Seydoux, le président lillois. Quelle meilleure résonance pour des communes que l'extrême médiatisation du football ? Quand un petit poucet va loin en Coupe de France, c'est un coup de projecteur inespéré pour la ville. Alors, coupé, le cordon ? Pas vraiment. Les maires parlent souvent de leur club. À l'image du maire socialise nantais, Jean-Marc Ayrault, qui s'exprime sur le sort d'un entraîneur ou prend le parti des supporters contre celui de

1. Entretien avec les auteurs le 24 mars 2010.

l'actionnaire, le groupe Dassault qu'il avait... lui-même choisi en 2002. Coupé, le cordon ? Pas du tout. « Grâce à l'OL, l'image de Lyon a changé, déclare l'ancien président rennais Frédéric Saint-Sernin. Avant, on la considérait comme une ville bourgeoise. Aujourd'hui elle est perçue comme une ville dynamique où il faut investir. Le foot porte l'image d'une ville, d'une région. Quand cela va mal cela peut provoquer des déprimes. L'ancien maire de Rennes, qui n'était pourtant pas un grand amateur de foot, me disait : "L'ambiance n'est pas la même en ville le lundi matin si on a perdu le samedi soir." Le cordon entre collectivité et club ne peut pas être coupé. Quel autre spectacle que le foot peut drainer autant de monde à Rennes ? Il n'y en a pas. La vie sociale, économique, se fait les soirs des matchs. Tous les gens qui comptent se retrouvent dans les loges [1]. »

Quand une ville moyenne comme Troyes ou Brest accède à l'élite, la ville entière change de dimension. Forcément. « Aucun maire de grande ou moyenne ville ne peut considérer que son club n'a pas d'importance. Un maire peut aimer ou ne pas aimer le foot mais il doit le prendre en compte. Le foot génère des retombées financières et de communication. Qui connaîtrait Guingamp s'il n'avait pas évolué en Ligue 1 et remporté une Coupe de France [2] ? », estime François Cuillandre, député maire PS de Brest. Un maire qui ne manque presque jamais une rencontre de Brest. Un maire supporter : « Quand je suis au stade, je ne suis pas maire, je suis

1. Entretien avec les auteurs le 30 avril 2010.
2. Entretien avec les auteurs le 24 mars 2010.

supporter. Et quand je suis dans mon bureau, je suis supporter, euh, non maire », se reprend vite Cuillandre. Lapsus révélateur ? Quand on s'appelle Jean-Pierre Soisson et qu'on est tombé dedans depuis tout petit, le mélange des genres, on l'assume. On le revendique.

## Soisson, le politique dirigeant

Jean-Pierre Soisson, maire d'Auxerre de 1971 à 1998, s'est toujours vécu en dirigeant de l'AJA. Sa vie et sa carrière politiques sont intimement liées au club. Et pour cause, son père fut le capitaine de l'équipe première et l'un des fondateurs du club bourguignon. Soisson, le natif d'Auxerre, un maire très supporter qui a vécu avec bonheur l'irrésistible ascension du club : « L'AJA est monté quand j'étais ministre de la Jeunesse et des Sports, de 1976 à 1981. Ça a arrangé pour le financement du club. J'ai été élevé dans ce milieu-là, comme Guy Roux. Au fil des ans, les grandes décisions se sont prises à quatre. Jean-Claude Hamel, Gérard Bourgoin, Roux et moi-même. Les décisions importantes, je les prends encore. Jean-Claude Hamel a été mon adjoint à la mairie dans les années 1990. Je le connais depuis toujours. Alain Dujon, son successeur, je le connais depuis longtemps aussi. Je ne me suis jamais mêlé de la composition de l'équipe. Ce n'est pas mon rôle. Mais sur les décisions stratégiques, j'étais là et je suis toujours là [1]. »

1. Entretien avec les auteurs le 12 mai 2010.

Si Soisson ne faisait pas les compositions d'équipe, il a activement participé à certains transferts. Confidences : « Guy Roux avait repéré des joueurs polonais. À l'époque j'étais encore ministre de Giscard. Je lui avais demandé de me prêter un petit avion du gouvernement pour aller chercher Andrzej Szarmach, en prétextant une réunion de travail avec le secrétaire du PC chargé des sports en Pologne. On est arrivé à l'aéroport de Varsovie. Jean-Claude Hamel a sorti les billets en dollars. Et on a ramené Andrzei Szarmach à Auxerre. » À Auxerre, quand Guy Roux endossait le rôle du père fouettard, Jean-Pierre Soisson jouait la carte de l'amitié avec les joueurs. Roux le méchant, Soisson le gentil. Le confident. « Guy avait un rapport particulier avec les joueurs. C'est un homme cultivé qui a étudié les sociétés primitives. L'un de ses auteurs préférés était Claude Lévi-Strauss et il pensait qu'il ne fallait pas que les gens l'aiment. Il ne fallait pas être gentil avec eux pour les forcer à donner le meilleur d'eux même. Il voulait qu'ils soient des lions qu'il lâchait sur les terrains. Roux les engueulait, l'air renfrogné, moi, j'étais le grand frère, toujours là après les défaites. » On savait que Guy Roux allait souvent chercher ses joueurs en boîte de nuit. Tous les moyens étaient donc bons. « Christophe Cocard était un baiseur de première. Roux enlevait le delco de sa voiture pour l'empêcher d'aller retrouver une fille deux jours avant un match. »

Basile Boli doit à l'ancien maire quelques faveurs très spéciales : « Basile conduisait comme un fou. Il prenait sans cesse des contraventions. Quand je revenais à Auxerre le vendredi elles étaient empaquetées avec un petit mot, "Débrouille-toi Jean-Pierre", dans ma boîte aux lettres. Bon, je faisais sauter les contraventions de Basile. Un jour il faisait la tête, il ne voulait pas jouer. Je suis allé passer une demi-heure dans sa chambre. Je lui ai dit, "Écoute Basile, tu ne peux pas nous faire ça", et je l'ai convaincu de jouer. » Et l'ancien édile de se souvenir avec délice des séances de soins les dimanches avec les joueurs de l'AJA, des saunas avec Serge Mesonès, sympathisant communiste avec qui il refaisait le monde. « Jean-Marc Ferreri est resté un bon copain. Laurent Blanc aussi. J'aurais voulu garder Laurent à Auxerre. Il est venu me voir et m'a dit qu'il lui fallait un million de francs après impôts par mois. Ce n'était pas possible, donc bon vent. »

Jean-Pierre Soisson pourrait conter pendant des heures les déjeuners chez Jean-Pierre Saunier où les verres de chablis s'entrechoquaient entre les gens qui comptent de l'AJA. Il sait que la réussite footballistique d'Auxerre a apporté une médiatisation inespérée à la ville. Il a d'ailleurs fait de l'AJA, en 1987, la plus belle réussite de sa ville. L'année suivante, il augmentait la subvention de 61 000 euros, prélevée sur le budget « promotion de la ville ». Un joli coup de pouce à Guy Roux avec qui il entretient une très longue amitié.

## Roux-Soisson, ticket gagnant

Auxerre, ou le miracle permanent. Cent-soixante-quatrième ville de France, à peine dix mille spectateurs de moyenne et une présence régulière en haut du classement de Ligue 1. Guy Roux a pris l'équipe en championnat régional au début des années 1960 pour en faire un club phare du football français. Son fabuleux destin l'a fait côtoyer les puissants de France. Lorsque Jacques Chirac lui tend la Coupe de France en 1996, il lui glisse : « Vous êtes le troisième président que je salue à cette place, mais le premier pour lequel j'ai voté [1]. » Gaulliste de cœur, président de l'Union des étudiants quand il faisait ses études de droit à Clermont-Ferrand, il s'oppose à la guerre d'Algérie. En 1965, Guy Roux s'inscrit sur la liste d'opposition de Pierre Lemarchand en vue des élections municipales à Auxerre car le maire sortant ne veut pas rénover les terrains de football. Le maire sortant est réélu et Guy Roux n'entre pas au conseil municipal d'Auxerre. Son seul mandat sera finalement conseiller municipal à Apoigny.

Roux et Soisson se connaissent et se vouvoient depuis toujours. Le premier a côtoyé au lycée, à Apoigny, le frère cadet du second. « Il arrivait le jeudi, il déjeunait avec nous chez mes parents et partait s'entraîner avec mon frère. J'ai presque été élevé avec lui. On est de la même génération. Il tutoyait mon frère, il tutoie mon père. Pourquoi on se vouvoie ? C'est comme ça, par respect mutuel. C'est un homme extraordinaire. Il a l'œil. Il a su reconnaître les qualités de tel ou tel joueur. Guy est le club. Je n'aurais jamais financé le stade et le centre de formation s'il n'avait pas été là [2]. » Entre les deux hommes, du respect, de l'amitié. Et Guy Roux, comme en écho : « Jean-Pierre Soisson est un homme extraordinaire. »

---

1. Guy Roux, avec Dominique Grimault, *Entre nous*, Plon, 2006.
2. Entretien avec les auteurs le 12 mai 2010.

N'empêche ! Leur couple a connu quelques tensions. « On a eu deux dissensions avec Guy. La première à cause de deux arbres en bordure de l'Yonne qu'il avait appelé Jean et Pierre. Deux grands ormes que j'aimais bien pour des raisons sentimentales. Il les a fait couper. Ça ne m'a pas plus. La seconde : une berge s'effondrait le long de l'Yonne où Guy Roux habite. J'ai dû faire barrer la voie. Cela allongeait son parcours pour se rendre au stade. Il n'était pas content ! Sinon je l'ai et il m'a toujours soutenu. Il vient passer ses vacances à Bonifacio. Il loue une maison à deux cents mètres de la mienne. » Et le député bourguignon de regretter le départ de l'emblématique entraîneur : « Guy a fait une bêtise en démissionnant après 2005, quand on a gagné la Coupe de France. Il est dommageable de se priver de lui. Guy avait décidé de partir puis il a eu une expérience malheureuse à Lens. Aujourd'hui j'aimerais lui faire réintégrer le club. Jean Fernandez réussit très bien et il n'a pas envie d'avoir Guy Roux dans les pattes. Car quand Guy Roux est là, on ne remarque que lui dans la pièce. Ce n'est pas l'amour fou entre Fernandez et Roux. Avec Santini ça s'était aussi très mal passé. »

Cette longue amitié entre le maire et le coach aurait pu se révéler fructueuse sur le plan politique. « J'aurais voulu que Guy Roux soit candidat aux régionales en 2004 sur la liste grand Est, qui comprenait la Bourgogne et aussi l'Alsace, dont il est originaire. Il aurait apporté un plus. Ça lui aurait plu mais ça n'a pas marché. Il voulait être en première ou deuxième position. C'était un peu compliqué. C'est une bonne idée de présenter des sportifs célèbres sur une liste. Mais moi je n'irais pas jusqu'à mettre des belles gonzesses sur mes listes, comme Berlusconi. »

Si les deux hommes se voient moins aujourd'hui, ils arrivent quand même à s'organiser des repas annuels. Avec une passion commune pour le chablis. Roux-Soisson, une relation politique-football assez unique. Une amitié sincère, presque désintéressée. Pas un mariage de raison, parfois forcé, entre deux mondes si loin et si proches. Illustration avec trois des clubs les plus médiatisés de France.

## Delanoë : un maire pas très gâté

Contraste. Alors que Gérard Collomb a été le maire de tous les succès, le maire de Paris Bertrand Delanoë n'a pas été gâté par les résultats du PSG. Plus dure sera la chute. Ces dix dernières années, le club de la capitale est souvent plus proche du bas de tableau que du haut. « Je suis triste de la situation du club. Un peu meurtri un peu en tant que Parisien et supporter du PSG. C'est une équipe qui a un énorme potentiel et qui porte un nom magnifique, une part de l'identité de Paris. J'ai des raisons d'être mécontent. Les joueurs m'ont parfois agacé par leur côté individualiste sur le terrain. On ne voyait pas une équipe jouer. Ces dernières saisons il y a eu des progrès au niveau de l'esprit collectif mais à l'évidence ce n'est pas suffisant. Le problème, c'est que je n'ai eu que les Coupes de France qui nous remontent le moral. Le problème, c'est que je n'ai eu que les Coupes de France [1] », confie le maire de Paris dans son

1. Entretien avec les auteurs le 25 mai 2010.

immense bureau. Le PSG, ou le royaume de l'instabilité. « J'ai vu passer six coachs, cinq présidents et un club toujours en crise, lâche l'ancien adjoint au sport Pascal Cherki, désormais maire du XIV^e arrondissement. Mon objectif, c'était de protéger la ville et d'aider les dirigeants du club. Leur dire comment on sentait les choses. J'ai passé mon temps à les défendre. C'est normal, c'est notre club. Le PSG c'était 0,1 % de mon temps, 99 % de mes emmerdes. Heureusement que nous avons eu la réussite du Stade Français en rugby, qui a permis une communication positive[1]. »

En 2001, le club a appliqué la loi Buffet du double plafonnement. Avec une subvention divisée par deux : de 40 à 20 millions de francs. Une façon de couper un peu le cordon. Et il y a des attitudes qui ont laissé perplexe Pascal Cherki : « Pendant six ans on a fait la pompe à incendie avec le PSG qu'il fallait protéger des médias. Vahid Halilhodzic a pété les plombs, grisé par sa bonne première année. Après la victoire de Coupe de France contre Châteauroux, le PSG va faire la fête au "Barrio Latino". Je suis invité. À la fin de la soirée, vers trois, quatre heures, Halilhodzic, qui avait un peu bu, me dit : "Pascal, je suis venu en France pour gagner titre et argent. Tu verras, je serai riche et célèbre." Je me suis dit il est un peu *space*, le mec. Ça s'est vérifié par la suite. »

Le PSG, ses mauvais résultats et les excès de certains de ses supporters nuisent-il à l'image de Paris ? N'exagérons rien, rétorque le maire. « Paris ne s'est pas arrêté de progresser parce que le PSG jouait mal, mais Paris avec un PSG qui ne gagne rien, ce n'est

1. Entretien avec les auteurs le 29 avril 2010.

pas pareil qu'un Paris avec un PSG en forme. C'est comme ça. Parce que le foot apporte de l'enthousiasme et fédère. »

Et Delanoë de se raccrocher à ces quelques bons moments. Les réceptions à l'Hôtel de Ville après les succès en Coupe de France en 2006, ou cette année. Les rencontres avec les joueurs. « J'adore humainement Claude Makelele. C'est un type adorable. Quand je le croise parfois, c'est un plaisir. Avant que je sois maire j'avais demandé à Bernard Lama d'être parrain des vendanges de Montmartre. Il était venu. Il avait été génial avec les gamins de Montmartre. » Delanoë qui, au cours de l'entretien, avoue aussi un faible pour Marseille, probablement parce qu'il vouait une grande affection à l'ancien maire Gaston Deferre, qu'il a bien connu dans les années 1980. « Malgré notre vieux contentieux, j'aime bien l'OM. Mais Alain Cayzac m'arracherait les yeux s'il m'entendait », sourit le natif de Bizerte. Il n'est pas un mordu de football comme peut l'être Nicolas Sarkozy. Il n'en a pas moins toujours gardé un œil attentif sur le club parisien puisqu'il en a été l'administrateur à l'époque où la mairie de Paris était représentée au conseil d'administration du PSG. Et où lui-même était dans l'opposition. C'est lui qui, devenu maire, décidera que les élus ne siégeront plus au conseil d'administration du club : « Je ne voulais pas qu'ils soient associés à la gestion du PSG. C'est une entreprise privée qui doit vivre en totale autonomie. »

Même si ce proche de Max Guazzini fréquente plus volontiers Jean-Bouin que le Parc des Princes, ces dernières années, il vient saluer l'effectif avec un petit mot pour chacun à chaque début de saison. « Delanoë connaît très bien le rugby. Mieux que moi. Il aime bien le foot mais il comprend mieux le rugby. Ses commentaires techniques sur le foot sont moyens. Au rugby, il sent les trucs », lâche Pascal Cherki. Beau joueur, Jean Tiberi ménage son successeur : « Je crois qu'il s'intéresse au club. Au-delà des querelles politiques, on a tous intérêt à avoir un PSG de qualité et inattaquable. Il reçoit le club chaque année et il a la courtoisie de m'inviter à ce déjeuner. Cela prouve que sur ce point-là, il n'y a pas de divergences[1]. »

Ce qui n'empêche pas l'entourage du maire du Ve arrondissement de souligner qu'au contraire de Delanoë, Tiberi a toujours été présent dans les tribunes du Parc des Princes, même quand les résultats étaient mauvais… Comme son prédécesseur en tout cas, Bertrand Delanoë n'imagine pas le PSG ailleurs qu'au Parc : « Il y a une histoire d'amour entre le Parc et le PSG. Je n'ai rien contre le Stade de France mais la maison du PSG, c'est le Parc. On le rénove pour l'Euro 2016. On a exigé que ça ne coûte pas un euro au contribuable parisien, par le biais du bail emphytéotique. »

Et s'il n'interfère en rien dans la vie tumultueuse du club de la capitale, le maire de Paris garde un œil attentif sur le destin d'un club qui ne laisse jamais indifférent. Toutes les mairies de France ont le pouvoir d'écarter des candidats lors des rachats. Pour Luc Dayan, il ne fait aucun doute, c'est la mairie

1. Entretien avec les auteurs le 15 mars 2010.

de Paris qui a mis son veto au rachat du club en avril 2006.

## Les fonds exotiques qataris

« Le cordon n'est pas coupé. L'intervention politique existe toujours. La preuve. La mairie de Paris n'a pas voulu des Qataris en 2006 [1] », croit savoir Daniel Hechter.

Dans son livre *Hors jeu* [2], Luc Dayan, médecin de formation, spécialisé dans les dossiers de reprise de clubs de football, affirme que Colony Capital l'a trahi avec le soutien de la mairie de Paris. Retour sur un rachat.

En 2005, le P.-D.G. de Canal +, Bertrand Meheut, *via* Vivendi, cherche à se débarrasser d'une filiale, devenue un véritable boulet. En termes d'image, le PSG cumule trop de défauts : enquête en cours sur des transferts présumés frauduleux, problèmes de sécurité… Et le club parisien est devenu au fil des ans une machine à perdre de l'argent. De 1991 à 2006, le PSG lui aura coûté plus de 300 millions d'euros. En 2003, Luc Dayan tente une première fois de reprendre le club. Il échoue et Canal + portera même plainte contre lui. Trois ans plus tard, fort de ses soutiens au Qatar, il monte un tour de table de 40 millions d'euros. Un fonds d'investissement qatari s'engage à investir 25 millions d'euros pour devenir actionnaire majoritaire. Dayan croit tenir son rêve.

1. Entretien avec les auteurs le 25 mai 2010.
2. Luc Dayan, *Hors jeu*, Hugo & Cie, 2010.

La mairie suit bien évidemment de près ce dossier complexe : « Dans la convention que j'avais fait signer après mon élection, il était dit que le lien entre le club et la mairie était tel que nous devions être informés de toute évolution du capital. Bertrand Meheut, qui a conduit les négociations de la vente du club, m'a informé au fur et à mesure, mais pas toutes les cinq minutes, des évolutions et des possibilités [1] », rappelle Bertrand Delanoë. Et le maire de Paris de minorer le rôle de la municipalité. « Bertrand Meheut ne m'a pas demandé l'autorisation. On s'est informés mais je n'ai pas eu à dire non à des fonds qataris. J'ai toujours dit à Meheut : "Vente du club, c'est votre problème." » Adjoint aux sports à l'époque, Pascal Cherki renchérit : « Le maire avait dit à Canal + : "Vous devez vendre." Il leur a conseillé de tourner la page. Mais ce n'est pas nous qui avons été aux manettes au moment de la vente. Je ne comprends pas Dayan. Il doit penser que nous avons manœuvré pour l'exclure et pour mettre Alain Cayzac à sa place. Ce n'est pas vrai [2]. »

Luc Dayan estime que la mairie, qui a récusé des « fonds exotiques » – ce qui a déplu évidemment au souverain du Qatar, le cheikh Tamime Ben Hamad Al-Thani – a fait capoter son projet. Si Pascal Cherki ne dément pas l'emploi du mot exotique, il regrette le malentendu : « Il n'y a jamais eu de volonté de la ville de Paris de mettre son veto à des fonds qataris. Jamais. D'ailleurs je ne voyais que des investisseurs étrangers pour reprendre le club. Je ne pensais pas à

1. Entretien avec les auteurs le 25 mai 2010.
2. Entretien avec les auteurs le 29 avril 2010.

un fonds de pension à l'époque. Je me disais : “Ce sont les Arabes ou les Russes.” Les Arabes ne me posaient pas de problème. Les Russes, oui. Je ne voulais pas d'argent pas très clean. Mon rôle, c'était de protéger Paris. On est propriétaire du Parc, on veut avoir une garantie sur la traçabilité des fonds. Je ne pensais pas aux Qataris, quand j'ai dit “exotiques”. J'en ai parlé quinze fois, du dossier, avec Delanoë. On n'a jamais mis de veto sur les pays arabes mais on ne voulait pas d'hommes de paille, genre Kachkar. »

L'ancien président parisien Charles Villeneuve ne croit pas non plus à l'interprétation de Luc Dayan : « Je ne pense pas que Bertrand Delanoë, qui connaît très bien le monde arabe, qui est né dans un pays arabe, ait ce type de réaction. Je crois qu'il y a eu un souci au niveau des Qataris. C'est un problème interne entre le Premier ministre et l'un des Princes héritiers qui a renoncé à son droit d'héritage et qui n'avait pas assez consulté les autorités de son pays. En plus, n'oubliez pas que les investisseurs étrangers se méfient beaucoup de l'investissement en France, et notamment dans le football. Le poids de l'administration française est beaucoup trop lourd à leurs yeux. J'en ai discuté avec des proches d'Abramovitch, avec monsieur Usmanov, actionnaire d'Arsenal. Pour eux, la France n'est pas une terre d'investissement. Ils préfèrent l'Angleterre car ils ont moins de problème avec l'administration. »

Après moult rebondissements, c'est finalement le fonds d'investissement américain Colony Capital qui coiffera le projet de Dayan dans la dernière ligne droite. Le club passe des mains de Canal + à celles d'un trio d'actionnaires (les fonds d'investissement

Colony Capital et Butler Capital Partners, soutenus par la banque Morgan Stanley) le 11 avril 2006, pour 21 millions d'euros. Avec Alain Cayzac, historique du club, comme président.

L'ancien président parisien Pierre Blayau croit savoir que le maire de Paris a joué un rôle important dans le choix de Cayzac : « Au moment où Canal + a voulu vendre le PSG, la mairie de Paris a fait part de ses préoccupations sur les repreneurs éventuels. Delanoë a exprimé un moment un souhait en faveur d'Alain Cayzac. » Là encore, Pascal Cherki nie en bloc : « Au départ, c'est Morgan Stanley qui étudie la solution des Qataris, puis ils se sont pris au jeu avec Colony Capital. Alain Cayzac a dû les pousser autour de la solution d'un investissement un tiers un tiers. Il a joué sa carte personnelle. Dayan s'est fait sortir du jeu dans ce cadre-là. D'ailleurs, aujourd'hui, si le PSG devait être racheté, je pense que ça serait la meilleure des choses d'avoir des gens du Golfe. Ce sont des enragés de foot. L'argent, on sait d'où il vient. Du pétrole. Pas de soucis. »

D'ailleurs, il se murmure régulièrement que Charles Villeneuve pourrait revenir au club parisien pour entrer dans le capital avec dans ses valises… des fonds Qataris.

## Quand des politiques président l'OM…

En cette soirée pluvieuse et froide du 18 mai, Marseille est en ébullition. Après la Coupe de la Ligue décrochée au mois de mars, l'OM est sacré champion de France. Enfin. Le club phocéen met un terme à une attente insupportable. Dix-sept ans sans titre. Insupportable pour une ville qui vit pour et par le foot. Renaud Muselier, député UMP des Bouches-du-Rhône et supporter depuis toujours des Olympiens, a assisté au match du sacre contre Rennes. Pas le maire Jean-Claude Gaudin, moins friand du ballon rond, qui a préféré ne pas annuler un dîner… Il s'est juste fendu d'un communiqué lapidaire pour féliciter les Olympiens. Étrange. Ce soir-là, sont également absents Michel Vauzelle, patron de la région Paca, et Patrick Mennucci, chef de l'opposition municipale. Étonnant.

Il est loin, le temps où les socialistes se pressaient pour aller au Vélodrome. C'était celui de la toute-puissance de Bernard Tapie. Les politiques ont aujourd'hui pris leur distance avec l'OM. Ils se gardent bien de trop tirer la couverture ciel et blanc à eux, préférant la discrétion des loges. Et c'est tant mieux, à en croire Renaud Muselier. Ce dernier a beau aimer l'OM, il ne garde pas un souvenir impérissable de son passage au club. Quand le monde politique a dû se frotter directement aux turpitudes du football…

Élu maire au printemps 1995 à sa troisième tentative, Jean-Claude Gaudin et la nouvelle équipe municipale prennent les rênes de l'OM à la demande de la justice. Contraints et forcés. À la fin de l'époque Tapie, l'OM n'est en effet plus qu'un champ de ruine. Plus d'équipe, plus d'entraîneur et un dépôt de bilan avec plus de 300 millions de francs de dette. Jean-Michel Roussier est appelé par la mairie de Marseille en mai 1995. Il devient le directeur général et le représentant de la municipalité pour le plan de reprise en version société d'économie mixte (SEM). « Jean-Claude Gaudin ne comprend rien au foot. Il ne savait même pas ce qu'était une mi-temps, un corner ou un penalty. Il nous a demandé si on tournait à l'entracte. Après, il a très vite compris [1] », s'amuse un élu marseillais. Gaudin, qui préfère l'opéra au football, appelle à la rescousse son adjoint Muselier, le fan de ballon rond : « On vient juste d'être élus à la ville de Marseille. Gaudin me dit : "Je suis président de l'OM, tu viens avec moi." Je lui dis : "Non, je ne viens pas avec vous. Je connais bien le foot, pas question de mettre le nez là-dedans. J'ai autre chose à faire." Il me dit : "On n'a pas le choix. Tu es mon vice-président. On est élu, on assume tout." Gaudin ne savait pas où il mettait les pieds [2]. » Ce que reconnaît volontiers le maire : « Je suis plus libéral que libero [3]. » Aguerri en politique, le nouveau maire sait en tout cas qu'en aidant l'OM, il assoit sa popularité. « Gaudin a été président car la structure juridique de la SEM en voulait ainsi, rappelle Mario Albano, journaliste à *La Provence*. Le club avait déposé le bilan pendant le mandat de Vigouroux. Gaudin a hérité du bébé. Il ne l'a pas refusé. On reproche parfois aux politiques d'en faire un argument électoral mais s'ils peuvent faire le bonheur de leurs administrés... Il ne pouvait pas laisser tomber l'OM [4]. »

Gaudin injecte 20 millions de francs d'argent public et charge Jean-Michel Rousier, « le Parisien », de trouver 50 millions de francs supplémentaires.

1. Entretien avec les auteurs le 30 mars 2010.
2. Entretien avec les auteurs le 31 mars 2010.
3. *Le Figaro*, 7 mai 2010.
4. Entretien avec les auteurs le 28 avril 2010.

« C'était Roussier, le directeur financier, le vrai patron. Gaudin ne se mêlait pas du sportif. Il invitait les joueurs et dirigeants dans la résidence d'été de la mairie, se souvient Mario Albano. Gaudin faisait quelques déplacements. Il était allé à Amiens car il est très ami de Gilles de Robien. Quand l'OM est remonté, on a vu plus souvent Gaudin. Je me souviens de lui parlant très fort en tribune présidentielle, à l'époque située à côté de la tribune de presse. Il disait : “Mais qui a choisi ces joueurs ? Ce n'est pas un bon choix.” C'était pagnolesque. Manière de dire qu'il faudrait changer l'entraîneur. C'était sa seule ingérence dans le domaine sportif. »

Les résultats sportifs ne suivent pas. Rétrogradé en deuxième division, le club phocéen, alors dirigé par Henri Stambouli, accumule les défaites. La municipalité fait la grimace. « C'était une situation épouvantable. À un moment il fallait changer le coach, on perdait tous les matchs. On venait de gagner la mairie et on se faisait injurier. On nous expliquait comment faire la feuille de match. Il y a quarante mille personnes qui vous disent que vous êtes un abruti. Vous n'avez pas été élu pour ça. Nous venions de prendre la deuxième ville de France, comment vouliez-vous qu'on aille s'occuper de savoir qui il fallait faire jouer avant-centre ou milieu de terrain ? » Muselier connaît le foot et ses pièges. Enfin, de loin. Il demande alors conseils à un spécialiste, Bernard Brochand : « Dans le foot, il y a des règles à respecter. Si vous en sortez, vous n'avez aucun ballon. Je suis très ami avec Brochand. Je lui ai demandé ce qu'il fallait faire et ne pas faire. Quels étaient les risques ? Il a pris une feuille et m'a dit ce qui était légal et ce qui ne l'était pas. Il m'a dit : "Si tu franchis cette ligne, tu tombes." Il m'a fait la *check-list* des choses convenables et de celles qui ne l'étaient pas. J'ai dit à Gaudin : "Nous ne ferons jamais rien d'illégal. J'ai une famille, un engagement." On n'a jamais franchi la ligne. [Il ne précise pas ce qu'est franchir la ligne.] On n'a jamais été compromis dans la moindre affaire. »

On l'a compris, c'est Renaud Muselier qui doit se coltiner directement l'épineux dossier. Il convainc le maire de recruter Gérard Gili au lieu de Rolland Courbis en 1995. Pas une sinécure. « On est remonté après deux ans. Bel exploit pour des non-professionnels. On était gratuits, Gaudin et moi. On n'a pas pris un franc, on n'a rien coûté au club. C'était pour l'intérêt général. Vous avez plein de soucis, dont celui-là. Notre boulot, régler les problèmes ; mais prendre un club à la dérive ce n'est pas notre job. »

## La mairie s'efface, Robert Louis-Dreyfus entre en scène

En 1996, l'OM retrouve l'élite. La mairie commence alors à prendre ses distances avec le club. Mais il lui faut trouver un repreneur. Vite. Trois déposent leur candidature. Tati, IMG Mc Cormack et Adidas. Le troisième sera finalement choisi. Vite. Selon, les observateurs, la mairie n'a pas hésité trop longtemps avant de faire son choix. Mario Albano, à l'époque journaliste au *Provençal*, a été témoin d'une scène cocasse. « Alors qu'Adidas n'était pas encore candidat, le maire avait tenu un discours, le 25 mai 1996, devant la presse et les partenaires économiques. Il se met alors à évoquer Adidas, qui n'avait pourtant à l'époque aucune visée sur l'OM. On lui demande pourquoi il parle d'Adidas, il nous répond : “J'aime beaucoup Robert Louis-Dreyfus, ce serait bien qu'il vienne à l'OM.” Et il n'a pas dit un mot de Mizuno, l'équipementier de l'époque ! Les Japonais n'étaient pas très contents [1]. » Un fracassant appel du pied.

La mairie voulait Adidas. Elle l'a eu. Elle ne voulait pas de Mc Cormack, en tout cas. Selon Muselier, il n'y a pas eu de match entre l'entreprise américaine et Adidas : « On a auditionné les trois candidats. À la suite de l'entretien, deux sont restés en lice, Tatie et Robert Louis-Dreyfus. Proisy, de Mc Cormack, m'a fait une très mauvaise impression. Je ne me suis pas trompé car il a fait plein de conneries ensuite avec Strasbourg. Il expliquait qu'il avait tout compris mais moi j'avais compris qu'il n'avait rien compris. On a choisi Robert Louis-Dreyfus, un homme de talent qui voulait s'impliquer dans le destin de Marseille [2]. »

L'homme d'affaires suisse va racheter les parts à la mairie pour devenir propriétaire du club en juillet 1996. Ce rachat s'inscrit d'abord dans une stratégie économique : le président d'Adidas veut contrer les prétentions de Nike. En 1996, alors ministre, Gaudin se renseigne sur les trois candidats à la reprise du club. Il sollicite son collègue de l'Économie, Jean Arthuis.

Noël Le Graët, alors président de la Ligue, confirme avoir joué un rôle essentiel dans cette

1. Entretien avec les auteurs le 28 avril 2010.
2. Entretien avec les auteurs le 31 mars 2010.

vente : « J'étais très proche de Gaudin pendant cette période. Je l'ai reçu à plusieurs reprises. C'est moi qui lui ai présenté Louis-Dreyfus. Il avait signé un contrat global avec tous les clubs. Il cherchait un club spécifique. Il n'était pas forcément marseillais dans sa tête. Je l'ai présenté à Gaudin qui était ministre à l'époque. Dreyfus était de loin le plus crédible et Gaudin l'a senti rapidement. Dreyfus, c'était le très bon choix pour Marseille[1]. »

Un très bon choix qui a quand même beaucoup tâtonné. Après avoir dépensé, sans succès, pas moins de 200 millions d'euros dans le club pendant une dizaine d'années, le milliardaire suisse a tenté de vendre sa danseuse en janvier 2007. En vain. Le sulfureux Jack Kachkar entre alors en scène. Cet homme d'affaire libano-canadien se révélera un imposteur. Et quel imposteur ! « Robert Louis-Dreyfus nous a affirmé que Kachkar, c'était transparent. Ce qui l'a le plus blessé et humilié, c'est de s'être trompé. Il s'est fait flouer dans les affaires. Pour ma part, j'ai toujours eu des doutes sur Kachkar. Un personnage très sympa. Moi, je ne me suis jamais affiché officiellement avec lui. Je l'ai reçu à la mairie mais je ne me suis jamais laissé photographier avec lui. Car je n'arrivais pas à comprendre comment un médecin avait pu si rapidement faire fortune », affirme Renaud Muselier, plus clairvoyant à l'entendre que le généreux mécène suisse.

Ces dernières années, la municipalité regarde d'un œil inquiet ou bienveillant les péripéties olympiennes. « Madame Dreyfus prend qui elle veut, c'est

1. Entretien avec les auteurs le 19 mai 2010.

son argent. Moi je peux dire que, compte tenu de l'argent qu'elle met, ça serait bien d'avoir des résultats. On est très inquiets quand on voit passer les mercenaires qui prennent l'argent et qui s'en vont. [Il ne dit pas à qui il pense.] Eux, ils partent, nous, on reste. Le mec qui passe et qui ramasse les sous, cela ne nous fait pas rire », poursuit Muselier. Et, en juin 2009, l'OM s'est offert une crise de gouvernance dont elle a le secret. Après le départ de Pape Diouf, le nom de Muselier a été évoqué. Lorsque le bateau olympien tangue, on en appelle toujours au soldat Muselier.

### Quand la maire prend (un peu) ses distances…

Le cordon entre la politique et le foot semble aujourd'hui coupé. Enfin, pas tout à fait… L'association OM est là pour empêcher toute velléité d'indépendance. Présidée par Jean-Pierre Foucault, qui a eu dans sa jeunesse un prof nommé… Gaudin, le club ne peut pas faire ce qu'il veut. Il annule une tournée épuisante à Shanghai, en mai 2005. Gaudin et Muselier seraient intervenus auprès du club pour qu'il la fasse quand même car, en cette année de la Chine, l'opération doit servir l'image de Marseille [1]. La mairie surveille de près le bouillant OM et a bien failli se replonger dans la bouillabaisse olympienne.

Après le départ mouvementé de Pape Diouf en juin 2009, la présidence a été proposée à Muselier.

1. Éric Mandonnet, « Ces maires qui occupent le terrain », *L'Express*, 27 juillet 2005.

Ce que nous confirme le député UMP : « Je n'étais pas candidat. Mon nom a été évoqué sans même que l'on m'en parle. Dans l'équipe Dreyfus, il y avait deux tendances. Deux amis de Robert Louis-Dreyfus, [Antoine Veyrat, l'actuel directeur général et Jean-Claude Darmon, le "grand argentier du football", selon nos informations], ont dit : "Muselier, ça serait une bonne idée." Je l'ai su après. Je suis considéré comme un type honnête qui aime bien le foot et qui a des relations. J'ai été vice-président. Mais il ne faut pas tout mélanger. On ne peut pas tout faire. J'ai cru que c'était un piège politique tendu par mes adversaires car je n'étais candidat à rien[1]. »

On l'a compris : si les élus marseillais gardent toujours un œil très attentif sur leur OM, pas question d'être partie prenante. Renaud Muselier revient sur l'éviction de Pape Diouf : « On l'avait pressentie, contrairement à lui qui n'a pas vu le coup venir. Il avait le soutien total des supporters et il pensait que l'actionnaire le soutiendrait toujours. Mais la réalité, c'était qu'il n'avait pas vraiment le pouvoir. C'est un type bien. On en a parlé après. Il a commis des fautes tactiques. C'est difficile de garder un équilibre quand on n'a pas le pouvoir. » Pape Diouf ne se souvient pas avoir revu Muselier après son départ : « Ce n'est pas vrai. Je ne l'ai jamais revu après. Disons que Muselier, il aime bien être le médecin qui est là après la mort. Il aime faire des déclarations qui n'ont ni tête ni queue[2]. »

1. Entretien avec les auteurs le 31 mars 2010.
2. Entretien avec les auteurs le 19 mai 2010.

Pape Diouf reste perplexe quant aux analyses et prévisions de Muselier. Pour beaucoup d'observateurs, la mairie n'a pas vu venir grand-chose au cours de cette période trouble : « Gaudin était un petit peu marri de ce qui s'était passé, notamment par rapport à Pape Diouf. Un certain nombre d'événements concernant de près la vie du club lui avait un peu échappé et à l'époque, il n'était pas très heureux [1] », confie Jean-Claude Dassier. Pour lui, le club phocéen reste le moteur principal de la cité phocéenne. « Le maire est évidemment conscient du rôle considérable que joue l'OM dans la vie sociale de Marseille. »

Jean-Claude Gaudin aime toutefois à rappeler aujourd'hui que Marseille, ce n'est pas que l'OM : « En 1992, on ne parlait de Marseille qu'à travers l'OM. Depuis, l'image de la ville a évolué. En 2012, elle accueillera le Forum mondial de l'eau et l'année suivante, la ville sera la capitale européenne de la culture[2] » Jean-Luc Bennahmias, élu Modem en PACA, relativise d'ailleurs la passion marseillaise et se félicite de la non-récupération des sacres par les politiques : « Tout Marseille n'est pas supporter de l'OM. 50 % des Marseillais sont supporters de l'OM, c'est déjà énorme. Le soir du sacre, je n'y étais pas. Menucci non plus. Par contre, j'étais à Arles-Avignon qui est monté en Ligue 1. Personne au lendemain du titre n'a dit : “C'est génial, cela va donner du dynamisme à la ville.” C'est génial, mais ça s'arrête là. Je ne demande jamais au monde sportif d'être réparateur des problèmes sociétaux. J'ai beaucoup apprécié

1. Entretien avec les auteurs le 19 avril 2010.
2. *Le Figaro*, 7 mai 2010.

que les grands élus n'utilisent pas cette victoire sous l'angle : Marseille c'est le lien social… On sait que la pauvreté à Marseille existe et qu'un moment tout peut exploser. Et ce n'est pas parce que Marseille est champion de France que cela n'explosera pas à un moment donné [1]. » « Ce n'est pas au stade que se font les élections, mais si l'OM perd ce n'est pas bon pour l'image de la ville. Et les spectateurs sont des électeurs, il ne faut pas l'oublier [2] » ajoute Bernard Brochand.

Il n'empêche les édiles comptent sur la rénovation du stade pour rebondir économiquement, et sur la présence désormais récurrente en Ligue des champions du club olympien pour mieux vendre la ville à l'étranger lors des déplacements en Ligue des champions. Refaire du club un ambassadeur de premier plan ; Gérard Collomb l'a parfaitement compris avec Lyon.

## Lyon et le foot : le grand mépris avant les années 1980

Au contraire de sa grande rivale Saint-Étienne, ville ouvrière, Lyon, ville de notables assez bourgeoise, n'a pas véritablement une culture foot. Édouard Herriot, maire de 1905 à 1957, Louis Pradel, son successeur jusqu'en 1976, Francisque Collomb ou encore Raymond Barre n'étaient pas vraiment ce que l'on appelle des passionnés. Ce qui a fait dire un jour à Roger Rocher, le président des Verts : « En matière

1. Entretien avec les auteurs le 29 mai 2010.
2. Entretien avec les auteurs le 30 mars 2010.

de football, Lyon a toujours été la banlieue de Saint-Étienne. » Cette pique s'est longtemps vérifiée.

André Soulier, avocat lyonnais de renom, premier adjoint du maire Francisque Collomb en 1983, ne dit pas autre chose : « Le football n'est pas dans les gènes de cette ville. Et les maires ont longtemps méprisé ce sport[1]. » Et de livrer cette anecdote savoureuse : « Je me souviens d'un match à Gerland dans les années 1950 où je vois arriver dans le stade un monsieur âgé avec sa canne et son chapeau. C'était Édouard Herriot. Des adjoints pressés d'aider l'OL l'avaient amené au stade de Gerland. Il entrait en même temps que les joueurs pour ne pas être sifflé. Un courtisan lui a dit : "Vous avez vu, on vous applaudit." Lui répond : "J'ai vu des jeunes gens en culottes courtes applaudis. Je ne suis pas sûr que les applaudissements m'étaient destinés…" Herriot, président du Conseil à trois reprises et par ailleurs membre de l'Académie française n'avait, il est vrai, rien à faire du football. Dans les années 1960, la mairie versait quand même 100 000 francs à l'OL qui n'avait pas les résultats d'aujourd'hui mais qui a remporté la Coupe de France en 1973. À l'époque du football patronage, la municipalité installait ses propres hommes à la présidence. Ils n'y connaissaient rien. Le président Raymond Ravet [de mai 1982 à janvier 1983] s'est d'ailleurs écrié devant les journalistes : "C'est une catastrophe, je suis maire de l'OL[2] !" »

1. Entretien avec les auteurs le 16 mars 2010.
2. Benjamin Danet, *Olympique lyonnais, histoire d'une ascension*, L'Archipel, 2007.

Le maire actuel Gérard Collomb a été vraiment le premier à afficher un soutien clair à l'OL. « Raymond Barre [1995 à 2001] n'allait jamais au stade. Ce n'était pas son truc. Il n'y avait pas d'empathie pour le club avec Barre. Avant lui Francisque Collomb s'y rendait parfois pour les finales. Pradel a dû venir. Quant à Herriot, il ne faut pas oublier qu'il a fait construire le stade Gerland[1] », confie l'édile socialiste.

L'arrivée de Collomb à la mairie en 2001 a concordé avec les premiers succès du club. Mais bien avant cette période dorée, le monde politique a donné un coup de pouce décisif à Aulas dans les années 1980.

## Aulas propulsé par la mairie de Lyon

Un Collomb peut en cacher un autre. Fin des années 1980. C'est l'équipe du maire UDF de l'époque, Francisque, qui n'a aucun lien de parenté avec Gérard, qui va mettre le pied à l'étrier au jeune entrepreneur Jean-Michel Aulas. Le cheminement a été long avant que Lyon devienne la place forte du football hexagonal. Et Aulas peut aujourd'hui encore remercier le monde politique. Son pouvoir lui a été donné par les élus. En 1987, alors que l'équipe a sombré en deuxième division, le jeune entrepreneur est en effet auditionné par les conseillers municipaux, qui le plébiscitent et lui votent une double subvention, au dernier jour de l'année en cours et au pre-

1. Entretien avec les auteurs le 26 mai 2010.

mier de l'année suivante. André Soulier, à l'époque premier adjoint du maire Francisque Collomb, grand amateur de football, aujourd'hui avocat de l'OL, se présente comme le grand instigateur de l'arrivée d'Aulas à la tête du club. Il avait alors multiplié les contacts avec le jeune chef d'entreprise. « Je suis ami de longue date du père d'Aulas, Michel. Le fils m'apparaît alors comme un garçon vif. Il entre alors dans le club des Cent, c'est-à-dire les gens influents de l'OL. Il arrive quand les comptes sont plombés. L'OL est descendu en deuxième division en 1983. Cette année-là, nous n'étions que mille quatre cents spectateurs pour un OL-Forbach. Avec la complicité du maire, on va l'aider à relever cette équipe moribonde [1]. »

Derrière cette reprise se cache un enjeu très politique. Soulier, toujours : « En 1983, j'avais fait battre Noir. J'aurais dû être candidat à la mairie en 1989. Noir ne souhaitait pas la réussite d'Aulas, donc la mienne. À l'automne 1987, je fais voter une subvention qui remet les comptes à l'équilibre. Entre 8 et 12 millions de francs. Noir, dans l'opposition à l'époque, est contre. » Soulier encourage Aulas dans son projet de reprise du club. Il se souvient très bien de la scène : « La commission générale qui précède la séance du conseil municipal permet d'entendre qui l'on veut. Elle est à huis clos, ou plutôt à mi-clos car les journalistes sont là. Aulas était venu avec son rétroprojecteur. Je lui avais dit : “Soyez bon, sinon on ne vous aidera pas.” Il a été très bon. Il a cloué le bec à l'équipe Noir en annonçant que si le conseil municipal

1. Entretien avec les auteurs le 16 mars 2010.

le suivait, dans cinq ans Lyon serait en Ligue 1, dans dix ans, il penserait aux qualifications européennes. Et dans quinze ans, il serait champion de France. » Bien vu.

Petit retour en arrière. Fils d'un enseignant en lettres et d'une directrice de maternelle, Aulas a pratiqué le handball à bon niveau. Il a créé en 1983 sa société de logiciels de gestion, Cegid, qui emploie aujourd'hui deux mille salariés. Il en resté P.-D.G. même s'il a cédé une partie des parts en 2007. Tapie, qui s'est alors implanté à Marseille, avait déjà dit qu'il verrait bien Aulas à la présidence de l'OL. Et Bernard Lacombe, à Bordeaux à l'époque, l'avait mis en relation avec le président Bez. Ce dernier lui avait expliqué alors comment structurer un club. Sans les magouilles, s'entend.

Aulas n'est pas à l'époque ce que l'on appelle un dingue de foot. Confirmation de Gérard Collomb, amusé : « Je l'ai connu quand il montait sa boîte dans les années 1980. J'étais député. Je ne me suis pas dit à l'époque : “Ça va être un grand dirigeant de foot.” Il ne m'en parlait pas d'ailleurs. Je savais qu'il avait été joueur de hand. On parlait business, pas foot [1]. »

Pas un grand amateur du ballon rond, mais quelqu'un qui a déjà compris l'importance du football dans la société. Le président de l'époque, Charles Mighirian, était plutôt soulagé de céder son poste au jeune loup : « À l'époque, Aulas avait une vision assez claire. Il a investi dans le centre de formation. Il a remonté le club petit à petit. Cela a quand même mis sept à huit ans », poursuit Soulier.

1. Entretien avec les auteurs le 26 mai 2010.

Quand la mairie lui permet de reprendre le club, Aulas a 38 ans. Il devient le huitième président de l'OL. Le jeune entrepreneur va, lentement mais sûrement, faire de l'OL, une association qui survivait de subventions, une entreprise très prospère.

Fin des années 1980. Alors que l'OL n'arrive toujours pas à remonter dans l'élite, la municipalité accorde une subvention exceptionnelle de 20 millions de francs. Ce qui va contribuer à son irrésistible ascension. Le talent d'Aulas fera le reste. En 1999, il accepte de vendre à Jérôme Seydoux, P.-D.G. de Pathé, un gros tiers du capital de la société privée qu'il a créée pour se consacrer à la gestion du club. L'arrivée de Collomb à la mairie a coïncidé avec les premiers succès de l'OL. Un maire socialiste qui ne s'est pas gêné pour surfer la vague du succès.

## Comment Gérard Collomb surfe sur les succès lyonnais

Après trois tentatives infructueuses, Collomb conquiert la citadelle lyonnaise en 2001, une date qui correspond au début de la dynastie de l'OL. C'est ce qui s'appelle une coïncidence heureuse. Depuis que le maire socialiste est le premier édile lyonnais, l'OL n'en finit plus de gagner, malgré un ralentissement sous l'ère Puel. « Il y a quelques années, c'est la mairie qui sauvait le club. Quand l'OL était redescendu en deuxième division, c'était la catastrophe alors que la mairie avait versé sept mois plus tôt la subvention pour leur permettre de se maintenir. Je préfère être maire-supporter que bailleur de fond[1] », souligne le maire de Lyon, réélu triomphalement en 2008.

Gérard Collomb profite ces dernières années de la Ligue des champions pour parcourir l'Europe et vendre sa ville. Il ne se cache pas, d'ailleurs, d'avoir récupéré les succès lyonnais : « L'OL une belle vitrine. Le foot est un vecteur d'image extraordinaire. C'est le sport que les gens regardent le plus. Quand je vais dans des pays d'Afrique ou d'Asie, ils me parlent de l'OL car ils voient les matchs de Ligue des champions à la télé. Quand j'étais à Canton, le maire avait demandé comme cadeau une série de maillots signés par les joueurs. Souvent, on organise des manifestations avec les entrepreneurs de Lyon. On amène l'un de nos cuisiniers. C'est une façon de vendre la ville entre football et gastronomie, qui sont deux belles figures de proue de l'agglomération lyonnaise. Il y a une réelle empathie. »

Mascotte du club – quand il assiste au match, selon la légende, Lyon ne perd pas –, le maire ne rate presque aucune sortie des Gones. « Les succès de l'OL ont correspondu à son arrivée. Ça a commencé avec la Coupe de la Ligue en 2001. Il a surfé sur la vague populaire. Il a organisé une parade des joueurs dans sa ville. C'était une façon de dire : "Les choses changent. La ville change. Lyon n'est plus une ville fermée, froide et bourgeoise." Il s'est clairement appuyé sur l'OL[2] », analyse Jean-Philippe Baille, qui a couvert pendant dix ans l'OL pour RTL.

1. Entretien avec les auteurs le 26 mai 2010.
2. Entretien avec les auteurs le 5 juillet 2010.

Lyon, troisième ville de France et deuxième agglomération, aspire à être une véritable métropole européenne. Et cela passe aussi par une grande équipe de football. Car quand le nom de Lyon est cité dans la presse internationale, c'est essentiellement grâce à l'Olympique lyonnais. « C'est la concomitance du développement du foot et de la ville. C'est le symbole de la ville qui gagne », poursuit Collomb. C'est ce qu'on pourrait appeler de la bonne récupération politique : « Chirac avait compris l'intérêt de la victoire en 1998. D'autres ne l'auraient pas fait », enchaîne le maire. Et de tacler au passage son ennemi politique Dominique Perben. « Dans un club, les gens savent si vous connaissez le foot ou pas. Perben est venu pour les derniers matchs de championnat. On était en pleine campagne. Ça a fait rigoler tout le monde. C'est l'homme politique qui vient se faire voir. » Pas Collomb, un supporter assidu, à l'en croire. « J'assiste aux matchs de l'OL depuis 1975. Je connais un peu tout. »

André Soulier, amoureux du club, est moins affirmatif : « À l'époque il ne venait pas au stade. Aujourd'hui, il y vient [1]. » L'avocat se souvient : « Il y a une dizaine d'années, on organisait des matchs entre les élus et les journalistes avec comme arbitre Jean Fournet-Fayard. J'ai le souvenir d'un Gérard Collomb très mauvais arrière-droit ! » Le maire en convient tout à fait : « J'ai joué un match contre des journalistes mieux entraînés que nous qui nous avaient mis un carton. Je n'étais pas au top. Le terrain, à Gerland, il est grand. C'est physique. Pour

1. Entretien avec les auteurs le 16 mars 2010.

remonter en attaque, j'ai souffert. C'était il y a une dizaine d'années. »

Né à Chalon sur Saône, issu d'un milieu modeste, Collomb a surtout pratiqué le rugby dans sa jeunesse. « J'avais un prof de gym qui jouait demi de mêlée au RC Chalon. Quand on faisait gym on faisait du rugby. C'était rugby obligatoire. J'ai jamais vraiment joué au foot. »

Maire-supporter. Maire heureux. Maire copain. « Je me suis fait adopter par le milieu du foot. J'ai gardé de bonnes relations avec certains joueurs. Quand Coupet s'est blessé avec le PSG, je lui ai passé un coup de fil. Sonny Anderson, je le revois régulièrement. » Maire toutefois parfois contrarié. Il ne s'est pas gêné pour donner son avis, il y a quelques semaines, sur l'« affaire Govou ». L'international est connu pour ses qualités d'attaquant mais aussi pour son goût immodéré de la fête. Le conseiller du président Aulas, Bernard Lacombe, n'avait pas apprécié les propos du maire qui avait suggéré à Govou de « s'excuser » après l'affaire de prostitution qui a secoué certains joueurs français au printemps. « Un jour, le président du plus grand pays du monde a fait des bêtises [référence à l'affaire Lewinsky] et on n'en a pas parlé autant, alors qu'on nous foute la paix. Les hommes politiques n'ont pas de leçons à donner aux footballeurs », a-t-il déclaré au *Parisien*, le 24 avril. Collomb ne voit pas les choses ainsi. Il s'en explique : « C'est mon rôle de dire : “Attention, il faut que les joueurs soient conscients qu'ils représentent l'image de la ville de Lyon”. Govou n'est plus un gosse. Pour les gamins, les joueurs représentent un exemple. Je dis aux gamins de la Duchère : “Regardez Sonny

Anderson, combien d'heures de gym il fait." Si les footeux pros sont ivres tous les jours, ça ne va pas. J'ai dit que Govou devait se racheter sur le terrain des erreurs qu'il avait commises dans la vie. S'il avait fait moins la bringue, ça aurait été un joueur extraordinaire. Je vais lui écrire. Je sais que ça l'a touché que je dise qu'il fallait qu'il soit exemplaire. Je l'aime bien en plus. »

Dans cette « affaire Govou », on n'a pas entendu Jean-Michel Aulas. Il faut dire que les deux hommes ont depuis longtemps signé une paix des braves.

## Aulas et Collomb, ou le mariage de raison

Aulas et Collomb. Une longue histoire. On l'a dit, les deux hommes se sont connus au début des années 1980, quand Aulas avait créé la Cegid, dans la circonscription où Collomb venait d'être élu en 1981. Ce dernier a ensuite plaidé la cause de l'industriel à l'Assemblée et auprès de Bercy pour que les entreprises de nouvelles technologies comme la sienne bénéficient d'un dégrèvement d'impôts. Plusieurs années plus tard, l'un est devenu le patron du meilleur club français, l'autre un maire réélu qui ne cache plus ses ambitions pour l'élection présidentielle de 2012. C'est la lune de miel entre deux hommes aux idées politiques pourtant différentes. « Collomb sait très bien que Lyon rayonne grâce à l'OL. Et Aulas sait très bien qu'il a besoin de la mairie pour le stade[1] » explique Jean-Philippe Baille.

1. Entretien avec les auteurs le 5 juillet 2010.

Aulas et Collomb ont conclu une sorte de pacte de non-agression. « Avec Aulas, nous avons beaucoup de respect l'un pour l'autre. Aulas n'a jamais manifesté des idées contraires à ce que je voulais faire pour Lyon », glisse le maire. Un mariage de raison. Le 8 mai 2005, au soir d'un nouveau sacre face à Ajaccio, le président du club lyonnais loue devant les caméras une entente parfaite avec le maire qui n'en demandait pas tant. Le patron d'une équipe sept fois championne de France est forcément une star courtisée par la droite comme par la gauche. L'UMP l'avait approché pour les européennes de 2004 ; l'UDF et le PS en avaient fait autant pour les municipales de 2001. En vain. « Tout le monde a essayé d'attirer Aulas. Perben, Collomb et Mercier. Ce dernier a aussi tenté le coup lors des régionales. Aulas a failli une fois dire oui à Mercier le centriste. Mais il s'est vite ravisé », explique Jean-Philippe Baille. Aulas refuserait donc toute récupération politique. Explications : « Je pense qu'il a en tête la douloureuse expérience de Tapie. Il ne veut pas commettre la même erreur. Car si je vais dans un camp, je me mets à dos tous les autres. Du coup il donne aux uns et aux autres. Je suis là, je suis important mais je ne m'engage pas. Je roule avec la mairie de Lyon car c'est mon intérêt », poursuit le journaliste.

Devant trois cents personnes, c'est René Ricol qui lui remet au nom du président de la République la légion d'honneur le 24 octobre 2006. Cet expert-comptable aujourd'hui commissaire au compte, proche du président Nicolas Sarkozy, a commencé à travailler avec Aulas dans les années 1980. Selon nos informations, Ricol a demandé directement à Sarkozy la Légion d'honneur pour le président de l'OL. Et l'on ne refuse rien au tout-puissant patron du club. Ce jour-là, il reçoit officiellement la prestigieuse distinction dans les salons de l'hôtel de ville. Tous les politiques lyonnais sont là. De Collomb à Perben, son opposant numéro un. Rien de surprenant, selon Jean-Philippe Baille : « Aulas fait peur à tout le monde, à tous les politiques de Lyon. Il a un poids considérable. Il a apporté un focus à la ville de Lyon. Tout le monde veut être dans son camp. »

Homme de lobby, Aulas ne s'est jamais affiché avec son ami Collomb pendant une campagne électorale. Ce dernier croit toutefois deviner pour qui vote le patron de l'OL une fois dans l'isoloir. « Je ne lui ai jamais demandé pour qui il avait voté. Même si on n'est pas du même bord politique, il a voté à mon avis pour moi. Comme beaucoup de gens, il vote à droite pour les scrutins nationaux puis PS pour les élections locales [1]. »

Des voix à Lyon se seraient élevées pour qu'Aulas brigue la mairie en 2014. Collomb ne voit pas le président de l'OL comme un futur adversaire. « Je ne crois pas qu'il ait des ambitions politiques. Mais s'il le voulait, il suffirait qu'il claque des doigts pour devenir ministre. Je ne pense pas que ce ne soit pas son but immédiat. » Vraiment ? « S'il a son stade et sa Ligue des champions, il aura fini son job à Lyon. Peut-être aura-t-il des visées politiques. Ça, serait une suite logique. Mais tant qu'il sera à la tête de l'OL il ne mélangera pas les genres », prédit Jean-Philippe Baille.

1. Entretien avec les auteurs le 26 mai 2010.

Pour l'heure, le patron de l'OL est pieds et poings liés avec Collomb pour obtenir son stade. Et les obstacles sont nombreux. Comme pour beaucoup de ses collègues. Car construire un stade en France relève aujourd'hui de l'exploit.

## Pourquoi est-ce si compliqué de construire des stades en France ?

Tous, oui tous, ils ont poussé un grand « OUF » de soulagement le 28 mai dernier, quand la France a obtenu l'Euro 2016. C'est une quasi-certitude, les nouveaux stades et les rénovations en cours verront enfin le jour. Ce n'était pas gagné d'avance. « Aucun projet français, en dehors de ceux qui ont obtenu leur permis de construire, ne seront menés à bien s'il n'y a pas l'Euro 2016 [1] », prophétisait le président lillois Michel Seydoux rencontré quelques semaines plus tôt.

Rama Yade assure le contraire. « Le président, à ma demande, m'a affirmé que la contribution de l'État resterait identique, même si on n'avait pas l'Euro 2016 [2]. » La contribution de l'État ? 150 millions d'euros. Un effort sans précédent, à en croire la secrétaire d'État aux Sports : « En 1998, c'était une rénovation très prudente. J'ai considéré que cette question était prioritaire. Je l'ai voulu, je l'ai obtenu. L'État a mis de l'argent. La FFF nous demandait 100 millions d'Euros et on va en mettre 150. On est

1. Entretien avec les auteurs le 24 mars 2010.
2. Entretien avec les auteurs le 7 mai 2010.

l'État qui est le plus présent. En pleine crise économique, c'est un bel effort. » Avec le soutien financier des collectivités territoriales et du privé, la France investira 1,7 milliard pour rénover huit stades et en construire quatre. 1998, où le virage manqué. Quand les Allemands investissent 1,5 milliard dans les stades, la France ne met que 600 millions d'euros, dont 420 millions pour le seul Stade de France…

Beaucoup estiment que l'aide de l'État demeure en réalité plutôt mince. « 150 millions d'euros pour dix stades, c'est ridicule[1] », lâche Sylvain Kastendeuch, vice-président de l'Union nationale des footballeurs professionnels (UNFP).

Aujourd'hui, les droits télé représentent 57 % du budget des clubs de l'élite. Ils vivent sous télédépendance. Le spectateur pèse désormais cinq fois moins que le téléspectateur dans l'économie des clubs. Cette télédépendance met en lumière l'insuffisance de diversification des sources de revenus de nos clubs professionnels. Pour rivaliser économiquement avec les grands pays européens, la France doit impérativement moderniser ses enceintes, 66 ans de moyenne d'âge, qui doivent devenir des lieux de vie pour des spectateurs consommateurs. Et des sources de profit pour les clubs. Pourquoi, en France, est-ce si compliqué de construire des stades ou de les rénover ?

En 2008, la commission Séguin avait recommandé que les clubs soient propriétaires de leurs stades. Un modèle répandu partout en Europe. Mais pas dans l'Hexagone. Hormis Ajaccio et Auxerre, les enceintes de France appartiennent aux collectivités locales, ce

1. Entretien avec les auteurs le 25 mai 2010.

qui constitue un frein majeur à leur développement. : « À l'époque de Jules César, on construisait la ville autour des arènes. Le stade, c'est un outil de développement, une nouvelle porte de la cité et un élément d'attractivité architecturale », s'enflamme Michel Seydoux. Les mentalités évoluent. Les montages publics-privés sont désormais privilégiés. Pour Bennahmias, c'est la panacée : « Moi je suis pour un partenariat public-privé. Ce n'est parce que l'on met les choses en délégation de service public que le public doit s'en aller. Sinon, quand il y a un gain c'est pour le privé, et quand il y a un déficit, c'est pour le public [1] », note-t-il.

Michel Seydoux rêvait quant à lui d'un projet 100 % privé pour son grand stade. Il devra se « contenter » d'un partenariat public-privé. « Est-ce vraiment normal que des fonds publics financent un stade ? Pour moi c'est anormal. Mais dans tous les projets de stade il y a une relation avec les collectivités publiques et vous ne pouvez rien n'y faire. »

Seydoux, un capitaliste qui s'assume : « Dans l'absolu, j'aimerais couper le cordon. Ce serait plus sain pour notre football. Je suis le premier dirigeant de club à avoir construit un centre de formation entièrement financé par le club, sans aucun subside de l'État, sur nos fonds propres. Je ne trouve pas normal que le citoyen doive financer les clubs de football. Je suis contre toute forme de subvention, même plafonnée. Ce sont des subventions déguisées qui sont des taxes sur les spectacles, à la gueule du client. Je suis pour une TVA à taux réduit. Je suis pour le

1. Entretien avec les auteurs le 29 mai 2010.

club propriétaire de son stade. Faire une belle enceinte de cinquante mille places, ça vaut entre 200 et 250 millions d'euros. Le LOSC peut en investir 200. Après, il faut trouver des partenariats. »

Le bail emphytéotique a aussi ses supporters. Passé avec le club de foot lensois en 2003, il permet désormais à la ville de garder la propriété de son stade sans en assumer les charges de fonctionnement. Une décision motivée par les nouvelles dispositions de la loi Buffet. Delanoë a aussi mis en place un bail emphytéotique pour la rénovation du Parc des Princes. « Contrairement à Gérard Collomb, je ne suis pas pour la totale privatisation. Un bail emphytéotique, c'est permettre au privé de faire des investissements, mais les citoyens restent propriétaires. C'était l'un de mes rares points de désaccord avec Séguin sur les sujets sportifs. Il pensait qu'il y avait tellement d'argent dans le football qu'il fallait mieux tout leur donner. D'accord, mais à cela revient à privatiser de l'espace public. Or il faut garder un lien. Il ne faut pas non plus que la collectivité publique paye pour rentabiliser des intérêts privés [1]. »

Pour l'heure, construire un stade se révèle un véritable parcours du combattant. Les projets se résument souvent à des batailles politiques entre élus locaux… Sans oublier les « fameux » recours des opposants politiques ou des associations anti-stades : « Pour qu'un stade voie le jour, on n'est pas loin du miracle. Celui qui réussit, c'est l'exception qui confirme la règle. C'est un combat minute par minute sur dix ans. C'est non-stop. Un marathon avec des

1. Entretien avec les auteurs le 25 mai 2010.

chances de succès très faibles au départ », pose Michel Seydoux.

« Le seul projet privé, c'est OL Land. Il avance laborieusement, poursuit le volubile président des Dogues. Pour Jean-Michel Aulas, ça sera dix ans de boulot. En 1984, un supporter lyonnais était mortellement atteint par un engin pyrotechnique lors d'un match contre Marseille. Moi j'ai eu la chance, à chaque fois, d'avoir la majorité absolue. Mais si vous avez des gens qui se désolidarisent du projet comme à Lyon, c'est la merde. Moi, mes opposants ont été les écolos du début à la fin. Au moins c'était une opposition constante et constructive. » À Lyon, la guerre du stade a été déclarée. Et certains élus s'en donnent à cœur joie…

## OL Land : la guerre des élus

Sur un parc de cinquante hectares situé à Décines, dans l'est lyonnais, sera bâti un stade de soixante mille places, véritable lieu de vie, avec hôtels, restaurants, OL store. Un complexe sportif très XXIe siècle qui bénéficie du soutien de Nicolas Sarkozy. Un projet de 700 millions d'euros qui en coûtera 400 millions à l'OL, 180 millions à la communauté du Grand Lyon. Les opposants affirment qu'en réalité l'ardoise sera beaucoup plus salée. Ils font entendre leur voix. Très fort. Le climat n'est vraiment pas à l'unanimité. Doux euphémisme. Le projet est confronté à des difficultés administratives et financières. En décembre 2009, la cour administrative d'appel avait annulé la procédure de révision du Plan local d'urbanisme

(PLU) sur le site de Décines, où doit être érigé le stade.

C'est un stade privé qui va émarger par la volonté politique : « Les grands clubs européens ont leurs ressources propres. Quand l'OL aura son stade, on arrête les subventions », précise Gérard Collomb. « Il y a eu des frictions entre Collomb et Aulas quand il a fallu choisir le site. Collomb voulait Vénissieux au départ mais Aulas a eu gain de cause ». « Il arrive à obtenir ce qu'il veut des politiques, quitte à faire des coups de billard à trois bandes [1] », note le journaliste Jean-Philippe Baille.

En mai dernier, une enquête publique rendait un avis très défavorable au projet du président de l'OL. Collomb reste confiant : « Le projet grand stade prend du temps. Cette enquête m'aurait plus gênée si elle avait été moins partiale. C'est une sorte de pamphlet. Je reste optimiste avec l'Euro 2016. Il faudra une loi pour accélérer la construction des stades. Ils doivent être prêts en 2014 [2]. »

Cet OL Land déchaîne les passions. Si huit des onze communes environnantes ont voté le principe de son « intérêt général », trois d'entre elles (Meyzieu, Genas et Chassieu) se sont prononcées contre au mois de juin dernier. Les opposants à un OL Land à Décines ont un temps surmonté leurs appartenances politiques différentes pour monter au créneau ensemble. Philippe Meunier, député UMP de la circonscription où se trouve le site du Montoud, et le maire de Meyzieu, Michel Forissier, UMP également,

1. Entretien avec les auteurs le 5 juillet 2010.
2. Entretien avec les auteurs le 26 mai 2010.

côtoyaient l'élu Vert Étienne Tête, spécialiste des recours, ou le maire PS de Chassieu, Alain Darlay. Un drôle de melting-pot.

« Je suis ahuri et désolé quand j'entends que le rayonnement d'une ville dépend de son club de football », déclare Philippe Meirieu, tête de liste Europe Écologie aux régionales de Rhône-Alpes dans une interview à *Libération* le 9 mars 2010. « Personne n'a protesté lors de la construction d'autres équipements dans la même zone, mais pour le stade, les boucliers se lèvent [1] », regrette Aulas. Dans cette rude bataille politique, tous les coups sont permis. Le Vert Étienne Tête, qui s'opposait au projet, s'est vu retirer ses délégations cet hiver par Collomb. Le 1er mars, en plein conseil municipal, le maire brandissait un article datant de 1992 paru dans *Libé Lyon* qui expliquait comment le député UMP Philippe Meunier, opposant farouche au grand stade, alors étudiant, distribuait des tracts racistes. Une façon de le neutraliser. L'élu Vert Étienne Tête estime que le coût du projet atteindra en réalité 240 millions d'euros. Alors que la rénovation de Gerland n'en coûtait que 25 millions.

L'avocat André Soulier ne ménage pas l'élu Vert : « Étienne Tête a l'orgasme judiciaire et la consanguinité du recours. C'est un acharné. Il ne recule devant rien. Même pas la calomnie. Il a écrit à l'autorité des marchés financiers pour dire que sur fond de présentation fallacieuse, l'OL était allé pomper de l'épargne publique à travers son entrée en bourse. Il saisi l'AMF pour dire : "Aulas a menti [2]." »

1. *L'Express*, novembre 2009.
2. Entretien avec les auteurs le 16 mars 2010.

Quelques semaines plus tard, Aulas allait contre-attaquer en déposant une plainte pour dénonciation calomnieuse.

Étienne Tête s'inscrit dans la logique de son parti. Philosophiquement, idéologiquement, les Verts sont contre le sport professionnel. En particulier le football, sport-business par excellence. Jean-Luc Bennahmias, ancien Vert, récuse les méthodes de ses anciens amis. « S'il y a une virgule mal placée dans un texte voté par un conseil municipal, ils introduisent un recours. Tête est un grand spécialiste, mais trop c'est trop. De quel droit un parti irait à l'encontre d'une société parce qu'il est idéologiquement contre [1] ? »

Pour les Verts, l'argent du contribuable ne doit pas servir à payer des projets coûteux et nuisibles à l'environnement.

## Les Verts contre tout

Envers et contre tout, les Verts ne veulent pas trinquer pour les stades. Une position de principe que Sylvain Garel, président du groupe vert à Paris, respecte à la lettre. Tout le monde se réjouit de recevoir l'Euro 2016. Pas lui : « On va donner de l'argent à des milieux pas très sains. Des financements de stades se sont terminés devant les tribunaux. Le Stade de France est un déficit. Une des causes de la crise de la Grèce, ce sont ses stades, ces éléphants blancs, qui ne servent plus à rien. C'est pour cela que l'on ne voulait pas des jeux

1. Entretien avec les auteurs le 29 mai 2010.

Olympiques 2012. Vous construisez des stades que vous n'arriverez pas à rentabiliser. Dans une période de crise, il faut faire des choix drastiques. On doit décider où mettre l'argent. 150 millions d'euros pour l'Euro 2016, ce n'est pas rien de la part de l'État. Les collectivités locales très endettées vont devoir aussi mettre la main à la poche. Et il y a des conséquences environnementales ! Faisons les jeux Olympiques à Dakar pour que le Sénégal ait des routes, des infrastructures. Que cela serve à cela au moins[1]. » Petite pique signée Rama Yade : « À Lyon, il y a des Verts qui sont contre le stade. Les mêmes ont signé une lettre à Jean-Pierre Escalettes pour dire qu'ils étaient d'accord pour la candidature de la France à l'Euro 2016 et pour la rénovation des stades. Cette hypocrisie électoraliste, ce n'est pas très respectable[2]. »

Gérard Collomb jette un regard mi-amusé, mi-agacé sur ses partenaires Verts. « Ils sont contre le sport pro. Là où ils sont paradoxaux c'est qu'il existe deux modèles. Soit les municipalités ont des stades et subventionnent l'équipe de la ville, soit le modèle professionnel. Ils ne veulent ni du premier ni du second. Je ne sais pas ce qu'ils veulent. Ce que je sais, c'est qu'ils ne connaissent rien au sport[3]. »

Sylvain Garel reconnaît volontiers ne pas s'intéresser au football. « Je n'ai pas une phobie du foot mais je suis favorable à ce qu'on aide le sport ama-

1. Entretien avec les auteurs le 26 mai 2010.
2. Entretien avec les auteurs le 7 mai 2010.
3. Entretien avec les auteurs le 26 mai 2010.

teur. Si on supprimait les subventions aux clubs pros, on triplerait les subventions des clubs amateurs. C'est le rôle d'une collectivité locale. Dans le cinéma, la ville de Paris soutient les cinémas d'art et d'essai mais pas Gaumont ou Pathé. Ils n'ont pas besoin de cela. »

En 2001, quand les Verts ont été élus, ils se sont opposés aux subventions accordées au PSG. « Aucun autre groupe politique de gauche comme de droite ne nous a jamais suivis. Si le PS était dans l'opposition municipale, il aurait peut-être eu une autre position. Il y a un côté très populiste car on pense qu'il ne faut pas se fâcher avec les supporters et que ça fait bien d'aller dans les tribunes. Tout le monde veut briller avec le joueur de foot. »

Sylvain Garel pousse sa logique jusqu'au bout. Quitte à verser dans une certaine démagogie. « Comment peut-on accepter de financer un club avec un joueur qui touche 180 000 euros par mois ? Ça n'a pas de sens. Quand on est arrivé, la subvention était de 5 millions pour le PSG et rien pour l'Afrique. Comment une municipalité de gauche et écologique peut-elle moralement soutenir un budget qui donne plus d'argent à un club de foot pro qu'à la lutte contre le sida en Afrique ? J'ai obtenu qu'on donne 3,5 millions d'euros, l'équivalent de la subvention du PSG, à l'Afrique. » Au moins l'élu Vert Sylvain Garel va-t-il au bout de sa démarche. « Quand le maire de Paris m'invite à déjeuner avec le PSG, je n'y vais pas. ». On peut rester perplexe devant les arguments avancés, reste que le discours demeure cohérent.

## Lille : la guerre des stades

C'est l'un des points forts de la candidature française. Le grand stade de Lille accueillera aussi bien le club de foot du LOSC à résidence que des spectacles, grâce à une pelouse rétractable. Situé sur le site de la « Borne de l'espoir », ce stade de cinquante mille places devrait voir le jour en juillet 2012. Le coût total devrait avoisiner les 340 millions d'euros. Ce projet de construction et d'exploitation du stade pendant trente et un ans par une filiale d'Eiffage a été financé par un partenariat public-privé (PPP) de 324 millions d'euros, dont 60 millions de fonds propres apportés par Eiffage.

Mais l'accouchement se révèle difficile, avec plusieurs années de querelles entre politiques locaux et le LOSC. Martine Aubry, maire de Lille, avait fait une priorité de l'extension à trente-cinq mille places de Grimonprez-Jooris. Problème : les opposants réunis dans deux associations, « Sauvons la citadelle » et « Renaissance du Lille ancien », ont eu raison de son projet. À la suite de plusieurs épisodes judiciaires, elles obtiennent gain de cause. Le 7 juillet 2005, la cour administrative d'appel de Douai annule le permis de construire pour l'agrandissement du stade Grimonprez-Jooris car il est impossible de mordre sur le périmètre de la citadelle Vauban, classée monument historique. Un camouflet pour Martine Aubry qui avait consacré beaucoup d'efforts à ce dossier.

Michel Seydoux, qui a racheté le club au duo Graille-Dayan en 2004, n'a, lui, jamais voulu entendre parler de la rénovation de Grimonprez-

Jooris. Il voulait dès le départ son grand stade. Ses rapports avec Aubry ont du coup longtemps été compliqués. Le 27 septembre 2005, jour du match de Ligue des champions LOSC-Villarreal au Stade de France, il lance une campagne de publicité dans plusieurs quotidiens nationaux et régionaux avec comme slogan « Ce soir, le LOSC n'a toujours pas de stade aux normes européennes UEFA. » La mairie de Lille n'apprécie guère ce coup de force médiatique car elle avait plus que jamais besoin de l'appui de Seydoux pour son projet d'agrandissement de Grimonprez-Jooris.

Entre Aubry et Seydoux, c'est un peu « je t'aime moi non plus ». Ils ne se parleront plus pendant plusieurs mois et l'entrepreneur menacera un temps de construire son stade en dehors de Lille et de sa Communauté urbaine. Depuis, la hache de guerre est enterrée : « Dans les relations avec les politiques, vous êtes dans l'émotionnel. On n'a jamais eu de mauvais rapports humains. On n'était pas d'accord sur le projet Grimomprez Jooris II. Elle n'a pas aimé ma campagne de communication. Aucun élu ne supporte que sa ville soit prise pour cible. D'où certaines tensions entre nous. Depuis, on a fait la paix armée [1] », précise aujourd'hui Seydoux.

Fin 2005, le dossier Grimonprez-Jooris II est définitivement enterré. Pierre Mauroy, président de la Communauté urbaine Lille-Métropole prend les choses en main. La perspective d'un vrai grand stade se précise. Et le producteur de se souvenir de sa première rencontre avec l'ancien Premier ministre :

---

1. Entretien avec les auteurs le 24 mars 2010.

« J'ai une réunion historique avec lui à l'Institut Jean Jaurès. C'est un très bon conteur. Il avait compris l'importance politique de créer le stade et de calmer le débat. En sage, il a pris le dossier en main. Il m'a dit clairement : "Moi je n'aime pas le foot, j'aime l'opéra. La culture au nord, le sport au sud." Il m'a dit aussi : "Monsieur Seydoux, je ne suis pas un socialiste à la British. On va faire un stade où la collectivité participera." Pierre Mauroy a compris qu'il fallait éteindre les relations "chaudes" avec Aubry. »

Première en France pour un équipement de cette envergure, cette procédure permet un étalement des paiements sur plusieurs décennies. Le consortium privé avance les fonds et profite des gains de gestion ; à la fin du contrat, l'équipement revient à la collectivité. « Un partenariat public-privé, c'est un plan d'épargne logement à l'envers. On va prendre de l'argent que l'on va donner à des banques. L'argent pompé dans la poche du contribuable. Aubry a convaincu les gens que les stades ne coûtent rien. C'est 30 millions d'euros chaque année tout de même[1] », lâche André Delpierre, président de l'association « Sauvons la citadelle » et évidemment farouche adversaire du second projet.

Et, dans sa quête de grand stade, le capitaliste Seydoux a trouvé un allier inattendu en la personne de l'élue communiste Michelle Demessine. « Cette ancienne ministre du Tourisme, adjointe aux sports à la mairie, vice-présidente de la communauté urbaine lilloise mérite une statue à l'entrée du stade. Elle a toujours été convaincue qu'il fallait un grand stade à

1. Entretien avec les auteurs le 31 mai 2010.

Lille. Je ne partage pas ses idées mais il y a une vraie amitié entre nous. » Et André Delpierre n'est pas tendre ave l'élue communiste : « Michelle Demessine ne connaît rien à l'économie. Je lui ai expliqué que c'est le Trésor public qui finance le LOSC. Je croyais qu'elle était censée lutter contre les grands trusts. »

Depuis le lancement des travaux, des dizaines de recours ont été déposés par les associations anti-stade. En cause, les nuisances de parking et le bruit. Seydoux se veut philosophe : « Les premiers voisins sont à cinq cents mètres. Mais des chauves-souris ont failli nous poser problème. Des grands spécialistes sont venus. S'il y avait eu une douzaine de chauves-souris, on aurait été obligé de tout arrêter ! Heureusement, on n'en a trouvé que deux. » Le bout du tunnel n'est plus très loin !

## Quand Juppé rêve de stade

Il n'en voulait pas. Et puis il en voulu du jour au lendemain : « Le nouveau stade figurait dans les propositions d'Alain Rousset, son adversaire socialiste pour les municipales. Alain Juppé, lui, n'était pas persuadé de son utilité. Il a complètement changé d'avis car Bordeaux a gagné la Coupe de la Ligue en 2009 [1] », rappelle Frédéric Laharie, journaliste sportif à *Sud-Ouest*.

Un stade neuf de quarante-trois mille places dans le quartier du Lac, pour un montant de 165 millions d'euros, dont 65 millions de fonds publics (mairie,

1. Entretien avec les auteurs le 11 juillet 2010.

Région, État…). Ils ont lancé un partenariat public privé, mais ils ont demandé au constructeur de ne pas dépasser 165 millions d'euros de travaux. Et la construction d'un stade dépasse toujours le montant initial…

À Bordeaux, contrairement à Lyon, le maire bénéficie d'une unanimité politique presque totale. Juppé a été très vite suivi par la Communauté urbaine (CUB), présidée par Vincent Feltesse, socialiste, par le conseil régional de Rousset, dans la logique de sa candidature aux municipales, mais pas par le conseil général présidé par le socialiste Philipe Madrel.

Ce dernier ne veut pas que Juppé récupère tous les bénéfices du nouveau stade. Un moyen aussi de protester contre la nouvelle loi sur les collectivités locales. « Le conseil régional dit : “On nous coupe les vivres. Il n'y a pas de raison que l'on remplace l'État” », poursuit le journaliste de *Sud-Ouest*.

Ce grand stade demeure avant tout le projet de Nicolas de Tavernost, patron de M6, plus que celui du président Triaud, par ailleurs conseiller municipal sur la liste de Juppé. « Triaud a de bons rapports avec le conseil général. Ça ne le traumatisera pas si on reste à Chaban-Delmas. Ce vieux stade coûte de l'argent en rénovation et Juppé n'a pas réfléchi à ce qu'il allait en faire. » Un oubli étonnant de la part du « meilleur d'entre nous… »

# 5
# Sécurité et supporters

## La mort frappe au Parc des Princes une première fois

Le 26 novembre 2006, le PSG subit une lourde défaite face à la modeste équipe de l'Hapoel Tel-Aviv (2-4) en Coupe de l'UEFA. L'atmosphère est lourde à l'intérieur et à l'extérieur du Parc des Princes. Un jeune juif, Yaniv Hazout, et un gardien de la paix en civil d'origine antillaise, Antoine Granomort, en faction Porte de Saint-Cloud, sont poursuivis dans les rues voisines par une centaine de supporters. Affolé, déséquilibré par un trottoir qu'il n'a pas vu, le policier tire. La mort fauche Julien Quemener, un membre des Boulogne Boys, technicien en électroménager, atteint d'une balle en plein cœur. « J'ai tiré car j'ai senti que j'allais y passer. Je suis persuadé que si je n'avais pas tiré, les jeunes nous auraient tués à coups de pied, de poing, ou de tessons de bouteille. Ils voulaient frapper un Juif ou un policier », dira Granomort devant l'Inspection générale des services (IGS). Si un rapport d'expertise balistique du 25 mars 2009 contredira la version du policier sur les circonstances du tir, le constat demeure. La mort a frappé autour du Parc des Princes. Le lendemain matin, le président du PSG Alain Cayzac est convoqué par le ministre de l'Intérieur Nicolas Sarkozy en compagnie de Pierre Mutz, le préfet de police.

Un spécialiste des mouvements d'extrême droite s'interroge : « La police avait sous-estimé la nature de ce match à hauts risques. Il n'y avait que six cents ou sept cents policiers ce soir-là. Un dispositif comparable à certains matchs de championnat. Le policier Gramonort a été attaqué par des centaines de gars de Boulogne qui criaient "Le Pen président ! La France aux Français !" À l'évidence, le dispositif policier n'était pas adapté à la situation ce soir-là. Y a-t-il incompétence ou collusion [1] ? » Une certitude, cette rencontre n'avait pas été classée à haut risque.

L'affaire, très médiatisée, prend une tournure politique. Nicolas Sarkozy annonce alors une série de mesures pour éradiquer la présence d'éléments racistes dans les stades. L'arsenal est complété par un décret autorisant la dissolution de groupes de fans qui abriteraient des extrémistes. Le PSG, de son côté, s'engage à renforcer les contrôles d'identité.

Bertrand Delanoë s'en tient à une ligne ferme. Lui qui a déjà conclu en 2004 le contrat local de sécurité entre le PSG, les mairies de Paris, du XVI^e^ arrondissement, de Boulogne-Billancourt, le Parquet de Paris, la préfecture de police et le conseil général des Hauts-de-Seine. Une première en France. « On a équipé le Parc des Princes pour lutter contre les phénomènes de violence. J'aurais toutefois voulu que la

1. Entretien avec les auteurs le 6 juillet 2010.

préfecture de police utilise les interdictions de stades beaucoup plus tôt et de manière beaucoup plus massive. S'il y a deux, trois ans, quand je le préconisais, cela avait été fait, on n'aurait pas eu les débordements que l'on a connus[1] », lâche le maire de Paris qui, après la mort de Quemener, pousse pour la dissolution des associations de supporters les plus violentes, prévue par la loi votée en juillet 2006.

Après le drame, Delanoë prône aussi la fermeture complète de la tribune Boulogne. C'est finalement la seule partie basse du kop qui sera fermée pour le match du 3 décembre PSG-Toulouse. Les Ultras boycotteront la rencontre et la LFP calmera les débats en la reportant. Le 28 novembre, un compromis est trouvé. Les pouvoirs publics imposent finalement la fermeture d'une moitié du kop de Boulogne. Cette sanction exceptionnelle s'étend sur six matchs, jusqu'au 26 janvier 2007.

Pascal Cherki, adjoint au maire de Paris, chargé des sports de 2001 à 2008, décrypte les dessous de la fermeture de la partie basse de la tribune Boulogne. « Après PSG-Tel Aviv, j'ai dit : "Je préfère une tribune vide qu'une tribune remplie de racistes." Au départ il y avait des résistances du PSG, notamment du directeur de la sécurité Jean-Philippe d'Hallivilée. Alain Cayzac ne voulait pas non plus fermer la tribune. Sébastien Bazin y était en revanche favorable. Colony Capital gère en partie les avoirs de la communauté juive des États-Unis. CNN a passé en boucle les images de la mort du supporter. Tom Barrack, le patron de Colony, a alors appelé Bazin en lui disant :

1. Entretien avec les auteurs le 25 mai 2010.

"C'est quoi cette histoire !" La préfecture aussi était réticente au départ. Le préfet n'était pas couvert. C'est la mairie qui a donné l'impulsion politique et qui a fait fermer une partie de la tribune[1]. »

Une fois n'est pas coutume, le ministre de l'Intérieur Nicolas Sarkozy se montre moins offensif. Pascal Cherki croit savoir pourquoi : « Il ne voulait pas entrer dans un bras de fer avec Boulogne parce qu'il pensait à la présidentielle. » L'actuel maire du XIV$^{e}$ arrondissement voit dans cette affaire une démarche purement électoraliste de la part du futur président de la République : « Il reçoit les dirigeants, il fait son numéro de clown. Je me dis : "Pourquoi il ne ferme pas la tribune ?" Sarko, à l'époque, se prépare à la candidature pour l'Élysée. Ce qu'il voulait, c'était siphonner les voix du FN. Il ne voulait pas d'affrontement avec les petits Blancs racistes qui vont au Parc. Il n'a donc rien fait. Heureusement que l'on est monté au créneau. »

Le kop de Boulogne refera parler de lui quelques mois plus tard. Et cette fois, les responsables politiques frapperont plus fort.

## La banderole de la honte

Le 29 mars 2008, lors de la finale de la Coupe de la Ligue entre le PSG et Lens, des supporters parisiens déploient une immense banderole sur laquelle on peut lire : « Pédophiles, chômeurs, consanguins : bienvenus chez les Ch'tis. » Une ban-

1. Entretien avec les auteurs le 29 avril 2010.

derole restée visible pendant quatre minutes avant l'intervention des stadiers du PSG.

Maire socialiste de Lens, Guy Delcourt, assis à quelques mètres du chef de l'État, voit rouge. La vague de protestation qui déferle le lendemain du match part de la mairie de Lens. Delcourt décide de porter plainte contre X à Béthune, en tant que maire de Lens, et à Paris en tant que député. Et surtout, il demande que le match soit rejoué. « Le règlement prévoit que l'arbitre peut interrompre un match. Si c'est pour faire des textes et ne jamais les appliquer ! On sait que dans le foot, les intérêts financiers priment [1] », lâche Delcourt.

Certains ont vu dans ce coup de force médiatique une sorte de posture politicienne. Delcourt assure le contraire. Cet ancien cadre du secteur coopératif, plus amateur d'athlétisme que de football, proche de Lionel Jospin et ami de Bertrand Delanoë, est viscéralement attaché aux traditions du Nord. Il s'est senti humilié et agressé par la « fameuse » banderole : « Vous savez je suis maire et tranquille jusqu'en 2014. Je ne cherche pas la publicité. Beaucoup de gens du Nord-Pas de Calais ont pensé comme moi ce jour-là. J'ai reçu plein de mails de soutien. » Rejouer le match ? Guy Delcourt reconnaît aujourd'hui avoir été un peu vite en besogne : « Parler sous le coup de la colère n'est jamais bon. Aujourd'hui, je ne dirais pas qu'il faut rejouer la finale, car les joueurs n'y sont pour rien. La victoire du PSG ne doit pas être liée à ça. »

1. Entretien avec les auteurs le 31 mars 2010.

Au moment où le film de Dany Boon fait un carton dans les salles, la France est en émoi. La banderole devient une affaire d'État. Sarkozy reçoit Delcourt, et les dirigeants du club. Dans la foulée, le procureur de la République de Bobigny ouvre une enquête pour provocation à la haine ou à la violence. L'enquête établit assez vite qu'une partie de la banderole a été fabriquée au Parc des Princes, dans le local des Boulogne Boys. Neuf supporters sont mis en examen pour provocation à la haine ou à la violence lors d'une manifestation sportive, des faits passibles d'un an de prison, de 15 000 euros d'amende et de trois ans d'interdiction de stade. S'ensuit une longue bataille procédurière. Tout ça pour ça… Le PSG gagnera tous les recours en justice afin d'éviter d'être pénalisé sur le plan sportif.

Delcourt accuse clairement le club parisien de complaisance : « On s'est constitué partie civile. On a la certitude que la banderole a été réalisée dans les locaux du Parc. Et je ne peux pas croire, vu sa longueur, qu'elle ait pu se faire sans que les dirigeants du PSG aient été informés. Pendant longtemps ils ont fermé les yeux sur les attitudes provocatrices de certains clubs de supporters. S'ils avaient pris des mesures comme la non-disposition des locaux on n'en serait pas là aujourd'hui. Certains présidents ont laissé faire. »

Presque deux ans plus tard, quelques jours après la mort de Yann Lorence, Guy Delcourt refera parler de lui, avant que Lens reçoive le PSG et certains de ses supporters : « Pourquoi j'ai été aussi dur avec Leproux ? Je me disais qu'il ne serait pas différent des autres. Pourtant il semble de bonne volonté. Mais je regrette, le PSG, cela fait des années que ça dure. Chaque fois qu'on reçoit Paris, on est toujours en état de siège. » Le député-maire devient la bête noire des supporters parisiens. Un groupe Facebook intitulé « C'en est assez Monsieur Delcourt » s'est même créé.

« On n'a pas besoin d'être de droite pour réclamer de l'autorité. Je me réjouis des prises de position d'Hortefeux et d'Alliot-Marie. J'ai écrit à Hortefeux pour le soutenir en lui disant : "Allez jusqu'au bout." On doit retourner dans les stades en famille. »

La méthode dure pour oublier quelques années de laxisme et d'échec des politiques sur la sensible question de la sécurité autour des stades.

### Une dissolution en question

Le 17 avril, Michèle Alliot-Marie, ministre de l'Intérieur, annonce la dissolution officielle des Boulogne Boys, le plus ancien des groupes Ultras parisiens, créé en 1985.

Pascal Cherki y voit encore une stratégie politicienne de Sarkozy, devenu président : « En 2008, dissoudre les Boulogne Boys c'est politiquement correct mais c'est une connerie monumentale. C'est une banderole fâcheuse, certes, mais qui fait partie du folklore du foot. C'est débile bien sûr, mais le football n'est pas un univers policé, on n'est pas au ballet de l'opéra. Sarkozy fait dissoudre les Boulogne Boys car il est désormais président. C'est l'homme de l'ouverture qui mène une politique ultralibérale mais avec des symboles de gauche, comme Fadela Amara ou

Rachida Dati, pour faire passer la pilule de sa politique de droite [1]. » Une dissolution, d'accord, mais pour quoi faire ? Étudiant à la fac de droit d'Assas, Frédéric de Saint-Sernin, cousin germain de Dominique de Villepin, s'affichait très à droite dans sa jeunesse. Il militait au lycée Janson de Sailly, puis à la faculté, au sein d'un groupe d'extrême droite Groupe d'action jeunesse (GAJ), frère ennemi du Groupe union défense, le GUD. Il y restera jusqu'en 1981 avant que son cousin le remette « dans le droit chemin ». Il est bien placé pour parler du sujet. Son groupe a été dissous. Des années plus tard, l'ancien président de Rennes ne regrette rien. Pour lui, la dissolution d'un groupe est le pire des remèdes : « Quand le groupe a été dissous, on a réagi de manière violente puis on a voulu créer autre chose. Je me suis toujours senti en incompréhension avec le pouvoir de l'époque. Je ne comprends pas le principe de la dissolution. Pour moi, c'était important de s'identifier au groupe. Je me sentais garant d'un collectif. Il faut multiplier les sanctions individuelles et les interdictions de stade. Villepin, alors ministre de l'Intérieur, avait proposé la dissolution d'un mouvement au Conseil des ministres. Je lui avais dit : "Ça ne sert à rien." La dissolution vient du ministère de l'Intérieur qui peut être coupé de la jeunesse et de la réalité du football. On demande au politique d'agir. On lui dit : "Il faut dissoudre." Il dissout. C'est facile. Cela donne l'impression d'avoir fait le boulot mais vous ne pouvez pas dissoudre les gens [2]. »

1. Entretien avec les auteurs le 29 avril 2010.
2. Entretien avec les auteurs le 30 avril 2010.

Un ancien d'Auteuil explique pourquoi la dissolution des Boys n'a servi à rien : « Ce n'était pas la force de frappe du kop de Boulogne. On les a affrontés une fois au Mans. Ils ont couru sur trois kilomètres… La force de frappe de Boulogne, ce sont les indépendants, pas contrôlables. On ne peut pas modifier leur mode de fonctionnement vu qu'ils n'en n'ont pas. On tape dans la vie associative alors qu'on devrait faire le contraire[1]. » Le professeur à l'école centrale de Lyon Nicolas Hourcade, sociologue spécialisé dans les supporters de football, n'est pas davantage convaincu par l'efficacité d'une telle mesure : « Elle doit être accompagnée, sinon ça ne sert à rien. Ça casse toute structure modératrice des associations. Boulogne est encore plus éclaté entre différentes bandes depuis la dissolution des Boys. »

La suite prouvera en effet que cette dissolution n'a pas servi à grand-chose. Les indépendants sont devenus les vrais patrons de Boulogne. Et la guerre des tribunes a repris de plus belle. Une véritable guerre de gang qui aboutira à un nouveau drame en février dernier avec la mort de Yann Lorence.

## Auteuil-Boulogne, des tribunes si politisées

Le mercredi 18 mars 2010, un supporter du PSG décédait à l'hôpital de Clichy. Quelques jours auparavant, le 28 février, Yann Lorence, 37 ans, avait été roué de coups lors d'une rixe entre supporters des tribunes Boulogne et Auteuil, en marge de PSG-OM.

1. Entretien avec les auteurs le 30 mars 2010.

Ce membre de la Casual Firm, frange extrémiste de la tribune Boulogne, mais assagi depuis plusieurs années selon son entourage, était victime de la guerre des deux kops.

Avant le drame, plusieurs incidents notables s'étaient déroulés entre les deux tribunes. Toujours sur fond de racisme. Le 5 décembre, lors d'un PSG-Bordeaux, un membre de Boulogne qui portait une croix celtique a été agressé par des supporters d'Auteuil. Le 3 janvier, un groupe de Boulogne qui vient de participer à un défilé d'extrême droite est attaqué par des militants antifascistes, dont certains d'Auteuil. Boulogne se venge une quinzaine de jours plus tard, à l'occasion de Lille-PSG, le 16 janvier. Les deux camps sont placés dans la même tribune. Les Supras d'Auteuil sont attaqués par deux cents membres de Boulogne. Les stewards réussissent à évacuer les belligérants. Un drame est évité de justesse. Comment les supporters d'un même club de foot peuvent-ils en venir à se battre jusqu'à la mort ?

## Les raisons de la haine

En 1991, Canal +, nouvel actionnaire, reprend en main le dossier supporter. Objectif : repeupler le Parc, et en particulier la tribune Auteuil, pour faire contrepoids à la tribune Boulogne. Les Supras d'Auteuil sont créés en début de saison 1991-1992, suivis des Lutèce Falco, un groupe composé d'anciens de Boulogne. L'ambiance est bon enfant et festive côté Auteuil. En face, une partie de Boulogne se distingue par des exhibitions de banderoles à connotation raciste, avec ses indépendants regroupés dans des groupes informels comme la Milice Paris ou la Casual Firm.

Le 28 août 1993, lors d'un match contre Caen, des CRS sont violemment agressés dans la tribune Boulogne. Dix d'entre eux seront hospitalisés, dont un gravement blessé. Fondée en 1993 puis dissoute en 2006, la section les Tigris Mystic a été la première à oser défier les durs de Boulogne. Enfin, pas tout de suite. Un ancien des Tigris plante le décor : « On prenait des coups dans la gueule mais on ne répondait pas. Lors d'un déplacement à Lille entre les deux tours de la présidentielle 2002, on entendait : "La France aux Français. Jean-Marie président." On n'osait plus emmener de Noirs avec nous. C'était de "l'autoapartheid" car on ne voulait pas prendre de risques [1]. »

Alors que les Lutèce Falco se laissent marcher sur les pieds par Boulogne, les Tigris décident de sortir leurs griffes lors des multiples provocations de Boulogne. Auteuil ? Une tribune cosmopolite présentée un peu trop hâtivement comme une tribune black-blanc-beur : « 75 % de la tribune Auteuil était composé de Blancs, précise un ancien des Tigris. Ils venaient des quartiers populaires d'Île-de-France. Il y a une culture des quartiers populaires en totale opposition avec le kop de Boulogne. »

En 2003, à l'occasion du dixième anniversaire des Tigris Mystics, l'association devenue la plus influente

---

1. Entretien avec les auteurs le 30 mars 2010.

d'Auteuil, une banderole s'étale : « L'avenir est à nous. » Une déclaration de guerre pour le camp d'en face qui ne cessera d'aller à la bagarre. Point d'orgue, en mars 2006, à l'issue d'un match à Nantes : une bonne vingtaine de Tigris se battent, sur une aire d'autoroute, avec succès, contre les Casual Firms. La station-service est dévastée. La chasse aux Tigris est lancée. Les intimidations de Boulogne se multiplient et les Tigris baissent pavillon à l'été 2006. « On était déçu de ne plus aller au stade mais ça ne valait plus le coup. On savait pertinemment que ça péterait à un moment ou à un autre. Il y a eu des tensions à intervalle régulier. Ça s'est terminé dramatiquement quatre ans après. Mais à un moment, tu réponds par la violence à la menace physique », poursuit l'ancien Tigris.

L'amélioration du dispositif de sécurité autour des stades incite désormais certains à organiser leurs affrontements, des « *fights* » planifiés loin des stades. Des sources confirment que des membres Boulogne et Auteuil continuent à se bagarrer en ville dans des bars…

« Deux tribunes qui s'insultent en plein match, c'est complètement inédit en France, affirme Nicolas Hourcade. Il est incontestable que la rivalité est entretenue par le fait que Boulogne est une tribune blanche et Auteuil une tribune plus représentative de la région parisienne, très cosmopolite et socialement variée [1]. »

1. Entretien avec les auteurs le 26 mai 2010.

## À la droite de l'extrême droite…

Le PSG miné, gangrené par les dérives racistes de certains de ses supporters. Depuis longtemps, trop longtemps. De Bernard Lama à Georges Weah, ils sont nombreux à avoir dénoncé les actes racistes émanant d'une partie de la tribune de Boulogne. Dans les années 1980, le club de la capitale peine à remplir le Parc et préfère fermer les yeux sur les mauvaises manières d'une partie de son public. Émerge alors un noyau hooligan dans la tribune Boulogne, chargé de « mettre l'ambiance ». Quelques activistes d'extrême droite issus de la mouvance skinhead infiltrent la tribune. Le kop de Boulogne se construit comme un territoire blanc. Roger Zabel se présente comme le premier journaliste à avoir fait entrer une caméra dans le fameux kop lors d'un reportage dans le journal de vingt heures d'Antenne 2 en 1982 : « C'était la grande période du hooliganisme, notamment en Angleterre. Ce hooliganisme avait inspiré les supporters du PSG, dont ceux de Boulogne. Il y avait à l'époque des hooligans de clubs anglais qui venaient donner carrément des cours de hooliganisme aux supporters du club parisien. Devant la caméra, ils ont fait des saluts hitlériens. Je n'ai pas retrouvé de slogans soit du FN soit d'Ordre Nouveau, qui était un parti d'extrême droite étudiant à l'époque. Ils disaient : “On est facho, on est nazi”… J'en ai vu qui avaient des croix gammées sur les blousons. C'était les skins à l'époque. Ils avaient la boule rasée, les rangers. Ils étaient racistes mais ils supportaient le PSG, une équipe où il y avait à l'époque

Dahleb, Toko, beaucoup de Blacks… On a commencé notre reportage un peu avant le match et le match a démarré, on a continué à faire nos entretiens Mais on ne peut pas vraiment parler d'interview. C'était de la vocifération, des cris de bêtes. Ce n'était pas très rassurant. C'était même angoissant[1]. »

Cette mouvance nauséabonde du « supportérisme » parisien, le club de la capitale la porte comme un boulet. « La région parisienne n'est pas une région de fascistes, souligne Pascal Cherki. Le FN y fait moins de 10 %. Le club a pourtant une image facho et c'est pour cela que beaucoup, en Île-de-France, détestent le PSG. Je suis toujours frappé de l'engouement dont bénéficie Marseille en région parisienne. Un francilien sur deux encourage d'ailleurs l'OM. Le PSG à cette image de club raciste, l'OM, plutôt d'un club multiculturel, comme Marseille. Paradoxal puisqu'un Marseillais sur quatre met un bulletin FN dans les urnes… Le problème principal du PSG, ce sont les fachos. Je suis très choqué par la dissolution d'Auteuil. Elle renvoie dos à dos Auteuil et Boulogne. Même si je n'approuve pas certains comportements d'Auteuil, ce n'est pas la même chose avec ce noyau dur de fachos liés à l'extrême droite radicale, certains néonazis. Cela pourrit le club et lui donne une image qui est en décalage avec sa réalité. Paris est historiquement une ville cosmopolite. Ce sont les étrangers qui ont fait cette ville métissée et le club de la capitale a une réputation de club de facho[2]. »

1. Entretien avec les auteurs le 8 avril 2010.
2. Entretien avec les auteurs le 29 avril 2010.

Bernard Brochand, alors président du club, avait déjà eu maille à partir avec la frange dure du kop de Boulogne. « À l'époque, il y avait quatorze associations recensées. Les indépendants ne voulaient pas donner leur identité. On en avait dégagé pas mal. Plus de 50 %. On avait coupé la tribune Boulogne en deux. On avait réussi à identifier les brebis galeuses. Mais le club ne peut pas tout. En Italie, c'est le gouvernement qui s'est emparé du problème de violence dans les stades. Il doit se passer la même chose en France. » Le député-maire de Cannes n'a rien oublié d'un sinistre épisode : « Un mois après la mort d'un supporter en 1993, j'avais rencontré les indépendants de Boulogne. Un soir, lors d'une réunion, il y avait Jean-François Domergue [chargé de la sécurité de 1993 à 1998] et le directeur commercial de l'époque, de confession juive. Les indépendants m'ont dit : "Si vous n'enlevez pas ce monsieur juif à votre droite, on ne discutera pas avec vous." Avec Domergue, on s'est regardés atterrés, on a très vite mis un terme à la réunion et on a rejoint nos voitures. On avait un peu peur de prendre un coup de couteau [1] ! »

Bien des années plus tard, Charles Villeneuve a été aussi témoin d'une scène surréaliste. La venue annoncée de Lilian Thuram à l'été 2008, pourfendeur du racisme, finalement avortée en raison de problèmes cardiaques du Guadeloupéen, ne fait pas l'unanimité chez certains supporters. « J'ai entendu un président d'une association de Boulogne au discours plutôt nationaliste me dire qu'il voyait très mal l'arrivée de Thuram. Il n'en voulait pas, sous prétexte

1. Entretien avec les auteurs le 30 mars 2010.

qu'il était vieux et qu'il y avait déjà assez de Noirs comme ça dans le club[1] », lâche l'ancien président parisien.

Les durs de Boulogne ? Ils ne sont guère que trois cents. Historiquement, une dissociation s'est faite entre l'extrême droite parisienne et les tribunes du Parc. « Des militants extrémistes venus distribuer des tracts dans le kop de Boulogne ont été chassés par les indépendants dont certains partagent pourtant leurs idées[2] », relève Nicolas Hourcade. Un spécialiste des mouvements d'extrême droite assure au contraire qu'il existe des liens entre les membres les plus radicaux de Boulogne et des mouvements politiques d'extrême droite. Le phénomène serait assez récent : « La nouvelle génération est plus politisée. Il y a clairement des groupes d'extrême droite qui utilisent la partie hooligan du kop de Boulogne pour faire du recrutement[3]. » Jean-Marie Le Pen nous assure qu'il n'y a strictement aucun lien, à sa connaissance, entre la frange dure de Boulogne et le FN. Et pour cause : « Avec certains hooligans, on est très à droite du FN, poursuit le spécialiste. Ce parti n'a d'ailleurs pas cherché à récupérer ces gens qui sont incontrôlables. C'est une frange néonazie qui se sert des tribunes pour faire passer des messages. Comme lors des déploiements de banderoles en serbe pour soutenir les Serbes du Kosovo. »

Depuis la mort de Julien Quemener, des groupes de hooligans du PSG se retrouvent dans les diverses

1. Entretien avec les auteurs le 22 mars 2010.
2. Entretien avec les auteurs le 26 mai 2010.
3. Entretien avec les auteurs le 6 juillet 2010.

manifestations d'extrême droite. Tous les ans, ils se rassemblent le 9 mai pour commémorer la mort de Sébastien Deyzieux, militant du Gud, tombé d'un toit en 1994. Chaque année, des dizaines d'hooligans parisiens se joignent au cortège avec des individus masqués, cagoulés, tenant des torches, des manches de pioche et des drapeaux noirs marqués de croix celtiques… « Un certain nombre de militants Projet Apache [branche jeune dans la capitale du Bloc Identitaire basé à Nice] font partie du kop de Boulogne. J'ai identifié récemment des membres de Commando Loubards et Milice Paris dans le rassemblement "Apéro pinard-saucisson" à la Goutte-d'Or "contre l'occupation islamique". Manifestation interdite par la préfecture de police et qui s'était finalement déroulée à l'Étoile. »

Serge Ayoub, ancien Batskin, a longtemps été à la manœuvre. « Il ne va pas au Parc des Princes mais il était à l'enterrement de Julien Quemener. Il se sert de la tribune Boulogne comme force de frappe », poursuit le spécialiste. Selon lui, le nouveau groupe Bloc Identitaire de Fabrice Robert a essayé d'infiltrer la Brigade Sud de Nice. Du côté de l'extrême gauche, la récupération serait inexistante : « Le NPA ne fait pas de récupération même si l'un de ses militants est un supporter du PSG. Mais il est supporter avant tout. Rien n'est organisé avec l'ultra-gauche. »

La tribune Auteuil mêlerait aujourd'hui pro-Besancenot et jeunes des cités. Certains recrutés parmi les bandes des banlieues chaudes sont prêts à en découdre sous n'importe quel prétexte sans respecter les codes en vigueur dans l'univers du « supportérisme ».

Nicolas Hourcade analyse cette radicalisation : « Pendant longtemps, Auteuil n'a pas assumé la violence. Aujourd'hui, des supporters de cette tribune ont aussi recours à la violence. Il y a eu une montée en puissance des différents groupes d'Ultras ; Supras et Authentiks notamment. À l'intérieur de certaines associations, on trouve des individus plus radicaux que ceux de la première génération plutôt pacifique. Ils affichent leur antiracisme. L'opposition est renforcée avec Boulogne la nationaliste. »

Le conflit s'est durci. Inéluctable, selon Pascal Cherki : « Jusqu'à présent, les gens d'Auteuil baissaient la tête. Les mecs de Boulogne sont allés les chercher. Cette fois ils ne se sont pas laissés faire et ils les ont défoncés. C'est une nouvelle génération d'Auteuil qui en avaient marre des ratonades. » Comme lors de la mort de Julien Quemener ou de la banderole anti-Ch'tis, les nouvelles dérives des supporters parisiens ont fait réagir la classe politique. Promis juré, ellc va prendre en main l'épineux dossier de la sécurité et frapper fort.

## Un État trop longtemps laxiste

Comme toujours après un drame, et en plein campagne électorale, les déclarations d'intentions se suivent et se ressemblent. Le discours sécuritaire est de sortie. Le ministre de la justice Michèle Alliot-Marie promet sur RTL la tolérance « zéro » et qualifie de « débiles mentaux » les voyous des stades. Sur Europe 1, le ministre de l'Intérieur Brice Hortefeux utilise les mots « fous » et « cinglés » pour dénoncer les actes de violence. David Douillet demande même l'exclusion du PSG de la Coupe de France. Rama Yade, jamais avare de déclarations chocs, lâche dans un communiqué : « La survie du club est en jeu. On est chez les barbares. On a atteint un point de non-retour. » Leproux, agacé, répond alors : « La violence est un sujet suffisamment grave pour ne pas tomber dans le sensationnel. »

Yade revient sur cette escarmouche. « Robin Leproux devait être un peu tendu à ce moment-là. C'est normal. On s'est vus avec Bazin et lui un peu plus tard. J'assume la phrase. Dès qu'il y a un problème, les clubs se tournent vers les pouvoirs publics. Mais quand il y a victoire, ils demandent ce que l'on fait là. Que les clubs prennent aussi leurs responsabilités[1]. »

Après les déclarations, les actes. Le 12 mars, Brice Hortefeux annonce dans *Le Parisien* qu'il souhaite la création d'une loi, d'ici l'automne, « afin d'interdire à des supporters de se déplacer », et annonce une série de dissolution des associations. Sept seront dissoutes en mai dernier, dont cinq du PSG.

Cette fois, le gouvernement semble enfin vraiment prendre le taureau par les cornes, comme l'avait fait Mme Thatcher, en Angleterre. Ce qui n'a pas vraiment été le cas par le passé. Les pouvoirs publics ont pourtant tenté de lutter contre la violence dans les stades. Une bataille perdue. Francis Graille, président de juin 2003 à mai 2005, guère soutenu à l'époque par les autorités publiques, porte un regard sans concession sur l'action de l'État : « Les problèmes de sécurité dans le foot n'ont jamais été une priorité pour les

1. Entretien avec les auteurs le 7 mai 2010.

politiques. Quand il y a un problème, on va faire une petite loi mais personne n'a envie de se coltiner le problème en face [1]. » Et malgré une succession de lois plus répressives les unes que les autres, les incidents n'ont jamais cessé. La première loi contre la violence dans les stades remonte à 1993, portée par Michèle Alliot-Marie, lorsqu'elle était ministre de la Jeunesse et des Sports d'Édouard Balladur. L'adoption de cette loi faisait suite à la première manifestation officielle d'hooliganisme en France avec les graves incidents de PSG-Caen. Quelques années plus tard, le 6 juillet 2006, le Sénat votait la proposition de loi relative à la prévention des violences lors des manifestations sportives, adoptée en première lecture par l'Assemblée nationale, le 11 avril 2006. Elle prévoyait des sanctions pouvant aller jusqu'à deux ans d'emprisonnement et 30 000 euros d'amende. La nouvelle loi sur les interdictions de stade, en vigueur depuis mars, renforce considérablement l'arsenal législatif. Les interdictions de stade administratives (IDS) sont prononcées par les préfets dans des délais beaucoup plus courts que ceux des interdictions judiciaires apparues en 1995 et pas toujours efficaces. Ces IDS, d'une durée maximale de trois mois, ont été portées récemment à six mois. En septembre, il serait question de rallonger encore la durée. Désormais, un seul fait peut permettre d'interdire une personne de stade. En cas de récidive, c'est douze mois. Dissuasif… Le nombre d'IDS a doublé ces derniers mois, passant de trois cents à sept cents.

Reste la volonté politique d'appliquer ces lois. Ce qui semble être désormais le cas.

1. Entretien avec les auteurs le 20 mai 2010.

Mais gare à la surenchère sécuritaire, selon Nicolas Hourcade : « On fait passer des lois encore plus radicales. On a un dispositif déjà très lourd. Appliquons-le. Avec les interdictions administratives de stade, vous interdisez sans jugement. C'est le préfet qui décide sur l'avis de la police. Au départ, c'était trois mois. On l'a étendu à six mois. Les faits pris en compte ne sont pas pénalement répréhensibles… Des députés veulent passer à deux, trois ans. Si quelqu'un commet des actes graves, c'est à la justice de trancher, pas à la police. Ça me choque [1]. » Les problèmes récurrents du PSG ont pour conséquence une forte mobilisation policière autour du Parc des Princes. Et la sécurité à un prix.

## Très chère sécurité

Contrairement aux idées reçues, ce n'est pas l'argent du contribuable qui finance les imposantes forces de sécurité les soirs de match au Parc des Princes, mais bien les clubs, qui prennent en charge les frais des forces supplétives imposées par les préfectures. « On paye tout. On préfère les CRS aux gardes mobiles car on n'a pas à régler les heures supplémentaires. Je disais au préfet : "Moi, je veux un forfait." Ce n'est pas moi qui décide si c'est un gendarme ou un policier alors que c'est nous qui payons. C'est un budget énorme [2] », souligne Francis Graille, l'ancien président du PSG. Très chère sécurité :

1. Entretien avec les auteurs le 26 mai 2010.
2. Entretien avec les auteurs le 20 mai 2010.

« Nous payons entre 20 000 et 30 000 euros par match. En ce moment, c'est plutôt 60 000 euros. Et pourtant, ce n'est pas parce que tu mets 100 000 euros en sécurité qu'il n'y aura pas un mort[1] », explique un salarié du PSG. « Un contrôleur SNCF entre Rennes et Paris m'a dit un jour : "Je n'aime pas le foot, je suis contribuable rennais, ça coûte trop cher le foot." Je lui ai répondu : "Je donne deux fois plus d'argent à la collectivité rennaise que je n'en reçois." Il n'en revenait pas. Avec ce que je verse comme taxes de spectacles en location de stade et ce que me donne la ville de Rennes… Elle reçoit deux fois plus d'argent que nous. Les gens ne savent pas cela. Nous sommes des très bons contribuables[2] », souligne Frédéric de Saint-Sernin, ancien président rennais. Une police qui coûte cher au club et dont l'efficacité est parfois mise à mal…

## Mais que fait la police ?

Un spécialiste parisien des mouvements d'extrême droite a été témoin de plusieurs scènes troublantes ces dernières années : « Au stade de France, j'ai vu une trentaine de types devant le bar le "Rendez-vous". Ils chantaient "La France au Français" et faisaient des saluts nazis. Sous les yeux de policiers. Ils sont ensuite rentrés dans le stade sans problème. Pourquoi aucun ordre n'a été donné pour les chasser ? Pourtant, il existe un arsenal juridique contre

1. Entretien avec les auteurs le 30 mai 2010.
2. Entretien avec les auteurs le 30 avril 2010.

les actes racistes. Un type barbu est passé. Les fachos lui ont dit de déguerpir en lui disant : "Sale Bougnoule." Et les flics sont allés dire au musulman de s'éloigner[1] ! » Troublant, vous avez dit troublant. Comme le contexte précédant la mort de Yann Lorence. Le spécialiste d'extrême droite, toujours : « Comment un groupe de trois cents membres de Boulogne, qui ont picolé tout l'après-midi boulevard Murat en chantant des trucs racistes, se retrouvent-ils devant la tribune Auteuil alors que la police peut facilement les identifier ? Autre chose surprenante que j'ai constaté en allant au Parc depuis la mort de Lorence. Pourquoi y a-t-il un contrôle pour la tribune Auteuil alors qu'on peut accéder à Boulogne sans contrôle ? Fallait-il ne pas provoquer les membres de cette tribune après la mort de Lorence ? Une source policière m'a d'ailleurs affirmé que parmi les policiers chargés de contrôler les matchs au Parc des Princes, il y avait des anciens du Gud. Je ne sais pas s'ils sont en collusion avec Boulogne, mais bon… » « L'État n'a peut-être pas intérêt à agir. Ces fauteurs de trouble sont aussi des indics plus ou moins protégés par certains membres de la police qui font aussi partie de l'extrême droite[2] », avance même Daniel Hechter.

Bizarre, comme c'est bizarre… Un dispositif très lourd, mille cinq cents fonctionnaires de police et sept cent cinquante-trois stadiers avaient pourtant été réquisitionnés pour sécuriser le PSG-OM du 28 février. Ce qui n'a pas empêché un drame. Triste

1. Entretien avec les auteurs le 6 juillet 2010.
2. Entretien avec les auteurs le 25 mai 2010.

spectacle que ces déploiements de forces de l'ordre pour chaque match au Parc des Princes. « L'une de mes fonctions est de m'occuper de l'opération "Paris Respire", explique l'élu Vert du XVIII$^{e}$ arrondissement Sylvain Garel. On met des policiers pour filtrer les voitures le dimanche. À plusieurs reprises ça n'a pas pu avoir lieu parce qu'on m'expliquait qu'il y avait un Paris-Marseille et qu'il fallait renforcer les équipes[1] ! »

L'ancien sympathisant d'extrême droite Frédéric Saint-Sernin de constater : « Plus on met de forces de sécurité, plus ça exacerbe les tensions. On menait à Grenoble 3-0 et le terrain est envahi par quelques supporters grenoblois. Les flics se sont mis en face des virages. On sentait la tension. J'ai dit au responsable de la sécurité de retirer les forces de police. Leur présence rend nerveux les supporters. Après, quand ils se sont écartés, il n'y a plus eu de problème[2]. »

L'ancien président parisien Francis Graille a assisté à des scènes qui l'ont laissé perplexe : « Les policiers ont des règles d'intervention précises. On peut douter de leur efficacité. On avait des vidéos de gars de Boulogne qui forçaient l'entrée et les policiers les laissaient entrer, partant du principe qu'il vaut mieux les voir à l'intérieur qu'à l'extérieur[3]. » Un salarié du PSG renchérit : « Les flics, s'ils ont l'ordre de ne pas bouger, ils ne bougent pas. J'ai parfois appelé la police pendant vingt

1. Entretien avec les auteurs le 26 mai 2010.
2. Entretien avec les auteurs le 30 avril 2010.
3. Entretien avec les auteurs le 20 mai 2010.

minutes, ils me répondaient : “On a des problèmes à l'extérieur, on arrive.” Contre Galatasaray, supporter turcs et parisiens se sont tapés sur la gueule pendant vingt minutes et la police est arrivée trop tard[1]. » Et d'enfoncer le clou : « Avec le nombre de caméras installés aujourd'hui au Parc, les politiques préfèrent avoir les voyous là plutôt que de les avoir en banlieue faire des *fights*. Ils préfèrent les avoir sous la main. Quelque part, ça les arrange. »

Mais quand le pouvoir politique veut, il peut. Illustration avec le témoignage de Francis Graille : « Quand l'ordre part du sommet, ça marche, la loi est respectée. Il faut s'en donner les moyens et aller au bout. On avait décidé de ne pas vendre de billets aux supporters lors d'un déplacement à Montpellier. Les gars s'étaient pointés quand même. On me dit : “Il y a quelqu'un qui veut les faire rentrer.” Je dis : “Tenez bon, j'appelle le ministère.” Le directeur de cabinet de Villepin m'a aidé. Il a appelé le préfet. Et les mecs sont restés dehors. À Saint-Étienne, des supporters voulaient forcer le passage. Le préfet a donné ordre qu'on les maintienne dehors. Il y a eu bagarre à l'extérieur, mais la loi a été respectée. Si, localement, les fonctionnaires de l'État ont des missions claires, la loi est appliquée. »

Au sommet, on ne veut plus rien laisser passer, comme en témoigne la politique très répressive de Brice Hortefeux.

---

1. Entretien avec les auteurs le 30 mai 2010.

## Dissolutions en rafale

Vers une vague de dissolutions. Quelques heures à peine après l'annonce du décès de Yann Lorence, le président Robin Leproux réclamait dans une conférence de presse la fin de « la politique de l'autruche ». Un message à destination des pouvoirs publics : « Est-ce qu'il faut attendre d'avoir dix morts pour qu'on s'occupe vraiment du sujet ? J'espère des mesures dissuasives qui empêchent d'autres scènes de lynchage. Le PSG ne peut pas s'en sortir seul. » L'appel de Leproux semble avoir été entendu. En mars, deux jours seulement avant le premier tour des élections régionales, Brice Hortefeux annonçait vouloir « interdire à des supporters de se déplacer ». Fin mars, une première, l'État, sans passer par les commissions de discipline du football, décrétait le huis clos pour une rencontre Auxerre-PSG. Fin mai, le ministre de l'Intérieur dissolvait sept associations de supporters. Une mesure sans précédent. Peu auparavant, le 1er décembre 2009, quelques mois après la mort de Brice Taton, agressé par des supporters serbes en marge du match Partizan Belgrade-Toulouse, Hortefeux créait la Division nationale de lutte contre le hooliganisme (DNLH), en complément de la loi n° 2010-201 sur les violences en bandes, adoptée par le Sénat le 11 février.

À sa tête, le commissaire Antoine Boutonnet. Il explique : « Face à la radicalisation des comportements de certains supporters, il y a une réelle volonté des politiques d'agir. Notre objectif : mettre hors d'état de nuire ceux que l'on appelle les délinquants des stades. Tolérance zéro par rapport à ces gens-là[1]. » La loi et l'ordre. Au moins, les choses sont claires : « Avant, on pouvait reprocher aux politiques leur manque de cohérence et de constance. Il y avait des incidents, suivis de grandes déclarations, une loi sortait, ça durait trois mois et puis tout s'arrêtait. Depuis cette année il y a une vraie politique cohérente du ministère de l'Intérieur. Pour la première fois, tout le monde va dans le même sens. C'est radicalement nouveau[2] », déclare Nicolas Hourcade. Évidemment, cette politique répressive ne convainc pas tout le monde. « Ces dissolutions s'inscrivent dans la stratégie d'ordre de la droite. Ils savent que si la présidentielle se joue sur les questions économiques et sociales, ils sont mal. Ils reviennent donc aux fondamentaux, l'ordre[3]... », affirme Pascal Cherki.

Le PSG dans l'œil du viseur du ministère de l'Intérieur, mais pas seulement à en croire le commissaire Boutonnet : « Le PSG, c'est l'arbre qui cache la forêt. Il y a d'autres foyers de tensions. » État des lieux.

## Ailleurs en France...

Le PSG n'a pas l'exclusivité des comportements violents. Parmi les sept associations dissoutes au mois de mai dernier, on trouve la Cosa Nostra de Lyon et Brigade Sud de Nice. D'autres groupes de

1. Entretien avec les auteurs le 20 juin 2010.
2. Entretien avec les auteurs le 26 mai 2010.
3. Entretien avec les auteurs le 29 avril 2010.

pseudo-supporters seraient dans le viseur de la brigade anti-hooligans.

Mais les bandes de « hools » pures et dures se trouvent essentiellement à Paris. Un peu dans le Nord, et à l'Est, à Strasbourg. Nice demeure un foyer de violence puisque pas mal de clubs ont porté plainte lors des déplacements de ses supporters. Sans oublier les incidents médiatisés de Monaco-Nice en février dernier. « Les incidents dans les stades ont changé dans les années 2000, avec des stades très sécurisés, équipés de vidéosurveillance, souligne le sociologue Nicolas Hourcade. Il peut y avoir des dérapages de groupes Ultras et quelques *fights* ponctuels hors des stades. À côté des violences extrêmement graves que l'on a connues, c'était relativement calme cette saison. Au point que les jets de boule de neige des supporters de Grenoble sur les stadiers ont été médiatisés [1]. »

La nouvelle loi du 2 mars offre deux possibilités. La commission nationale de lutte contre les violences dans le sport peut suspendre un groupe douze mois, ou le dissoudre. « L'État ne peut pas accepter qu'un certains nombre de groupes commettent des actes de violence. Quand vous tapez les noms de ces groupes sur Google, vous voyez les pseudos-*fights* prémédités. Quel est le rapport avec l'équipe qu'ils supportent ? Cosa Nostra, rien que le nom en dit long », relève le commissaire Boutonnet. Nicolas Hourcade reste dubitatif : « C'est incompréhensible. La Cosa Nostra n'était plus reconnue par le club depuis un

1. Entretien avec les auteurs le 26 mai 2010.

an. Et rien ne prouve que la Cosa Nostra abrite les supporters les plus violents. »

Dans les années 1990, L'OL a connu quelques problèmes avec les Bad Gones. « C'est un bon exemple d'institutionnalisation d'un groupe d'Ultras, poursuit le sociologue. Dans les années 1990, c'était un groupe ouvertement d'extrême droite, avec des éléments radicaux. Dans les années 2000, la logique politique a été cassée. Le groupe a pris ses distances avec la violence et est beaucoup plus dans une logique de discussion avec le club. » Ce que ne manque pas de souligner le maire, Gérard Collomb : « Les Bad Gones ont des bonnes relations avec nous. Ils s'engagent contre la violence et le racisme. On s'en est beaucoup occupé et Aulas s'est beaucoup investi. Il y a sept, huit ans, il y avait des problèmes avec les Bad Gones. On les a rencontrés. Aulas a mis la pression pour que les dirigeants changent, qu'ils ne soient pas suspects de racisme et de xénophobie. Aujourd'hui je vais prendre l'apéro dans leurs locaux en dehors des matchs. Ils m'invitent de temps en temps. C'est sympa comme ambiance, ce n'est pas comme le PSG [1] … [Rires.] »

C'est vrai qu'on imagine mal Delanoë trinquer avec les porte-parole de Boulogne…

## La répression et rien d'autre

Dans ce contexte, le volet préventif bat de l'aile. Rama Yade avait initié au mois de janvier un congrès

1. Entretien avec les auteurs le 26 mai 2010.

de supporters animé par Nicolas Hourcade. Objectif : allier prévention et répression et privilégier le dialogue avec les différentes associations. « Bien sûr, je suis d'accord avec le principe des dissolutions, déclare Yade. Je l'ai demandé dès le début, il y a huit mois, et je l'ai fait parce que je ne voyais pas d'autres solutions, et parce que j'ai organisé un congrès de supporters pour parler avec eux. Il y avait tous les acteurs autour de la table. J'ai demandé qu'il y ait un dialogue permanent. Il y a eu un travail en amont. Avec le ministère de l'Intérieur nous ne faisons qu'un sur cette question[1]. » Vraiment ? Nicolas Hourcade se veut plus nuancé, et revient sur l'origine du projet : « C'est un congrès porté par le secrétariat des Sports, avec l'idée d'associer les supporters. De son côté, le ministère de l'Intérieur mène une autre politique, dans la ligne droite du sarkozysme. Le regret, c'est que le congrès des supporters montrait qu'à côté du répressif il fallait aussi faire du préventif. Discuter avec les associations de supporters, ça peut être aussi un atout. Mais on s'est rendu compte que ce congrès gênait les clubs et les autorités avec l'idée très ancrée que quand tu fais de la prévention, tu es forcément laxiste. Allier prévention et répression, ça ne passe pas. On nous a pris pour des gros naïfs. L'enjeu, à terme, c'est d'allier les deux, mais le ministère de l'Intérieur est parti dans une logique répressive sans aucun volet préventif. Après la mort de Yann Lorence, on a arrêté le congrès. Le secrétariat au Sports veut faire un livre vert pour l'automne. Je suis

1. Entretien avec les auteurs le 7 mai 2010.

plus que septique car le ministère de l'Intérieur estime que c'est à lui de gérer le problème des supporters. Ce qui est une erreur. Mais Rama Yade n'est pas en mesure aujourd'hui de contrer la position de Brice Hortefeux, c'est évident. Elle n'a plus grand-chose à gagner avec ce congrès des supporters [1] », poursuit le sociologue. « Objectif, zéro tolérance, zéro violence [2] », martèle le commissaire Antoine Boutonnet.

## Vers des stades aseptisés ?

Un sociologue anglais spécialisé dans le hooliganisme a affirmé qu'on ne pouvait pas définir le hooliganisme, un terme qui va d'un acte mineur, comme jeter un bonbon sur l'arbitre, à un crime, comme tuer un homme à terre. Nicolas Hourcade lui-même, ancien Ultra, craint que l'on mélange tout : « On veut réprimer les comportements délinquants. On fait beaucoup plus que cela. L'hooliganisme est amalgamé à tout un ensemble de comportements. Le lynchage de Lorence et les fumigènes sont à l'évidence des actes de gravité très différents. Tu prends quasiment aussi cher pour des faits de violence que pour un fumigène allumé. Réprimer, O.K., mais il faut dissocier les types de comportements et les punir en fonction de la gravité de l'acte, et sans faire d'amalgames [3]. »

1. Entretien avec les auteurs le 26 mai 2010.
2. Entretien avec les auteurs le 20 juin 2010.
3. Entretien avec les auteurs le 26 mai 2010.

N'allez pas dire au commissaire Boutonnet que la politique du ministère de l'Intérieur confond tout. Rien n'est laissé au hasard, assure-t-il : « On a mis en place une échelle des comportements observés. Les commissaires de la LFP et les fonctionnaires de police scrutent les comportements dans les stades. » Ils distinguent quatre niveaux de comportement. Niveau 1 : injures, banderoles insultantes. Niveau 2 : infractions pénales mineures, emploi d'engins pyrotechniques. Niveau 3 : le premier degré de violence qui relève du délit pénal avec atteinte à la personne. Niveau 4 : incendie de stade, agression physique, émeute, saccage. « La politique que l'on mène a permis une baisse assez significative du niveau 3 [1] », se félicite le chef de la lutte anti-hooligans.

Certes, mais encore… « Il faut faire respecter la loi et interdire les fumigènes car c'est dangereux, ça peut servir de projectile. Il n'est pas question qu'un fumigène s'enflamme, telle une torche dans un stade. S'il y a un drame, on va dire : "Qu'est-ce que vous avez fait ?" » Le 29 octobre 2006, lors d'une rencontre Nice-Marseille, un pompier perdait deux doigts, accident provoqué par un pétard… En 1984, un supporter lyonnais était même mortellement atteint par un engin pyrotechnique lors d'un match contre Marseille. Les Ultras revendiquent un usage festif des fumigènes. « Qu'est-ce qu'on veut faire des stades ? On veut des lieux aseptisés ou de fête. Tolérance zéro ? Dès que quelqu'un profère une insulte, il faut l'interdire de stade », s'insurge Nicolas Hourcade.

1. Entretien avec les auteurs le 20 juin 2010.

Manque de dialogue ? Désintérêt de l'État ? Trop longtemps, pouvoirs publics et clubs se sont renvoyé la balle. L'inaction des premiers a laissé les seconds seuls face aux dérives de certains de leurs supporters. L'éphémère président parisien Charles Villeneuve plaide non-coupable. « Un président du club n'a pas d'autorité sur le plan judiciaire. Peut-il dissoudre une association ? Non. Peut-il interpeller les fauteurs de troubles ? Non. Peut-il déléguer ce pouvoir à des agents de sécurité ? Non. Le responsable de la sécurité est obligé de se livrer à des contorsions inimaginables. Bref, le club n'a aucun pouvoir. Il ne peut rien, sinon dialoguer. Mais le dialogue avec ce type de supporters, ça ne va pas très loin. »

Pendant longtemps, le PSG a ménagé la chèvre et le choux, pour le pire le plus souvent.

## Un club trop longtemps ambigu

Complaisance ? Peut-être. Laisser-aller ? Certainement. Le club a toujours nié tout rapport avec la frange dure de Boulogne. Par peur, sans doute, les dirigeants du PSG n'ont jamais vraiment voulu s'attaquer au problème des indépendants : « Le problème, ce n'est pas qu'on ait donné trop de pouvoirs à Auteuil mais que le club en ait encore trop donné aux indépendants qui n'avaient pas signé la convention et qui ont continué d'avoir de l'influence[1] », poursuit Nicolas Hourcade.

1. Entretien avec les auteurs le 26 mai 2010.

Alors adjoint aux sports, Pascal Cherki s'est investi dans la lutte anti-Boulogne. Pour lui, pas d'ambiguïté, le PSG n'a rien fait pour régler les problèmes : « Les dirigeants du PSG n'ont jamais eu ce courage. Ils sont d'une grande lâcheté. Ce n'est pas facile mais on a les moyens. La France a la bombe atomique, on a les services secrets les plus pointus. On ne serait pas capable de régler le problème de deux cents fachos qu'on a identifiés ? Si j'étais dirigeant du PSG, j'irais voir les pouvoirs publics et les flics. Je dirais : "Maintenant, on nettoie Boulogne." Pas Auteuil. Boulogne. On les dégage. On ne veut pas de vous. Vous ne correspondez pas à l'image du club, ce n'est pas votre club, on ne veut plus de vous. Je ferais de cette tribune une tribune familiale, un deuxième Auteuil. Si j'avais été dirigeant du PSG je me serais appuyé sur Auteuil pour dégager Boulogne. Auteuil, il y a de tout dans cette tribune des mecs du XVI$^{e}$ et d'autres de la Courneuve. C'est la dimension populaire du football [1]. »

La lutte anti-Boulogne a un prix. L'ancien adjoint aux sports a vécu avec une protection policière pendant deux mois et a reçu de nombreuses menaces de mort. Francis Graille qui, on le verra un peu plus loin, a tenté de résoudre le problème, a dû lui aussi faire face à une redoutable pression. Il finira par être escorté d'une voiture de la Brigade anticriminalité (BAC) lors de chacun de ses déplacements : « C'est lourd. Les mecs vous suivent, appellent votre femme. Des vrais salopards. » L'ancien président juge alors manichéenne la vision de la mairie de Paris sur le

1. Entretien avec les auteurs le 29 avril 2010.

conflit Auteuil-Boulogne. « J'apprécie beaucoup Pascal Cherki mais il a eu des œillères à un moment. Il a vu trop beau la tribune Auteuil. À Auteuil il y avait aussi des mouvements condamnables. Certains de ses membres se comportaient mal à l'extérieur, eux aussi. Ce n'est d'ailleurs pas un mec de Boulogne qui m'a suivi chez moi, mais un d'Auteuil... Il faisait partie des Supras. C'est un peu manichéen de dire : "Boulogne ce sont les méchants et Auteuil ce sont les gentils." Il fallait taper des deux côtés. On ne lutte pas contre les fachos d'une tribune en créant une tribune multiraciale. Il y a des gens respectables à Boulogne. En plus, favoriser des associations c'était leur donner du pouvoir au détriment du club. La municipalité n'aurait pas dû entrer dans ce débat-là. Pascal m'a poussé à faire une médiation avec les associations mais elles n'ont rien signé. Cette médiation, je savais très bien que ça n'aboutirait à rien et que ça leur donnerait encore plus de pouvoir et d'exposition [1] ».

L'ambiguïté a toujours plané sur le club de la capitale. Depuis la loi Alliot-Marie de décembre 1993, les clubs sont seuls responsables de la sécurité. En 1995, le PSG devient le premier club en France à recourir à des stewards. Il utilise alors des habitués de Boulogne. « Le club a trop longtemps été complaisant. La faute du PSG, c'est de ne pas avoir fait le ménage. À une époque, il y avait un responsable de sécurité qui négociait avec ces gens et qui a embauché comme responsables des membres de Boulogne pour assurer la sécurité du kop. Quand tu commences à négocier

1. Entretien avec les auteurs le 20 mai 2010.

avec des extrémistes, tu sais comment ça finit[1] », déclare Daniel Hechter.

Les indépendants interviennent régulièrement dans les réunions de supporters. Incontournables. Le club, *via* ses guichetiers et stadiers, a d'ailleurs longtemps orienté les non-Blancs vers d'autres secteurs du Parc. « Le problème au PSG, explique un président de club, c'est que les stewards sont des anciens Ultras. Les RG me l'ont confirmé. Lors d'un Lille-PSG, un supporter gueule avec son drapeau, le chef de police régional lui dit : "Vous n'avez pas le droit d'avoir un manche", et un steward parisien dit alors au chef de police : "Rends-lui le drapeau." Le type qui est censé encadrer et pacifier les supporters lui rend l'arme d'un "crime" potentiel[2]. »

Troublant. Comme ces rumeurs qui ont longtemps circulé sur des enveloppes du club en direction des franges dures. Acheter la paix sociale en espérant échapper à la violence…

En mars dernier, la maison que se faisait construire le responsable du département supporter Jean-Philippe d'Hallivillée a brûlé. Hasard ou coïncidence ? Une nouvelle pression de la frange dure des indépendants sur le directeur de sécurité ? « Ils tiennent d'Hallivillée. Il a peur d'eux », lâche Pascal Cherki. Ancien responsable de la communication du club, d'Hallivillée, après le départ de Jean-Pierre Larrue, a endossé la casquette de directeur de la sécurité. Francis Graille tempère : « D'Halllivillée connaît les membres de Boulogne qui ont eu des res-

1. Entretien avec les auteurs le 25 mai 2010.
2. Entretien avec les auteurs le 24 mars 2010.

ponsabilités mais je ne crois pas qu'il soit maqué avec eux. Il y a un phénomène de peur. Ce sont des gens qui mettent une pression permanente. »

Le mot d'ordre : ne pas faire de vagues. Courber l'échine. Souvent, trop souvent. « Le pire président en terme d'incompétence, c'était Pierre Blayau. On fait une réunion de conciliation avant un match sous son autorité. Il dit : "Les gars, on est là pour voir un match de foot, boire un coup avant, on ne va pas s'emmerder avec les incidents[1]" », lâche un ancien d'Auteuil. Pour lui, seul Francis Graille a tenté de trouver des solutions.

### Francis Graille avait pourtant essayé…

L'ex-président lillois prend les rênes du club en juin 2003. Il va être le premier à vouloir réellement pratiquer une politique de tolérance zéro. Après une première saison plutôt calme en raison de bons résultats de l'équipe, il doit faire face à une résurgence de la rivalité Auteuil-Boulogne le 1er mai 2004. À la Meinau, à Strasbourg, des groupes des deux kops s'affrontent violemment. Bilan : cinquante blessés, dont cinq graves. Graille, qui voulait racheter le club, prend le dossier en main. Un audit sur la sécurité du PSG avait été confié par Canal + au criminologue Alain Bauer. Ce dernier estime que c'est au club d'imposer des lignes directrices aux supporters et non l'inverse : « Je ne voulais pas être le président

1. Entretien avec les auteurs le 30 mars 2010.

d'un club facho. La sécurité, c'est une affaire de professionnels. Quand je suis arrivé il y avait un gendarme qui n'était pas aidé par la police. J'ai choisi quelqu'un qui savait gérer les crises, Jean-Pierre Larrue. C'était mon choix, pas celui du préfet de police qui me l'a reproché. Il voulait placer un de ses hommes des RG en fin de carrière. C'était un bâton de maréchal, une récompense. Mais Paris avait besoin de gens de terrain. Je voulais quelqu'un d'efficace[1]. » Encouragé par le ministère de l'Intérieur, Graille embauche le 1er août 2004 Jean-Pierre Larrue comme directeur de la sécurité. « J'avais des renseignements sur la probité de l'homme, poursuit Graille. Larrue n'était ni contre Boulogne, ni contre Auteuil. On ne voulait pas leur enlever leurs locaux. On voulait juste les contrôler car on y trouvait tout et n'importe quoi. C'étaient des zones de non-droit. »

Larrue, ancien du GIPN (Groupe d'intervention de la police nationale), s'attaque alors aux franges violentes et racistes des supporters parisiens. En 2004, il entreprend une opération de pacification des tribunes, soumettant une liste de cinq cents supporters indésirables. Deux cent cinquante à Auteuil et deux cent cinquante à Boulogne. Il tente de mettre en place des mesures coercitives. Par exemple, réglementer l'accès aux locaux du Parc ou mettre fin à la vente des billets sans nom pour les déplacements. Larrue semblait avoir les épaules pour résister aux pressions quotidiennes – sa femme suivie dans la rue jusqu'à son domicile et des menaces de mort quotidiennes.

1. Entretien avec les auteurs le 20 mai 2010.

« Le club n'a pas les outils de la répression. Quand je suis arrivé au PSG, explique le successeur de Graille, Pierre Blayau, j'ai constaté le très bon travail de prévention. Mais monsieur Larrue s'était engagé dans une politique répressive qui ne lui appartenait pas, dont il n'avait pas les moyens et, du coup, il y a eu le clash avec les supporters et un blocage [1]. » La question des fumigènes et des cartes d'identité ont braqué les groupes. Et l'impensable est arrivé. L'union sacrée entre Auteuil et Boulogne ! « Graille était plein de bonnes intentions pour régler le problème des fachos, mais Larrue s'est mis les supporters à dos avec l'histoire des fumigènes, estime Cherki. Graille aurait pu être un très bon président du PSG, mais sur les supporters, il s'est planté [2]. » En décembre 2004, des dizaines de fumigènes sont allumés pendant le match PSG-Metz pour contester la politique du duo Graille-Larrue. « J'ai dit à Graille : "Les fumigènes, ce n'est pas la priorité. Payer des amendes à la Ligue, c'est chiant mais ce n'est pas grave. Tu ne peux pas tout régler d'un coup. Le problème, c'est d'abord le racisme. Cible Boulogne" », poursuit Cherki.

Alors que Robin Leproux bénéficie aujourd'hui d'un soutien total de l'État, Francis Graille n'a été soutenu par personne : « Je me suis battu contre des moulins à vent. J'ai été lâché. Six mois après la mise en place du contrat local de sécurité, j'ai reçu un compte-rendu du préfet de police qui me demandait de calmer mes relations avec les supporters et de ne

1. Entretien avec les auteurs le 9 mars 2010.
2. Entretien avec les auteurs le 29 avril 2010.

pas oublier que Paris était candidat aux jeux Olympiques 2012. Je ne sais pas si monsieur Chirac avait donné des ordres au préfet, mais le monde politique me disait : “T’es gentil avec ton problème de supporters mais tu t’en occuperas un peu plus tard.” Il a fallu deux morts pour enfin agir. » Robin Leproux, arrivé au club en juin 2009, bénéficie d’un contexte favorable avec des pouvoirs publics enfin concernés.

## La révolution Leproux

Après la mort de Yann Lorence, Sébastien Bazin et Robin Leproux décident de multiplier les huis clos, de rompre leurs relations avec les associations de supporters et annoncent que tous les déplacements sont annulés d’ici la fin de saison. Le 18 mai, Robin Leproux dévoile son plan sécurité. Les deux principales mesures consistent en la suppression des abonnements, notamment en tribune Auteuil et Boulogne, ainsi que l’attribution aléatoire des places dans la partie basse de ces secteurs. « Le PSG m’a consulté avant de prendre ses décisions, affirme Bertrand Delanoë. Comme ils ont consulté la préfecture de police. Je leur ai dit que j’étais à fond pour. Mon communiqué était très clair. Ils ont fait un travail sérieux et courageux. Ce n’est pas facile car, parmi les imbéciles qui mettent le désordre, il y a aussi des amoureux du PSG[1]. » Enfin, aidé par les autorités publiques, le PSG version Leproux a toutes les cartes pour réussir. « Contrairement à moi, il est soutenu

1. Entretien avec les auteurs le 25 mai 2010.

par tout le monde, poursuit Graille. Je le trouve courageux et je le soutiens totalement. Le côté aléatoire fait que les gens des tribunes du Parc vont devenir à nouveau supporters du PSG, pas supporters d'une tribune. Il faut que le club profite de l'opportunité malheureuse du décès de ce garçon pour aller au bout. Je serais même allé plus loin en laissant tomber le nom des tribunes. Le Parc n'appartient ni à Boulogne, ni à Auteuil. Il faut que le PSG se réapproprie le Parc. On a trop laissé tomber l'animation du Parc à des associations de supporters. Certaines en ont profité pour devenir des lobbys, en pesant sur les décisions du club. Ce n'est pas le rôle des associations de supporters [1]. »

## Santos Mirasierra : un supporter pas comme les autres

Son nom était connu des Ultras de Marseille, rien de plus. Un amoureux de l'OM comme il y en a tant, qui a construit sa vie autour de son club de cœur : déplacements en France et à l'étranger, vie associative, tout y passe. Un soir d'octobre 2008, Santos Mirasierra est à Madrid pour Atlético-OM, match de phase de poule de Ligue des Champions. En marge de la rencontre, il est interpellé pour avoir participé à une bagarre entre supporters de l'OM et forces de l'ordre espagnoles, qui a entrainé plusieurs blessés, dont deux policiers. Santos sera accusé d'avoir frappé un policier espagnol et provoqué des

1. Entretien avec les auteurs le 20 mai 2010.

blessures nécessitant sept points de suture. Gilles Rof, journaliste, auteur avec Gilles Perez d'un documentaire sur l'affaire Santos pour France 3 Méditerranée, se souvient parfaitement du contexte : « Mirasierra, quand il a été arrêté, est tombé en Espagne en plein milieu d'une vague de lutte contre le hooliganisme, c'était un exemple facile. Il a été un peu victime de cette chasse sévère des autorités espagnoles contre les débordements de supporters. Il y avait eu quelques jours plus tôt des problèmes avec Séville. La police et la justice ont donc été particulièrement attentives à le garder le plus longtemps possible pour donner l'exemple[1]. » Avant d'ajouter : « Quand la justice et la police s'attaquent à des groupes de supporters dans un pays, évidemment, ils s'attirent la haine, voire parfois des représailles. » Supporter d'un club français… Cela tombait donc plutôt bien. Ajoutez à cela, en amont, une campagne assez sévère de la presse espagnole sur les « bêtes » marseillaises. Le contexte était assez tendu. Le problème viendra d'une banderole marseillaise. Objet du litige : une tête de mort. « Un prétexte total, d'autant que c'est une banderole qui est sortie dans tous les stades d'Europe, et qu'elle n'était pas classée par l'UEFA comme raciste. Les Ultras de Marseille, le plus ancien club de supporters de l'OM, fait partie des groupes régulièrement consultés par l'UEFA quand il s'agit de monter ce type de typographie. Deuxième point, la banderole a été contrôlée je crois trois fois avant de rentrer dans le stade. Donc, s'il y avait des consignes très précises sur la "tête de mort",

1. Entretien avec les auteurs le 20 mai 2010.

ça aurait dû être fait avant. Après, il y a eu une réaction très violente des policiers espagnols, qui n'ont pas du tout suivi les règles de l'UEFA en matière de sécurité dans les stades qui sont d'abord tenus de faire intervenir le responsable de la sécurité du club visiteur auprès de ses supporters. Il est là pour ça, pour leur dire de retirer leur banderole si celle-ci pose problème. Il n'y a eu aucun appel à l'équipe dirigeante marseillaise pour la faire enlever… Il y a eu quand même une volonté espagnole de régler le problème par la force le plus vite possible », poursuit Gilles Rof.

Les réactions sont nombreuses à Marseille, dans le milieu du supportérisme olympien.

En ce qui concerne le ministère des Affaires étrangères, il va falloir attendre un petit bout de temps. La raison est simple : Santos a la double nationalité franco-espagnole et la diplomatie française ne peut pas faire d'ingérence dans une affaire de justice étrangère. « Il a fallu que l'affaire monte vraiment en épingle en France pour que l'ambassade de France commence à se saisir du dossier. Il a fallu que la famille Mirasierra, qui est française à 100 % même si les parents sont tous les deux nés en Espagne, se bouge pour la faire réagir. » Et les dessous politiques… me direz-vous. « Le premier élu qui a vraiment été touché par l'affaire, c'est le maire de Miramas, puisque Santos est originaire de cette petite ville à côté de Marseille. C'est un proche d'Hollande, quelqu'un d'assez reconnu au PS, et qui connaît assez bien Kouchner… Le maire de Miramas est intervenu personnellement auprès du ministre des Affaires étrangères, qui avait son mot à dire dans l'affaire.

Parallèlement, les Ultras de Marseille, le groupe de Santos, est intervenu auprès de Jean-Claude Gaudin, le maire de la ville. Gaudin, au début, a été assez circonspect. Le foot, ce n'est pas trop son truc, les supporters de l'OM, il les aime bien, mais il se méfie quand même toujours du côté négatif du supportérisme sur sa propre crédibilité et notoriété. On ne soutient pas quand il y a des violences. Les images des supporters marseillais étaient quand même déjà assez négatives, puis on a beaucoup montré leur réaction contre les policiers espagnols après les deux premières charges. Gaudin a donc mis du temps, mais il est ensuite intervenu lui aussi auprès de Kouchner pour qu'il ait une attitude plus volontaire. Il a demandé à l'ambassade d'intervenir directement auprès de la justice espagnole pour faire sortir Mirasierra de prison. »

En France, le cas Santos devient surmédiatisé et la solidarité entre supporters entre en scène.

« Il y a eu un vrai mouvement populaire, notamment dans la région de Marseille, qui a ensuite été relayée dans tous les stades de France, même chez des supporters qui n'aimaient pas l'OM. Il a été sidéré de voir des Bordelais afficher “Libérez Santos” dans leurs tribunes. »

Revenons-en au côté judiciaire. Le Quai d'Orsay et l'ambassade de France demandent sa libération provisoire. Ils n'y parviendront pas. En revanche, sous la pression de la diplomatie française, le procès aura lieu plus rapidement que prévu. Comment se manifeste-t-elle ? À base d'interventions quasi quotidiennes de l'ambassadeur de France à Madrid. « Ils étaient persuadés que la procédure judiciaire qui avait été enclenchée contre lui était particulièrement sévère puisque Santos est resté quand même soixante-dix jours en préventive, ce qui était totalement injustifié. »

La réponse du ministère des Affaires étrangères français, la voici. À lire en deux temps.

« L'Espagne est un État de droit, membre de l'Union européenne, et notre pays a fait pleinement confiance à la justice espagnole pour instruire le recours de M. Mirasierra. »

Avant d'ajouter : « Tout au long de son incarcération, notre ambassade est restée en relation étroite avec l'intéressé, son avocat et sa famille pour leur prodiguer toute l'assistance nécessaire, veiller au respect de ses droits et de ses intérêts. Parmi les interventions qui ont eu lieu auprès des autorités espagnoles, le ministre des Affaires étrangères et européennes [Bernard Kouchner] a lui-même appelé l'attention de son homologue, M. Moratinos, sur le cas de M. Mirasierra. » À lire entre les lignes !

Le procès a lieu début décembre. Le réquisitoire est lourd pour le supporter olympien : trois ans et six mois de prison ferme pour « trouble à l'ordre publique ». Pape Diouf, à l'époque président de l'OM, a pleinement vécu cette affaire, mais la mémoire a cette vertu d'occulter de temps à autres certaines situations. Souvenirs sélectifs.

« Je ne sais pas du tout ce qu'il s'est passé. On avait simplement la position du consulat de France à Madrid, nous disant que les choses avançaient, nous donnant des infos sur le garçon. De toute façon, au départ, il ne pouvait pas y avoir de dessous politiques. Si Nicolas Sarkozy est intervenu ? Pas à ma connaissance[1]. » On y reviendra plus tard. Pape Diouf finira par retrouver la mémoire.

Selon Gilles Rof, l'histoire est bien plus complexe. Santos Mirasierra, épisode 2. « Après le réquisitoire, la deuxième vague d'intervention est dictée par le fait que se profile le match retour OM-Atlético. À ce moment-là, la question n'est plus Santos Mirasierra mais un problème de sécurité : un problème concernant les joueurs de Madrid et les supporters espagnols qui auraient l'audace de se rendre à Marseille dans ce climat délétère. Là, il y a encore pression de l'ambassadeur de France. Tout le monde s'en mêle. Le préfet de Marseille prend la mesure de ce qui se trame et intervient en faisant remonter l'information au niveau du ministère de l'Intérieur. Plus ou moins discret jusque-là, Jean-Claude Gaudin commence vraiment à faire jouer ses connaissances en haut de l'État pour alerter et demander à ce que le problème soit réglé avant le match. Je pense qu'il a alerté directement Nicolas Sarkozy. L'OM et Pape Diouf qui, eux aussi, sentent arriver un match ingérable, font remonter cette information. Pape Diouf s'en est ouvert dans les colonnes des journaux pour éviter d'avoir à gérer ce match catastrophe, que tout le monde annonce comme tel. Ça se serait très mal passé si Santos avait toujours été en prison. »

L'ancien président de l'OM, on l'a vu, ne confirmait pourtant pas l'existence d'une intervention politique. « C'est Pape Diouf. Moi, je vous confirme qu'il y a eu intervention », répond Gilles Rof. « On avait

1. Entretien avec les auteurs le 19 mai 2010.

un micro sur la sœur de Santos, un micro caché. La sœur de Santos est prise à part le jour où son frère est emprisonné, le jour où le verdict tombe. Elle se rend à la prison, où l'attendent quelques journalistes français et espagnols. Elle fait un petit "speech" en disant que c'est un scandale, qu'elle est bouleversée. L'avocat lui dit : "Va voir la presse, dis-leur ce que tu veux, mais moi j'ai quelque chose à te dire d'important. Ne t'inquiète pas, l'affaire est réglée." »

L'issue de cette affaire juridico-sportive semble difficile à croire, et pourtant, en voici la conclusion : « Après la petite conférence de presse improvisée de Lucie, qui ne parle absolument pas de ça, ils se retrouvent tous les trois, avec l'avocat et la compagne de Santos, dans une voiture. Et l'avocat de Mirasierra lui explique que l'OM est intervenu, et que le ministère des Affaires étrangères français a appelé le ministère de la Justice espagnol. L'Ambassadeur de France est intervenu, expliquant à tout le monde que si on ne réglait pas ce problème, la France ne garantissait pas la sécurité des ressortissants espagnols lors du match retour. Et il lui dit, toujours dans cette même conversation : "J'ai reçu un coup de fil du ministère de la Justice espagnol qui me dit que Santos sera libéré la veille de la rencontre." »

Comme par hasard, le jour du match, la France apprend dans l'après-midi la mise en liberté sous caution de Santos. Concernant son retour dans l'Hexagone, le Quai d'Orsay s'est juste contenté de nous répondre : « Monsieur Mirasierra a été autorisé par la justice espagnole à rentrer en France pour attendre les décisions judiciaires à la suite des recours que son avocat a déposés auprès de la justice espagnole. Conformément au droit et à la procédure pénale, c'est l'avocat du prévenu qui dépose la demande de transfèrement, et non la France. » De la bonne vieille langue de bois diplomatique ! Le mercredi 10 décembre, vers minuit, l'avion du supporter olympien se pose à Marseille. Après avoir relancé plusieurs fois Pape Diouf sur une éventuelle intervention des politiques, on en arrive à obtenir une version plus proche de la réalité. Comment se fait-il que Santos ait été libéré quelques heures avant le début du match retour ? Les pouvoirs publics français avaient-ils peur de débordements autour du Vélodrome ? « Quelques jours avant, j'avais fait un appel au public marseillais en disant qu'il fallait se préparer à vivre cette rencontre dans la sérénité, à éviter les débordements. Heureusement qu'il y a un lien entre vos deux questions. Si les gens ne sont pas assez intelligents pour voir que l'on peut éviter les drames par une décision intelligente, pourquoi pas ? Si c'est ça, c'est très bien. Si les interventions ont eu lieu pour ça, pour éviter les débordements, très bien, alors vive les politiques ! »

Interrogé sur le sujet, un ancien président du PSG, plutôt bien renseigné, apporte son éclairage. Polémique. Il a préféré rester anonyme. Et pour cause. « Quand Mirasierra tape sur un flic, il est condamné. L'OM paye un avocat et envoie un avion privé le chercher. C'est dingue ! » À l'époque, Pape Diouf a-t-il instrumentalisé cette affaire pour renforcer ses liens avec les supporters olympiens, quitte à envoyer un avion récupérer un homme qui avait pourtant été condamné ?

Il y a autre chose d'encore plus surprenant dans cette affaire : « Santos est toujours condamné, et pourtant actuellement [l'interview a été réalisée fin mai], il ne se passe rien », explique Gilles Rof. « L'Espagne ne demande pas son extradition, et la France laisse couler comme s'il ne s'était rien passé. À partir du moment où les derniers appels ont été rejetés par la justice espagnole, sa peine s'applique en France. Il est impossible qu'il soit rejugé chez nous. » Donc, logiquement, Mirasierra devrait purger sa peine de prison dans l'Hexagone mais ce n'est absolument pas le cas. « Il est tout à fait libre, il travaille. Il se lève à quatre heures du matin. Il est cariste, l'OM c'est sa vie à 2 000 %, c'est lui qui fait tous les drapeaux des Ultras avec sa petite machine à coudre. » Sur cette question-là, le Quai d'Orsay donne encore une fois un vrai bon cours de communication : « Il s'agit d'une procédure relevant des autorités judiciaires française et espagnole. »

Bien mystérieux comme réponse, pouvant donner lieu à toutes les interprétations possibles et imaginables. Dernier rebondissement dans cette affaire rocambolesque… Interpellé sur son lieu de travail le 23 juillet dernier (plus de sept mois après son retour en France), Santos a été incarcéré près de Marseille (à Luynes) pour y purger sa peine !

## Une affiche au service de la prévention de la grippe A ?

Dans tout championnat, il y a toujours une rivalité exacerbée entre deux clubs. La rencontre de l'année : OM-PSG, le 25 octobre 2009. Match aller au stade Vélodrome. Les jours précédant le « clasico » sont toujours très particuliers. À coup de provocations par presse interposée, d'intox parfois. Mais là, point de sportif, juste une question de santé publique.

Petit rappel des faits. OM-PSG doit avoir lieu le dimanche soir mais le samedi matin, le diagnostic du médecin du PSG, Éric Rolland, est très clair : « Ludovic Giuly et Mamadou Sakho sont porteurs du virus H1N1. Ils sont toujours isolés chez eux et ne seront pas du déplacement. Nous sommes dans l'attente du troisième cas, Jérémy Clément, et on espère savoir avant la fin de soirée. » Le lendemain, en fin de matinée, le communiqué de la Ligue de Football Professionnel est sans équivoque : « Après avoir pris connaissance de l'évolution de la situation sanitaire de l'effectif du Paris Saint-Germain, la commission d'experts médicaux a recommandé formellement de reporter le match OM-PSG et de placer les joueurs et l'encadrement du Paris Saint-Germain en isolement pendant les soixante-douze heures à venir. Cette position est justifiée par le souci d'écarter tout risque de contagion, y compris des joueurs de l'équipe adverse, et d'éviter toute complication médicale grave. »

Les résultats des tests effectués sur Jérémy Clément sont tombés dans la matinée. Contaminé. Trois joueurs parisiens forfaits à l'arrivée. Le match est reporté à une date ultérieure, rien de bien méchant à première vue. Et pourtant, des centaines de supporters parisiens sont arrivés à Marseille en début d'après-midi et apprennent le report du match dans la foulée. Des scènes d'une grande violence opposeront les supporters des deux clubs près de la gare Saint-Charles et sur le vieux port notamment. Comment a-t-on pu on en arriver là ?

Le préfet de Marseille, Michel Sappin, donne sa version des faits – où comment dédouaner d'entrée les pouvoirs publics. « Le gouvernement, que ce soit madame Yade, madame Bachelot ou Brice Hortefeux, n'ont pas pouvoir d'imposer quoi que ce soit à la Fédération française de football ou à la Ligue de football professionnel. Le foot vit dans un monde tout à fait à lui. C'est une République, ou un État dans l'État. Frédéric Thiriez et son équipe, eux seuls, ont la possibilité de décider si on reporte ou pas, et non le ministère de l'Intérieur ou des Sports. On est dans un système très particulier et c'est pour ça que je m'en étais pris assez vivement à Frédéric Thiriez. Je trouve que là, ils ont été assez mauvais en ne disant pas clairement les choses à l'avance alors que l'on savait parfaitement que le match se déroulerait très probablement dans des conditions anormales, vu qu'il y avait trois joueurs du PSG qui, disait-on, étaient atteints du virus. Je sais qu'il y a eu des coups de fil entre Hortefeux et Thiriez mais, vous savez, faire plier le président de la LFP, ce n'est pas évident. C'est un homme qui a de la valeur. Il est conseiller d'État et a de l'expérience. Il a beaucoup de qualités mais est très individualiste. C'est une constante à la Ligue de ne pas tenir compte de ce que demande l'État, dans les petites choses comme dans les grandes [1]. »

1. Entretien avec les auteurs le 10 mars 2010.

Difficile d'y croire. Dans un État de droit, une instance sportive aurait le dernier mot face au pouvoir dans une affaire de sécurité publique ? Et pourtant, quelques mois plus tard, Brice Hortefeux et ses équipes imposeront le huis clos au PSG, contre Auxerre (quart de finale de Coupe de France) et contre Boulogne-sur-Mer (Ligue 1) : deux matchs sans spectateurs, du fait du décès du supporter parisien, Yann Lorence. Une certitude : en France, l'ordre public relève du ministère de l'Intérieur.

Jean-Claude Dassier, président de l'Olympique de Marseille, revient sur ce drôle de report. « La LFP et son président ont fait une grosse bêtise. J'avais prévenu et je n'avais pas été le seul à le faire. La veille, vers dix-sept, dix-huit heures, je m'inquiète avec ces histoires de grippe. Nous, nos gars avaient été vaccinés. On avait tout ce qu'il fallait. Et Thiriez me dit : "Mais pas question !" Il m'assure : "De toute façon, il n'y a pas de date donc le match aura lieu comme prévu." Et puis dimanche, à onze heures-midi, parce qu'il y a eu un cas supplémentaire qui s'est semble-t-il déclaré, qui était peut-être même déjà passé, la décision d'annuler a été prise en dépit des mises en garde du préfet de Marseille et de mes modestes recommandations. On était à cinq, six heures du coup d'envoi et c'était prendre un risque assez sérieux. Hélas, les événements nous ont donné raison. On ne savait plus très bien ce qui se passait. Que devenaient les supporters du PSG qui descendaient ? C'était déjà un match classé à hauts risques. Que s'est-il passé ? On a vu arriver un car de supporters du PSG qui ont réussi à convaincre le conducteur de venir sur le vieux port… Profitons-en pour faire du tourisme. La nouvelle s'est répandue dans la ville et les bagarres ont éclaté. On a frôlé le drame, peut-être, ce jour-là, à Marseille[1]. » Avant de poursuivre : « La décision était prise. L'information a tardé à nous parvenir. Je crois que c'est le préfet de Marseille qui l'a appris en premier. Dans un premier temps, c'était : "Il n'y a pas de danger." Dans un deuxième, il s'est rangé aux autorités médicales de la Ligue qui ont très mal travaillé, à l'évidence, avec un médecin qui n'était pas virologue. Il faut aussi mettre à leur décharge qu'on était dans la phase de montée d'inquiétude de la grippe A. On se disait : "Que va-t-il se passer ?" Le reproche que l'on peut faire à la LFP, ce n'est pas de l'avoir reporté mais de l'avoir reporté aussi tard. »

Au tour de Rama Yade d'apporter son éclairage : « Ce n'est pas le président de la Ligue qui se base sur sa bonne humeur comme ça pour décider. Ce sont des médecins[2]. » Embarrassée, la secrétaire d'État aux Sports poursuit : « C'est fini ça, Marseille a gagné la Coupe [l'entretien a été réalisé quelques jours après la victoire de l'OM en Coupe de la Ligue] », puis conclut : « L'État n'est pas partie prenante. » Histoire de se forger un avis encore plus proche des faits, nous avons pris celui d'un docteur, Patrick Pelloux, président de l'Association des médecins urgentistes de France (AMUF). Alors : y avait-il un risque sanitaire à faire disputer cette rencontre ? « Rien du tout. Les gens qui étaient malades, ils étaient malades. C'était la pleine période d'hystérie

1. Entretien avec les auteurs le 19 avril 2010.
2. Entretien avec les auteurs le 7 mai 2010.

collective sur cette grippe qui n'était pas dangereuse. Il n'y avait aucune raison d'interdire le match. Vous êtes contagieux d'une grippe cinq jours avant vos signes cliniques. Ce qui voulait dire que les joueurs qui étaient malades n'étaient plus contagieux[1]. »

Roselyne Bachelot, ministre de la Santé et des Sports, a-t-elle utilisé cette affiche surmédiatisée du football français pour favoriser la politique de prévention de la grippe A, politique qui patinait malgré ses efforts ? « Tout ce qui permet à madame Bachelot d'exister dans les médias et de servir sa soupe, elle le fait. Les politiques, ce sont des gens à courte vue. D'un coup, il y avait le match machin. Les médias se sont emparés du truc. Les politiques ont tous joué la carte du principe de précaution, qui à mon avis est un principe ridicule sur certains aspects. Voilà, ça leur permettait d'exister médiatiquement. Le foot, c'est très, très populaire. Une Bachelot, une Rama Yade, qui sont toutes les deux des “requins” de la politique, n'en ont “rien à foutre” de l'expertise. » Un report qui a quand même donné lieu à des scènes de guérilla urbaine très graves dans les rues de Marseille. « Les politiques existent aussi quand il y a des scènes de violence », poursuit Patrick Pelloux. « La manière dont on a géré l'épidémie de grippe A, ça restera dans les annales du grand n'importe quoi de la France. C'est évident. » Dans les jours qui suivront le report du match, Bachelot reste muette. Rama Yade, elle se fend d'un communiqué politiquement correct. « La décision de reporter la rencontre entre l'Olympique de Marseille et le Paris Saint-Germain a

1. Entretien avec les auteurs le 13 avril 2010.

été prise par la Commission d'organisation des compétitions de la Ligue de football professionnel, qui a suivi les recommandations unanimes de la commission médicale de la Fédération française de football. Je comprends la déception des joueurs, qui se sont préparés à disputer ce match, et des supporters, qui se sont déplacés, parfois de loin. Mais il s'agit d'une décision de santé publique, prise en conformité avec le cadre proposé par les instructions du comité interministériel de crise, et que chacun doit respecter. L'heure est à la prévention et à la prudence. »

Mais revenons-en aux déclarations de Patrick Pelloux. Mesdames Yade et Bachelot peuvent compter sur Jean-Claude Dassier pour les défendre : « Je veux bien que les ministres soient responsables de tout mais, en l'occurrence, je ne crois pas. Je sais ce qu'on a dit. Pour dramatiser la grippe A et faire comprendre aux Français… Moi, je réponds que pour ce cher Patrick Pelloux, l'existence médiatique n'est pas non plus négligeable. J'accorde peu de crédit à ses propos parce que c'est un militant… Un militant de gauche. Il a le droit. Son expertise n'est pas plus sérieuse que d'autres. Je pense que lui utilise tout ce qui est bon, tout ce qu'il a sous la main pour tailler des croupières à ceux qu'il a en face. On était dans une phase hystérique et l'on pensait que cette grippe pouvait causer de nombreuses victimes. Le fameux principe de précaution s'est appliqué. Et puis s'il y avait eu des victimes, il aurait considéré que le gouvernement était irresponsable de ne pas l'avoir fait. » Après, on n'est jamais mieux défendu que par soi-même. « Monsieur Pelloux est un homme engagé à gauche », déclare Rama Yade. « Un médecin qui, depuis cinq ou six ans, passe son temps devant les médias à parler. Qui est-ce qui cherche à exister ? Ce n'est pas un avis de médecin, ça. Il n'y avait aucun risque sanitaire à faire jouer ce match-là ? Qu'est-ce qu'il en sait ? Il les a regardés ? Un avis de médecin, ça ne se fait pas à distance. »

Au-delà des petites oppositions entre politiques, médecins, présidents de clubs, cette affaire a surtout réveillé une rivalité malsaine. Michel Sappin confirme : « C'est vrai que ça s'était bien calmé depuis quelques années. Là, on a relancé la haine entre une partie des supporters des deux camps. Je pense d'ailleurs que lors du match retour PSG-OM [28 février 2010], les supporters marseillais ont pris conscience des risques qu'ils prenaient, qu'ils étaient attendus par des "lascars" qui étaient sérieusement organisés et prêts à en découdre. Ils craignaient ce déplacement. »

Jean-Claude Dassier n'a pas la même lecture des événements : « Je ne crois pas une seconde que les supporters marseillais aient eu peur. Honnêtement, la bulle de sécurité, ce sont les autorités parisiennes qui en ont rajouté, elle était totalement superflue. Il n'y avait pas de risques d'incidents entre Marseille et la région parisienne. Il avait été prévu que les supporters marseillais montent en car, se retrouvent au péage des quatre ou cinq grandes voies d'accès en région parisienne et que, à ce moment-là seulement, on fasse la fouille des cars, des individus et que l'on distribue les billets nominativement. Ça avait été accepté par les supporters marseillais. Démarrer la bulle à Marseille, monter avec les forces de police, les motards et pourquoi pas les hélicos, ce n'est pas leur truc. On ne voit pas, quand même, franchement, un commando de Parisiens avec des battes de baseball venir à je ne sais combien livrer bataille sur une aire d'autoroute où, éventuellement, des supporters marseillais se reposeraient. Toujours est-il que les supporters marseillais ont considéré que c'était un transport de bétail qui était organisé, et qu'ils l'ont refusé. Je salue cette décision sur laquelle je n'ai pas influé. Je l'ai accepté et j'ai dit : "Dans ces conditions, je ne viendrai pas non plus." »

La grippe A, un épisode de plus dans la grande saga des PSG-OM, avec malheureusement des conséquences assez graves. Quelles solutions pour éviter ce type de violences ? Certainement, interdire de déplacement les supporters des deux clubs lors des « clasicos ».

Sinon, Roselyne Bachelot et le ministère de la Santé ont annulé en janvier dernier la commande de cinquante millions de doses de vaccins contre le virus H1N1. Une pandémie ? Quelle pandémie ? La ministre estime qu'il n'y a pas eu d'erreurs d'appréciation au début de la crise. « Simplement, les choses ont changé », a-t-elle nuancé. La gestion d'une grippe est évolutive, et Roselyne Bachelot a évoqué « un festival d'inexactitudes et des bêtises », organisé selon elle par l'opposition et certains médecins. Un bon ministre a toujours réponse à tout.

# 6
# Les joueurs et la politique

## Quand les politiques s'arrachent les joueurs

Longtemps méprisés par l'intelligentsia, les sportifs sont depuis quelques années devenus tendance. S'ils sont rarement candidats, les footeux tâtent parfois de la politique. « Ils mêlent notoriété et bonne image, alors que le monde politique souffre d'un déficit de sincérité et d'honnêteté[1] », souligne Patrick Mignon, directeur du laboratoire de sociologie de l'INSEP. Quand la pipolisation de la politique bat son plein… Des fausses stars ou des anciennes Miss France se sont bien retrouvés sur des listes. Alors pourquoi pas les sportifs ?

Ils incarnent des valeurs positives, ont un côté rassembleur. « La grande majorité de ceux présents sur les listes des dernières élections régionales ont toutefois fait de la figuration en position non éligible. Parmi eux, quelques footballeurs. Le transfert de Chamakh dans le camp du Modem restera à n'en pas douter le coup des dernières régionales.

1. *En jeu, une autre idée du sport*, n° 437, juin 2010.

Draguer les joueurs n'est pas un phénomène nouveau. Les socialistes, dans les années 1980, ont sollicité Dominique Rocheteau. Un cadre de l'équipe de France qui s'intéressait à la politique et qui était de gauche.

## Rocheteau, l'engagé qu'on a voulu récupérer

Retour en arrière. Joueur d'une exceptionnelle correction, deux cartons jaunes reçus au cours de sa carrière, « l'ange vert » n'a jamais caché ses idées politiques de gauche dans ce milieu aseptisé. Le Charentais aux quarante-neuf sélections était l'un des rares footballeurs à parler d'autre chose que de ballon rond. Dans une deuxième vie, il aurait d'ailleurs aimé être musicien. Atypique, il a déclaré un jour qu'il ne pratiquait pas ce sport pour l'argent et qu'il pourrait même jouer s'il n'en gagnait pas. La profession n'avait guère apprécié… Rocheteau, l'icône. Le rocker Rod Stewart arborait même, en 1976, un tee-shirt à son effigie.

En 1986, pour le Mondial, il emportait dans ses bagages *L'Insoutenable légèreté de l'être*, de Kundera. Vraiment atypique, on vous dit.

Dans les années 1970, Rocheteau lisait Bakounine, rencontrait des gens de Lutte ouvrière. Et quand il quitte Saint-Étienne pour le PSG, il donne le scoop à *Rouge*, l'hebdo de la Ligue communiste révolutionnaire. Il précise aujourd'hui : « En fait, le patron à l'époque de *Rouge* était Denis Chaumier, par la suite patron de *France Football*, qui était devenu un ami. C'est par sympathie pour lui que j'ai annoncé mon transfert à *Rouge*. Il n'y avait pas forcément des connotations politiques[1]. »

En tout cas, Rocheteau, l'engagé, affiche en 1978, à quelques jours du Mondial argentin, de sérieuses réserves sur la dictature en place. Pressions d'Amnesty international, qui avaient envoyé des cartes postales aux joueurs en précisant que les Bleus allaient jouer à huit cents mètres des camps de torture. Le désormais vice-président de l'AS Saint-Étienne revient sur cet épisode : « À l'époque, c'est vrai, j'étais un peu engagé à gauche. J'avais reçu beaucoup de lettres d'associations, pas forcément des partis. Je n'ai pas dit que je voulais boycotter cette Coupe du Monde. Mais je condamnais la dictature militaire. »

Le sélectionneur de l'époque, Michel Hidalgo, émettait lui aussi des réserves. Les autres joueurs, beaucoup moins… « On avait fait une réunion. Michel Hidalgo avait pris la parole. Mais les joueurs n'étaient pas franchement concernés. On est allé à l'ambassade de France. Bernard-Henry Lévy était là. Il nous a parlé. Il avait proposé de venir parler avec les joueurs. Mais au final on avait fait une réunion en petit comité. On n'était pas nombreux. Outre le coach Hidalgo, il y avait Baratelli, Guillou, Battiston et moi. Quatre joueurs. Les autres n'avaient pas d'avis. La presse française ne parlait pas trop de cette histoire à l'époque », se souvient l'ancien international. « Rocheteau a été le seul à prendre position. Hidalgo lui-même avait dit qu'il ne fallait pas mélanger le sport et la politique. On allait là-bas pour disputer une Coupe du Monde. Pour autant, on

1. Entretien avec les auteurs le 18 juin 2010.

n'approuvait pas le régime des colonels », croit, quant à lui, se souvenir Thierry Rolland. Cette position a par la suite placé Rocheteau en porte-à-faux dans les vestiaires.

« On me l'a reproché au retour, notamment le président de Saint-Étienne Roger Rocher. Des joueurs argentins en France aussi, qui me demandaient de quoi je me mêlais. C'était simplement une prise de conscience de ma part. » Quelques années plus tard, l'ancien buteur du PSG recevait une médaille des Argentins de France exilés, remise par Delanoë.

Le joueur engagé n'a jamais voulu se lancer dans une carrière politique. Son profil atypique intéressait toutefois la gauche dans les années 1980 : « Je n'ai jamais souhaité m'engager publiquement. La seule fois, c'était en 1981, lors de l'élection de François Mitterrand. Il m'avait demandé de rejoindre son comité de soutien. J'avais assisté à un ou deux meetings. C'était un engagement avec, notamment, Renaud, le chanteur, ou Piccoli, l'acteur. »

Un engagement qu'il a un peu regretté par la suite : « Je me suis senti récupéré. J'étais devenu le footballeur de gauche. Après je n'ai plus souhaité m'afficher publiquement avec des personnalités de gauche. Au départ, j'ai fait ça par sympathie pour Mitterrand. Après, j'ai vu comment ça se passait. J'ai dit : “J'arrête là.” Mitterrand m'a encore proposé d'être dans son comité de soutien, mais j'ai refusé. Je n'étais pas très à l'aise avec cette récupération. Au niveau régional, Ségolène Royal m'a aussi sollicité quelques années plus tard. »

Aujourd'hui, il se sent plus proche du centre gauche écologiste, incarné par Cohn-Bendit, qu'il apprécie beaucoup. Ce dernier ayant déclaré un jour qu'il aurait bien aimé être… Dominique Rocheteau, s'il avait été footballeur professionnel.

Autre icône des Verts : Patrick Revelli, qui évoluait avec Rocheteau dans la mythique équipe du Forez. Revelli, footballeur, brillait sur le côté droit. Il se distingue désormais à gauche en politique. Lui a franchi le pas au niveau local. Et il ne le regrette pas.

## Revelli : un Vert en politique

Placé, lors des dernières régionales, en vingt et unième position sur la liste PS de la Loire, l'ancien attaquant des Verts (1968-1978), aujourd'hui âgé de 68 ans, venu à la politique à 56 ans, a voulu s'impliquer dans la vie locale. Il y a deux ans, lors des municipales, il était membre du comité de soutien de Maurice Vincent, aujourd'hui maire de Saint-Étienne. En 2002, il avait déjà été contacté par ce dernier, mais pas question de s'engager alors. « À l'époque, j'étais encore coach du centre de formation de l'ASSE. Mon rôle et ma position au sein du club m'interdisaient de m'investir dans la politique de la ville. Ma réflexion a mûri depuis [1]. »

Un engagement récent qui remonte à septembre 2008, lorsqu'il est devenu conseiller technique aux affaires sportives et sociales du maire PS de Saint-Étienne. Quatre fois champion de France avec les Verts, finaliste de la Coupe d'Europe des clubs champions perdue par Saint-Étienne en 1976 face au Bayern Munich, Patrick Revelli a pris son

1. Entretien avec les auteurs le 30 mars 2010.

nouveau rôle à cœur. Une mission comme un sacerdoce. « Aujourd'hui, je mouille la chemise et non plus le maillot. C'est très difficile d'être un homme politique. C'est très prenant et ça demande beaucoup de sacrifices. Quand je vais au Secours populaire, je vois des gens qui n'ont pas de quoi se payer un repas à 2 euros, ça fait réfléchir. Je suis en train d'organiser un match de foot dans une maison d'arrêt avec des jeunes issus de tous les clubs de la ville. »

Cet engagement politique s'accompagne d'un retour à ses racines : « J'ai baigné dans le social durant mon enfance. Mon père était mineur. Mon beau-frère et mon frère sont descendus dans les mines de charbon. Mon beau-frère vendait *L'Humanité* le dimanche matin. J'ai refusé ce monde. Je m'en suis éloigné pour mieux y revenir aujourd'hui. Je suis engagé mais je n'ai pas de carte PS. Et d'ailleurs je rajeunirais de quarante ans si j'intégrais les Verts aujourd'hui. [Sourires.] Ma fille est elle aussi engagée en tant que syndicaliste FO. On parle souvent de politique. Cela m'a ouvert des yeux que je n'avais pas ouvert en grand jusqu'à maintenant. »

Une vie en ballon où la politique n'avait que très peu sa place. « J'ai souvent parlé politique avec le kiné et le docteur de l'ASSE. Mais à l'époque, on ne parlait pas politique dans les vestiaires. Ce n'était pas à la mode. Seul Dominique Rocheteau était engagé à la gauche de la gauche, proche du PC. Aujourd'hui j'ai un ancien coéquipier, Patrick Guillou, qui milite à l'UMP. On parle plus de foot que de politique ensemble ! » Revelli s'affiche donc à gauche. Mais il appartient à une autre époque, où l'argent fou n'avait pas encore gangrené le football.

Vikash Dhorasoo a bénéficié, comme les joueurs de sa génération, de l'inflation massive des salaires. Il a gagné de l'argent, beaucoup, au cours d'une carrière réussie. Ce qui ne l'a pas empêché de s'engager à gauche. Fabien Cool, qui lui milite au centre – on le verra un peu plus loin – a du mal à comprendre : « Je suis toujours surpris par les joueurs qui ont gagné beaucoup d'argent qui s'engagent à gauche. Pour moi, ils cherchent à se déculpabiliser car ce n'est pas compatible. Les footeux qui gagnent de l'argent, ils vont chercher à trouver la moindre niche fiscale pour défiscaliser. Ce n'est pas un comportement de gauche. Il faut être cohérent [1]. »

C'est dit ! Il n'est pas le seul que les convictions de l'ancien joueur de Lyon étonnent. Un engagement qui laisse d'ailleurs perplexe Rocheteau lui-même.

« Cela me semble un peu artificiel. Peut-être Dhorasoo veut-il faire une carrière. Mais ce n'est pas l'impression qu'il me donne. Je ne le connais pas bien. Mais je trouve qu'il a beaucoup de certitudes. Je n'aime pas trop les gens qui ont des certitudes [2]. »

## Quand Dhorasoo s'engage auprès de Delanoë

À la section du PS de Vitry, lors de la traditionnelle fête de la Rose, l'ancien stratège de l'OL a débattu mi-juin avec Ali Soumaré, conseiller régional PS du Val-d'Oise. En homme de gauche. « J'ai toujours été

1. Entretien avec les auteurs le 11 mai 2010.
2. Entretien avec les auteurs le 18 juin 2010.

un homme de gauche, ce qui est plutôt rare dans le foot », confiait l'ancien international au *Journal du dimanche*, le 13 janvier 2008. En mai 2007, aux côtés des chanteurs Cali ou Bénabar, il était présent à Charléty pour le meeting de Ségolène Royal. Et il avait chargé Sarko, dans les colonnes de *Libération*, peu avant l'élection présidentielle le 25 avril 2007 : « Sarkozy trompe beaucoup de gens, des ouvriers, des artisans, des “petits” qui pensent qu'il va les aider alors que, s'il est élu, c'est l'inverse qui se produira. Pour lui, seuls comptent ceux qui gagnent. Les faibles n'ont pas leur place. » Des déclarations proches de celles de Thuram. Après son soutien à Royal lors des présidentielles 2007, le « meilleur ami » de Guy Lacombe a rejoint le maire de Paris lors de la campagne des municipales 2008. « C'est quelqu'un que j'apprécie vraiment. Pour son action à Paris et pour son attitude. Depuis le PSG, il a toujours eu un petit mot sympa pour moi », glissait-il toujours au *Journal du dimanche* le 13 janvier 2008.

Une fois Bertrand Delanoë réélu, il s'est vu confier une mission dans le XVIII^e^ arrondissement, comme il l'expliquait au *Parisien*. « Il s'agit d'établir un diagnostic sur les problèmes que rencontrent les 16-25 ans dans ces quartiers. Essayer de comprendre pourquoi ils se sentent exclus, pourquoi ils ne vont pas vers les structures existantes. » Mais pas question, à l'entendre, d'aller au-delà de cet engagement citoyen. L'ancien Milanais n'a jamais exprimé publiquement la volonté d'entamer une carrière politique : « Je vois bien qu'il faut faire des concessions, aimer le pouvoir. Le football, c'était déjà un métier de carrière et je n'ai plus envie de ça. Mener des actions de sensibilisation dans les écoles ou les clubs, ça m'intéresse, par contre », poursuivait-il dans le *Journal du dimanche*. La caution des banlieues habite d'ailleurs dans le très chic XVI^e^ arrondissement parisien…

Le maire de Paris a en tout cas été séduit voilà quatre ans par le profil atypique de « l'intellectuel » du football, qui a coréalisé en 2007, avec son ami Fred Poulet, *Substitute*, un film très indépendant, plutôt réussi d'ailleurs. Souvenirs : « Un jour de Coupe de France en 2006, je suis revenu en bus du Stade de France avec les joueurs. Dhorasoo venait dîner avec ses coéquipiers à l'Hôtel de Ville et on a bavardé. On s'est trouvé plein de points communs. On est devenu un peu copains. Après il a eu des soucis avec les Bleus. On s'est beaucoup parlé. Ça été très amical. C'est un type sincère et généreux. Ensuite j'ai voulu lui donner l'occasion de mener des actions pour les jeunes dans le XVIII^e^ arrondissement. Je l'avais fait bosser après les municipales 2008 sur le rapport aux jeunes et la cohésion sociale. Il ne l'a pas ramenée, il n'a pas joué la star et a fait l'acteur démocratique dans des quartiers… Vikash avait une envie et des convictions. Pourquoi les sportifs n'auraient-ils pas le droit de s'engager, comme le font certains acteurs, comme Philippe Torreton, qui m'avait rejoint [1] ? »

En tout cas Dhorasoo n'est pas rancunier. La première fois que le maire de Paris a rencontré le joueur au Camp des Loges, il lui a demandé s'il parlait français ! En son temps, Gérard Collomb, l'édile PS lyonnais, à l'en croire, était aussi un proche de Vikash. « J'avais de bons rapports avec Dhorasoo. C'est un

1. Entretien avec les auteurs le 25 mai 2010.

garçon contesté et décalé que j'apprécie. Il est plutôt de gauche. Les joueurs viennent volontiers dans nos listes car on est attentif à ce qu'ils vivent. Alors que si vous donnez l'impression de vous en foutre, ils ne viendront pas [1]. »

Et Di Meco, sollicité par la mairie de Marseille, a été séduit par le discours de l'équipe municipale de Gaudin. Trois ans après l'arrêt de sa carrière, l'ancien défenseur de l'OM a été élu adjoint aux sports sur la liste UMP à Marseille de 2001 à 2007. Dès 1995, d'ailleurs, Jean-Claude Gaudin lui avait confié une tâche protocolaire, la délégation aux relations extérieures. Il a accompli la majeure partie de sa carrière à l'OM. Un engagement probablement sincère mais aussi très médiatisé. Le chroniqueur impertinent de RMC n'a jamais non plus voulu mener une carrière politique.

Et pour les hommes politiques, l'essentiel est ailleurs... Décriés, ils s'associent à l'image positive et à la notoriété des sportifs, notamment en période campagne, pour améliorer la leur.

De quoi séduire des jeunes portés à l'abstention ? Jean-Luc Bennahmias n'y croit pas. « Les régionalistes font une liste pour les européennes. Ils ont eu sur leur liste Jacques Higelin et Renaud en 1999. Ils ont fait 0,40 %. C'est bien d'avoir un people mais les gens ne sont pas dupes. Vauzelle avait mis la boxeuse Myriam Lamare en deuxième position. Cela ne lui a rien apporté. Chamakh n'a rien apporté non plus à Jean Lassalle en termes de voix [2]. » Ce que reconnaît volontiers ce dernier : « Cela ne déplace pas massive-

1. Entretien avec les auteurs le 26 mai 2010.
2. Entretien avec les auteurs le 29 mai 2010.

ment les électeurs. Ça se serait vu. J'ai eu la chance de l'avoir à mes côtés. Cela fixe d'avantage une image que ça ne déplace de voix, à mon avis [1]. » Voyons cela avec le principal intéressé, député Modem en Béarn.

## Quand Jean Lassalle rencontre Chamakh

À la surprise générale, l'attaquant franco-marocain de Bordeaux s'est aventuré sur le terrain politique lors des dernières régionales. Chamakh, 26 ans, apparaissait en treizeième position sur la liste Force Aquitaine. Il avait fait déplacer les médias lors d'une conférence de presse le 10 février. Un exercice qui allait laisser les observateurs sceptiques. À un journaliste qui lui demandait : « Est-ce que vous auriez pu vous retrouvez sur la liste d'un des deux autres candidats [Alain Rousset et Xavier Darcos] ? Chamakh avait répondu : "Bien sûr" ! Pour lui, donc, UMP, Modem, PS, même combat ! « Je ne pense pas être instrumentalisé, j'ai des opinions. Y en a que ça peut faire sourire mais c'est un engagement qui me tient à cœur », rétorquait-il comme pour réparer la boulette.

Chamakh, un garçon dont la gentillesse est louée dans un milieu qu'il ne l'est pas, gentil. Il s'investit depuis des années dans l'association « 1 001 sourires », qu'il parraine, au profit des écoliers des zones rurales du Maroc. Il avait rencontré Lassalle à l'occasion d'une réunion de son association. « C'est une histoire de réseau d'amitié. Il ne faut pas demander aux sportifs et aux gens de culture de répondre à des

1. Entretien avec les auteurs le 24 mai 2010.

questions politiques ou stratégiques[1] », coupe Jean-Luc Bennahmias. Le député Modem Jean Lassalle n'est pas peu fier de son « transfert » choc : « Bayrou a vu que Chamakh, ça faisait du buzz. Il m'a demandé comment j'avais pu faire[2]. » L'élu béarnais explique sa démarche : « Je voulais être président de la région Aquitaine. Je voulais développer une politique qui me semblait plus en aspiration avec les citoyens d'aujourd'hui. Faire quelque chose avec les jeunes et pour les jeunes. » Sur sa liste, on retrouvait pas moins de quatre sportifs emblématiques de la région et de quatre sports collectifs. François Gellez pour le rugby, Thierry Gadou pour le basket, Bruno Riskwait pour le handball, et, donc, Marouane Chamakh pour le foot.

Autant ce fut simple de débaucher les trois premiers, autant ce fut compliqué de convaincre la star des Girondins. « Cela a été un long travail d'approche. Je l'ai connu par l'intermédiaire d'amis bordelais. C'est un garçon qui ressemble à l'image que l'on renvoie de lui. D'une incroyable simplicité, attaché à la région qui est devenue la sienne. Il a acheté une propriété dans le Lot-et-Garonne, désormais sous la responsabilité de son papa, un réfugié marocain arrivé du Portugal pour ensuite s'installer à Aiguillon. Il se retrouve aujourd'hui propriétaire. Cette histoire me parlait beaucoup. »

Et le Béarnais de ne pas tarir d'éloge sur l'Aquitain qui a quitté ses terres natales pour Arsenal. « Quand je l'ai contacté, il hésitait déjà à partir pour Arsenal. J'aurais souhaité le convaincre de rester, mais c'est un pro. Ce n'est pas le premier gars qui travaille en

1. Entretien avec les auteurs le 29 mai 2010.
2. Entretien avec les auteurs le 24 mai 2010.

Lot-et-Garonne et qui est obligé de partir à l'étranger. Pourquoi il ferait toute sa vie là ? Il a une propriété, il y reviendra. La politique, ça devrait être une affaire de passion et pas seulement de comptables et de techniciens qui emmerdent les gens. » Le Béarnais, contrairement à beaucoup de ses collègues, a le mérite d'aller au bout de sa démarche. Le 7 mars 2006, il entamait au Palais Bourbon une grève de la faim afin de faire pression sur le gouvernement et d'éviter la relocalisation d'une usine du groupe Toyal Europ, filiale du groupe nippon Tokyo Aluminim, qui emploie cent cinquante salariés dans la vallée d'Aspe. Il avait perdu vingt et un kilos en cinq semaines et avait été hospitalisé d'urgence le 14 avril. Le gouvernement Chirac était alors intervenu pour que Toyal reste. Un coup de force qui force le respect.

Politique fiction. Si Lassalle était devenu président de la région, ce qui s'apparentait à un doux rêve, Chamakh aurait même siégé au conseil régional ! « On en avait beaucoup parlé. Je n'aurais eu pas besoin de lui toutes les semaines. Je lui ai dit : “Tu feras du bien au football en t'exprimant sur ton métier. Tu seras à la fois dans les pages sportives et dans les pages politiques.” Je sentais chez lui ce besoin de montrer qu'il savait faire autre chose que de taper dans un ballon. »

Cette aventure aura en tout cas resserré les liens entre les deux hommes. Ils resteraient en contact aujourd'hui. S'il ne fallait pas prêter trop de motivations politiques dans la démarche du Franco-Marocain, certains joueurs qui sont passés de l'autre côté avec passion et envie. C'est notamment le cas de Fabien

Cool, l'ancien portier de l'AJ Auxerre de 1992 à 2007, qui figurait en onzième place sur la liste UMP-Nouveau Centre de l'Yonne lors des dernières régionales.

**Pas si Cool que ça, la politique…**

Cool l'atypique. Depuis toujours plus passionné par la lecture du *Figaro* que par celle de *L'Équipe*, où selon lui on lit « toujours les mêmes articles langue de bois ». « La politique m'a toujours intéressé. Vers 13, 14 ans, j'ai essayé de comprendre des bribes sur le sujet. J'étais un adepte de *L'Heure de vérité*. Quand j'avais un entraînement, je l'enregistrais. Je regardais *Téléfoot* puis *L'Heure de vérité*[1] ». Pas simple d'assumer sa passion cachée dans les vestiaires : « C'était compliqué de parler politique avec mes coéquipiers. Parfois ils venaient vers moi pour comprendre certains sujets d'actualité. Mais il n'y avait pas de débat entre nous. » Pas simple non plus d'aborder le sujet avec Guy Roux : « On n'avait pas les mêmes idées et il pensait qu'avoir la tête occupée à autre chose que le football pouvait être néfaste à mes performances. Il l'a toléré car il savait que j'étais quelqu'un d'assez posé, mais il m'a fait comprendre qu'il ne fallait pas que ça prenne trop de place. On a conclu un pacte. Je n'ai eu aucun engagement politique quand j'étais en activité. C'est incompatible. La politique, c'est beaucoup de présence et ça occupe l'esprit. »

Au début des années 2000, Cool met toutefois un pied en politique. Il fait alors partie du bureau dépar-

1. Entretien avec les auteurs le 11 mai 2010.

temental de l'UDF. Puis il devient le suppléant de Pascal Henriat aux législatives de 2004.

« En 2000, au moment de la création de l'UMP, tous les UDF d'ici ont rejoint l'UMP. Mon ami Pascal Henriat, qui avait une fibre vraiment centriste, est resté UDF. On a décidé de recréer ce parti dans le département. Guy Roux a lu dans les journaux, à sa grande surprise : "Cool vice-président de l'UDF départemental." On a ensuite fait une mise au point. »

Souvent, politique varie. Pas lui. Centriste il est, centriste il restera : « Cela vient de ma famille mais aussi de mon caractère. Je suis pour le consensus. Je ne vois pas tout en noir ou tout en blanc. Je suis quelqu'un du centre droit. L'économie doit être à droite. Et il faut aussi une fibre sociale. Je me sens plus proche de Strauss-Kahn que de Villiers. Strauss-Kahn est un centriste mais il va s'allier avec des gens à gauche pour des raisons électorales. »

Après avoir mis un terme à sa carrière en 2007, il s'investit à fond dans la campagne présidentielle du Béarnais. L'ancien portier relève alors le gant pour François Bayrou, en qui il croit beaucoup à l'époque. « On a vécu une belle aventure, avec des réunions et des meetings. Bayrou montait dans les sondages. On a réussi à le faire venir à Auxerre. Les gens nous rejoignaient, il y avait un engouement. »

Et puis, c'est la rupture. « Le jour où Bayrou a clairement dit entre les deux tours qu'il ne voterait pas Sarkozy, notre credo ni droite ni gauche est tombé à l'eau. On perdait ainsi toute crédibilité sur le terrain. ça a cassé quelque chose et ça l'a cassé lui-même. »

Pascal Henriat a suivi Bayrou. Il est aujourd'hui président départemental du Modem. Pas Cool, très en colère : « Bayrou n'a pas fait ce qu'il a dit. Cela ne m'a pas plu. Je me suis senti trahi. J'avais pourtant l'impression d'avoir trouvé quelqu'un qui avait une ligne de conduite. » Il a voté à contre-cœur pour Sarkozy : « Son côté bling bling me gêne. Je veux quelqu'un qui bosse. L'homme politique, il doit essayer d'améliorer la vie de la Cité. Point barre. » Sur ce point comme tant d'autres, l'ancien gardien a vite déchanté. Et de faire un rapprochement audacieux entre foot et politique : même combat, selon lui ! « Ce sont deux milieux très proches. Le footeux, il fait son match et après il pratique la langue de bois avec un discours très stéréotypé. Le politique, il fait sa campagne, il se bat. Puis après, il est dans la langue de bois. Ce sont deux mondes sous le feu des médias. Ce sont des gens qui aiment ça qui ont besoin de ça pour vivre. »

Il y a la théorie et la réalité. À l'image d'un Mister Smith au Sénat, dans le très beau film de Capra, le naïf politicien en herbe, plein d'idéaux, est tombé de haut quand il s'est frotté à la réalité du terrain. « J'ai du mal à accepter ce qui se passe en politique. Au niveau local, il y a des gens qui entrent dans des commissions pour avoir des défraiements. Le politique s'accroche à son siège, il ne lâche aucun mandat. Il les cumule. Tout ça pour quelques euros de plus… Ce n'est pas ça qui améliore la vie des gens. Quand j'étais dans le monde du foot, je voyais le monde politique de loin. Voir la réalité des choses… C'est décevant toutes ces histoires de clocher ! »

Conseiller municipal d'opposition à Auxerre depuis 2008, il appartient désormais au Nouveau Centre, l'UDF d'aujourd'hui. Il ne se voit pas en professionnel de la politique. L'ancien maire d'Auxerre Jean-Pierre

Soisson porte un regard bienveillant sur les expériences politiques de Fabien Cool. « J'ai l'ai appuyé pour qu'il soit conseiller municipal d'Auxerre. On n'a pas toujours été d'accord politiquement. Nous avions convenus que je l'aiderais à faire une carrière politique une fois sa carrière de footballeur terminée. C'est un type bien, intelligent et ouvert, qui lisait mes bouquins. Il est déçu par le monde politique. Il pensait qu'il pourrait jouer un autre rôle au sein du conseil municipal. Le monde politique n'est pas aussi idéal qu'il avait pu l'imaginer[1]. »

Entre admiration et déception, les sentiments de Cool oscillent. Il n'a pas oublié que Soisson avait été élu président de la région de Bourgogne grâce aux voix du Front national. « J'ai des sentiments paradoxaux à son égard. C'est humainement quelqu'un d'extraordinaire, avec une très grande culture. Mais il est aussi l'image de la politique dans toute sa "splendeur". Il est dans la manipulation permanente. Il change constamment de parti politique. Il joue aux échecs, en fait. Il a fait de bonnes choses dans l'Yonne et en Bourgogne mais je n'ai pas la même conception de la politique que lui. Malheureusement, c'est ça la politique aujourd'hui et c'est pour cela que tant des gens ne vont plus voter. » Pas faux.

Autre expérience contrastée : celle de Sylvain Kastendeuch, à Metz. Adjoint au maire pendant sept ans, il voyait, lui, plus loin, mais il a dû affronter les barons locaux. Et les politiques n'aiment pas qu'on vienne fouler leur pré carré…

1. Entretien avec les auteurs le 12 mai 2010.

## Kastendeuch, l'homme qui dérangeait

En club, comme après avoir raccroché les crampons, Sylvain Kastendeuch est resté un citoyen engagé. Vice-président de L'UNFP depuis 2007, « du syndicalisme noble, pas politisé » selon lui, il a aussi expérimenté le rôle d'élu. Entre rose et gris. L'ancien défenseur messin a été élu adjoint au maire UMP de Metz en charge de la jeunesse et des sports de 2001 à 2008. Jean-Marie Rauch le sollicite lors des élections municipales de 2001. Le timing se révèle excellent. Le contrat du Messin se terminant cette année-là. « Cela restera une expérience positive car ce n'est pas évident pour un sportif de haut niveau d'avoir une telle opportunité. Metz, c'est chez moi. J'avais fait savoir ma disponibilité pour une ouverture politique. J'étais le sixième adjoint. J'avais l'impression de connaître la ville, mais je me suis aperçu que je ne connaissais pratiquement rien [1]. »

Comme au monde politique, qu'il connaissait de loin. Le novice navigue alors dans un univers où il faut savoir attendre. « Ce qui me plaisait moins, c'était le côté "cour du roi". Le côté "chacun s'accroche à son siège". Ce côté pathétique m'a déçu mais pas vraiment surpris. Ce n'est pas facile pour un sportif ayant une notoriété d'entrer dans cet univers-là. C'est un monde très fermé. La responsabilité générale, c'est ce qui me plaisait bien, mais la plupart des politiques ont surtout des intérêts particuliers avec des petits calculs. Il y a un côté politique noble, intéressant, et un côté jeu de pouvoir souvent pathé-

1. Entretien avec les auteurs le 25 mai 2010.

tique. Ça ne vole pas haut quand tu côtoies des députés qui en sont à leur quatrième mandat. » Le Messin, dont le travail d'adjoint au maire UMP avait été loué, inquiète alors certains des politiques locaux.

« J'avais une forme de légitimité à mon poste mais si j'avais voulu aller plus haut je pense que ça aurait été mal perçu. Certains ont eu peur que je prenne la place du maire. » Kastendeuch, maire de Metz ? « J'ai eu des opportunités de me présenter sur des mandats individuels. J'ai hésité à plusieurs reprises. Je ne voulais pas de mélange des genres avec mon activité à l'UNFP. Le monde politique, c'est sept jours sur sept. »

Kastendeuch, le syndicaliste, reste un engagé. Et ils ne sont pas si nombreux dans un milieu de plus en plus individualiste. Lilian Thuram, chantre de l'antiracisme, s'impose aujourd'hui comme la figure médiatisée du footballeur engagé. Engagé, mais pas politisé.

## Thuram et le monde politique

Et dire que Lilian Thuram aurait pu côtoyer au gouvernement Christian Estrosi, ministre de l'Industrie et ancien pilote moto, ainsi que Chantal Jouanno, secrétaire d'État chargée de l'Écologie, treize fois titrée championne de France de karaté. Thuram, ministre ? C'était en tout cas la volonté affichée par le président de la République.

Dans sa stratégie d'ouverture, Nicolas Sarkozy a failli pêcher du très gros à la fin de l'année 2008. Le Guadeloupéen est invité en décembre à l'Élysée. Le président lui propose alors le poste de ministre de la

Diversité. Refus poli de Thuram le lendemain. Ce qu'il révèle quelques semaines plus tard dans un entretien au *Monde* daté du 4 février 2009. L'ancien international est resté cohérent avec lui-même face à un président de la République qu'il a pourfendu à multiples reprises.

*Flashback* du bras de fer entre les deux hommes. Le 4 juin 2005, Sarkozy, alors ministre de l'Intérieur, joue des muscles en banlieue. Ses propos, au lendemain de l'homicide d'un gamin de 11 ans, victime d'une balle perdue dans la cité des 4 000 – qu'il faudrait nettoyer au Kärcher –, déclenche une polémique sans précédent. Le 26 octobre 2005, le toujours ministre de l'Intérieur est insulté par des jeunes dans un quartier d'Argenteuil. Il utilise alors le mot « racaille » devant les caméras de télévision. À la veille du match contre le Costa Rica, Thuram, encore en activité et membre du Haut conseil à l'intégration, reproche vertement à Sarkozy l'emploi des termes « racaille » et « Kärcher ».

Surpris par les attaques de Thuram, le ministre de l'Intérieur rétorque : « Thuram ne vit plus en banlieue depuis longtemps. Il vit en Italie avec un salaire bien confortable qui ne regarde que lui. » Et pan. En 2006, quelques jours après la finale perdue contre l'Italie, l'anti-Sarko déclaré évoque dans *Les Inrockuptibles* les dangers d'une « sarkoisation » des esprits.

En août 2006, le défenseur des Bleus va de nouveau se mettre la droite à dos en épousant la cause des étrangers expulsés un mois plus tôt d'un squat à Cachan, dans le Val-de-Marne. La star invite quatre-vingt-un sans papiers à assister au match France-

Italie, revanche de la finale de la Coupe du Monde comptant pour les éliminatoires de l'Euro 2008.

Philippe de Villiers, candidat déclaré à la présidentielle 2007, en profite alors pour faire une petite sortie médiatique remarquée au micro de RTL : « Les footballeurs sont faits pour jouer au football. Je pense que Thuram et Vieira peuvent aller plus loin et loger chez eux les sans-papiers de Cachan, les nourrir, leur fournir le gîte et le couvert. »

Et quand le président du Front national Jean-Marie Le Pen reproche aux tricolores de ne pas chanter « La Marseillaise », la réponse du défenseur, en conférence de presse, à deux jours d'un quart de finale du Mondial 2006 très attendu contre le Brésil, est cinglante… « Monsieur Jean-Marie Le Pen ne doit pas être au courant qu'il y a des Français qui sont noirs, des Français qui sont blonds ou bruns […]. Moi, ce que je vois, c'est qu'il y a des Français sur le terrain. »

Pour l'anecdote, en 2006, Thuram est reçu pour la première fois par Sarkozy au ministère de l'Intérieur par un « Moi, les grands ça ne me fait pas peur » qui laisse le défenseur international sans voix… Les médias se délectent des petites phrases de l'homme engagé. Engagé, mais pas politisé. S'il s'est affiché à moult reprises comme un antisarkozyste, il n'a jamais affiché un engagement à gauche. Au grand dam du PS.

À gauche, mais aussi au centre, on rêve de récupérer le Guadeloupéen. Bayrou a tenté de le débaucher pour les élections européennes de 2009. Sans succès. La secrétaire d'État Rama Yade n'a pas réussi non plus à le convaincre de porter la candidature à l'organisation de l'Euro 2016. L'Antillais n'a pas fini d'intéresser les politiques. Mais il refuse de s'engager. Jusqu'à quand ? « Il y viendra peut-être, mais il faut attendre un peu. Il fait partie de ces gens qui s'investissent réellement, donc ce n'est pas juste pour être sur la photo pour une caution. Il peut continuer à avoir un investissement de ce style. "*Why not ?*" Moi ça ne me gêne pas du tout ; du moment qu'un type a la franchise, l'honnêteté d'affirmer ses convictions, on peut ne pas être d'accord avec ses convictions mais il faut les respecter [1] », glisse Guy Drut. « En tant que citoyen, il s'exprime, il mène un combat, moi je respecte ce combat, explique Marie-George Buffet. Sa lutte contre le racisme et la discrimination est sincère et profonde et moi j'ai eu l'occasion d'en débattre avec lui. Il m'a dit une phrase comme : "J'apprends, je découvre ce qu'est la politique." Il a des idées, il les défend. Il apporte du nouveau sur la question du racisme… La démarche de son livre, par exemple, de mettre en valeur toute une série de personnalités noires. Ça aurait été une instrumentalisation d'arriver et de lui dire, "Bon, voilà, moi je vous propose…" Après, si un jour il voit que son combat nécessite un engagement politique, ce sera son propre choix, son itinéraire. Et je ne suis pas sûre d'ailleurs que ce choix va l'amener sur telle ou telle force politique [2]. » Membre du conseil fédéral, Thuram a fait une sortie très remarquée le 2 juillet en disant que les joueurs responsables de la fronde du Mondial devaient être durement sanctionnés. À commencer par le capitaine, Patrice Évra. Une posture très… politique.

1. Entretien avec les auteurs le 5 mai 2010.
2. Entretien avec les auteurs le 27 avril 2010.

## Les politiques qui aiment le football

Le football, phénomène de société ultra-médiatisé, « victime » de la récupération politique ? Oui, bien sûr, mais pas seulement. De gauche comme de droite, qu'ils soient socialistes ou UMP, beaucoup d'hommes politiques se passionnent pour le football, habitués des tribunes ou pratiquants assidus. Le maire socialiste du XIV^e^ arrondissement, Pascal Cherki, est catégorique : « Dans l'ensemble, le monde politique ne connaît rien au foot. Il y en a beaucoup qui vont au stade pour se montrer comme ils vont au théâtre. Mais il y a aussi quelques politiques, de gauche comme de droite, qui aiment sincèrement ce sport. Le foot, c'est la messe laïque moderne. C'est fédérateur. Comme n'importe lequel Français, ils supportent une équipe, ils sont sélectionneurs et souvent de mauvaise foi [1] … »

Parmi les passionnés, il y a bien sûr Nicolas Sarkozy, le président supporter du PSG. Dingue du ballon rond, le leader du NPA Olivier Besancenot, dont le cœur oscille entre le club de la capitale et l'équipe du Brésil. L'écologiste Daniel Cohn-Bendit, inconditionnel du Stade de Reims, consultant pour Europe 1 à l'Euro 1984, jamais avare de déclarations sur le sujet. Le président de la région Île-de-France Jean-Paul Huchon ou le porte-parole du PS Benoît Hamon s'imposent aussi comme des spécialistes. Attaquant à l'AS PTT Brest, Hamon continue d'ailleurs de jouer tous les dimanches matin. Dans les années 1960, Jean-Paul Huchon évoluait dans une

1. Entretien avec les auteurs le 29 avril 2010.

équipe de quartier du XII$^{e}$ arrondissement et avait même été approché par des dirigeants du Stade Français… Pas facile de se proclamer supporter du PSG par les temps qui courent. Pascal Cherki assume : « J'aime le PSG, c'est mon club. J'y vais depuis 1976. J'y allais avec mon père. J'étais abonné pendant des années en tribune A Bleu. Quand l'OM perdait contre nous, je pourrissais mes amis marseillais. »

Les politiques marseillais ne sont pas en reste. Renaud Muselier se présente comme un supporter avant d'être un homme politique. Il aime son « Ohême ». « J'avais 8 ans, j'allais dans les tribunes populaires du tade Vélodrome. Je prenais la main des gens qui passaient car je n'avais pas le droit d'y aller seul. Je disais : “Monsieur, vous pouvez dire que je suis votre fils ?” J'ai fait le tour des stades, des populaires aux présidentielles. J'ai toujours soutenu mon club[1]. » Un passionné pratiquant, assidu sur les terrains, qui brille encore au poste d'ailier ou d'avant-centre. André Soulier n'a pas oublié une rencontre entre élus lyonnais et marseillais : « On a perdu 6-1. Muselier, qui jouait avant-centre, avait dans son équipe Di Meco, Amoros et Casoni. Le premier a fait un peu de politique, pas les deux autres à ma connaissance[2] ! »

L'équipe parlementaire se produit quant à elle une ou deux fois par an, lors de matchs de charité. Coachée à l'occasion par un certain… Guy Roux. C'est une formation hétéroclite. Du secrétaire général de l'UMP Xavier Bertrand au communiste Patrick Braouezec, en passant par Éric Woerth, le ministre

1. Entretien avec les auteurs le 31 mars 2010.
2. Entretien avec les auteurs le 16 mars 2010.

du travail, ou le socialiste François Hollande. Sans oublier, bien sûr, Éric Besson, le ministre de l'Intégration. Le député Modem Jean-Luc Bennahmias aime aussi encore taquiner le ballon. Lecteur de *L'Équipe* et du *Miroir du foot* dès son entrée en sixième – « Mes enseignants me disaient : "Ce n'est pas bien !" » –, l'ancien Vert se déclare avant tout amateur de sport. Consultant pour Europe 1 lors du dernier Mondial, comme Éric Besson ou François Hollande : « Hollande, c'est un mec comme moi, qui lit *L'Équipe* pas pour faire bien, mais parce que ça l'intéresse. Les médias viennent vers un politique qui s'y connaît et qui sait à peu près de quoi il parle. »

L'amateur éclairé se considère comme un joueur médiocre : « J'ai fait des progrès en voyant les matchs de Michel Platini. Mais je suis un petit joueur. Jacques Vendroux pense que j'ai joué en CFA. Mais je n'ai jamais évolué à ce niveau. Je suis mauvais. J'ai jamais eu de technique, même si j'ai une certaine vision du jeu. » Le député-maire de Brest François Cuillandre est aussi un fondu de football. Un vrai connaisseur qui dans sa jeunesse a joué milieu de terrain puis en défense centrale, au niveau départemental avec l'AS Conquétoise. Sa « carrière » footballistique a été stoppée net à cause de… Dominique Rocheteau. « À l'époque, on avait fait un match députés contre journalistes au Stade de France. En face de moi il y avait Dominique Rocheteau. Je me suis rompu les ligaments croisés du genou droit en courant derrière lui. Le médecin m'a dit de dire adieu à ma "carrière[1]"… »

1. Entretien avec les auteurs le 24 mars 2010.

Pour beaucoup, le plus doué des politiques balle au pied, c'est le maire de Troyes François Baroin, dont l'idole absolu reste Michel Platini. « Baroin est le meilleur », assure Jean-Luc Bennahmias,

Comme tous ces passionnés, Philippe Séguin a beaucoup joué au football dans sa jeunesse. Décédé en janvier 2010, il connaissait ce sport comme personne dans l'Hémicycle. Il était même devenu une personnalité incontournable du football français. En 1973, le secrétaire d'État à la Jeunesse et aux Sports, Joseph Comiti, affronte les menaces de grève des joueurs pros après que le ministre des finances Valéry Giscard d'Estaing eut modifié leur statut fiscal. Séguin a alors négocié pendant plusieurs semaines avec les clubs. Le rapport qu'il rédige en 1973 définit les axes principaux de la modernisation et la restructuration du premier sport français. Mine de rien, le football hexagonal lui doit l'apparition d'une DNCG, ou encore la transformation des clubs en sociétés anonymes. Dans les années 1970, il prend également en charge la commission nationale tripartite qui réunit entraîneurs, dirigeants et joueurs. Fernand Sastre, président de la FFF, lui avait proposé de rentrer au conseil fédéral de la Ligue. Ce qui ne se fera finalement pas. Sa carrière politique en a décidé autrement.

Le Méditerranéen, supporter de Marseille puis, sur le tas, du PSG, était un puriste. Un vrai. « Dans les tribunes, on voit trop de gens qui ne connaissent rien. Et puis les conneries qu'on peut entendre, proférées par des gens qui se fichent du ballon, ça m'exaspère », s'agaçait-il dans *Football et politique les jeux dangereux*, de Benjamin Danet[1].

Farouche adversaire de Jean Tiberi durant les municipales parisiennes de 2001, le Gaulliste partageait avec le Corse la passion du football. Et c'était à peu près tout. « Séguin était un adversaire, mais quelqu'un qui aime le foot ne peut pas être totalement mauvais. Cela n'enlève rien aux erreurs qu'il a fait sur Paris. Je le croisais au Parc des Princes. Il partait souvent avant la fin du match. Il n'allait pas souvent au cocktail. Il était trop refermé par nature pour exprimer ses sentiments. J'avais d'excellents rapports avec lui avant les municipales de 2001. Il venait déjeuner à l'Hôtel de Ville avec moi. On regardait les matchs ensemble[2] ... »

Acteur impliqué, spectateur aussi passionné du club de la capitale, Jean Tiberi demeure l'un des politiques les plus assidus de la corbeille du Parc des Princes. Modeste gardien de but dans sa jeunesse, proche de Dominique Colonna, portier du Stade Français dans les années 1970, le Corse s'est lié entre autres d'amitié avec Luis Fernandez. Il aurait même rêvé de devenir président du PSG ! Confidences : « Le problème ne se pose plus aujourd'hui mais j'aurais été content de l'être. Ça m'aurait intéressé. C'est passionnant. » À l'instar de Nicolas Sarkozy, ils ne sont pas si nombreux à avouer qu'ils ont fait de tels rêves. L'ancien maire PS de Lens de 1966 à 1998, André Delélis, demeure un cas d'école. Impliqué

1. Benjamin Danet, *Football et politique, les jeux dangereux*, Solar, 2001.
2. Entretien avec les auteurs le 15 mars 2010.

dans le football comme jamais un maire de l'Hexagone ne l'a été, il était proche des joueurs, contrôlait tout. Il se portait garant des salaires et avait pris en charge le transfert de Philippe Vercruysse aux Girondins de Bordeaux pour 10 millions de francs. Comme un vrai président de club… Le foot, une passion dévorante. Il démissionne de la mairie en septembre 1998 après avoir été envoyé dans les tribunaux pour un appel d'offres truqué dans l'aménagement de Bollaert lors du Mondial 1998 !

## Éric Besson, un passionné de football

« Lilian Thuram dit souvent des choses subtiles. Et parfois, de grosses bêtises » – signé Éric Besson.

Il s'est fait désirer, c'est peu de le dire. Et pourtant, le football, il aime, il adore. Éric Besson, ministre de l'Immigration, de l'Intégration et de l'Identité nationale est le plus mordu des mordus. Après sa démission fracassante du PS, il a tenté de racheter le FC Nantes avant d'entrer dans le gouvernement de François Fillon en 2007. Dans le cadre d'un voyage officiel en mai 2009 avec le président camerounais Paul Biya, Besson avait même soufflé le nom de Paul Le Guen pour entraîner les Lions Indomptables. Cet ami intime de Jean-Michel Aulas joue d'ailleurs toujours avec les vétérans de sa commune de Donzère, dans la Drôme.

Contacté en début d'année, le ministre a fini par nous répondre, plusieurs mois plus tard. Et par écrit uniquement. Son année a été chargée, c'est vrai : débat sur l'identité nationale, déchéance de nationalité… Bref, nous avons fini par avoir ses réponses, « langue de bois » par moments, intéressantes sur certains sujets. Premier thème abordé : l'identité nationale et le football, évidemment.

*Concernant les matchs entre l'équipe de France et les pays d'Afrique du Nord (Algérie, Maroc, Tunisie), comment expliquez-vous que « La Marseillaise » ait été sifflée à chaque fois ?*

Quelle tristesse d'avoir entendu l'hymne sifflé par des jeunes qui ont sans doute voulu revendiquer l'identité et l'origine maghrébines de leurs parents ! C'était d'autant plus triste que lorsque ces mêmes jeunes traversent la Méditerranée pour aller en vacances dans le pays de leurs parents (Algérie, Maroc, Tunisie), ils sont considérés là-bas comme Français ! Tout le monde sait ce qu'il faut faire : d'un côté, leur montrer qu'ils sont pleinement Français et qu'ils ont toute leur place en France. De l'autre, leur rappeler qu'être Français, c'est avoir des droits mais aussi des devoirs dont celui de respecter les symboles de la République. Convenons qu'il y a encore du travail… !

*On a assisté à de nombreuses réactions de politiques de tous bords après France-Tunisie (voir le chapitre 3). Y a-t-il eu, selon vous, récupération ou non ?*

Non, je n'en ai pas vue. Tous les républicains étaient à la fois choqués, déçus et gênés.

*Dans ce cas-là, faut-il supprimer les hymnes nationaux ? Que faut-il faire ?*

Non, il ne faut pas les supprimer. Dans les stades, pour les grandes compétitions, c'est un moment d'émotion collective et de rassemblement populaire. Mais il faut sans cesse expliquer ce que signifie « La Marseillaise », son histoire, son contexte, ses valeurs.

*Quel est votre regard sur les joueurs de l'équipe de France ne chantant pas « La Marseillaise » ? Cela vous dérange ?*

Je regrette que certains ne la chantent pas et je crois qu'il faut les inciter à le faire en leur expliquant pourquoi. Les inciter, non les obliger.

*Un autre sujet désormais, la main d'Henry. Avez-vous compris la surmédiatisation et la surenchère médiatico-politique ?*

Thierry Henry aura été, en équipe de France, un grand joueur à l'élégance et au fair-play reconnus. Le déchaînement dont il a été victime était absurde et injuste. Quant aux erreurs d'arbitrage, il y en a tellement dans le football… Ça ne méritait pas de devenir une affaire d'État !

*Lilian Thuram s'est toujours beaucoup investi sur des sujets liés à l'intégration et au racisme. Aujourd'hui membre du Haut conseil à l'intégration, représente-t-il par sa popularité une menace pour le gouvernement ?*

Lilian Thuram a été un très grand joueur, au palmarès impressionnant et aux qualités humaines reconnues. Il a le droit de s'exprimer et ne menace personne. Il dit souvent des choses subtiles. Et parfois de grosses bêtises. C'est le charme de la démocratie !

*Parlez-vous football avec le président de la République ? Avez-vous déjà regardé un match avec lui ? Comment les vit-il ?*

Oui, il m'est souvent arrivé de parler football avec le président. C'est un fin connaisseur qui s'intéresse à tous les aspects du football : environnement, jeu, psychologie, etc. Ce serait un bon président pour un très grand club !

*Justement, un phénomène de société aussi important politiquement que le football n'est-il pas sous-estimé lors de la mise en place des gouvernements ? Faut-il d'anciens sportifs ou non à la tête du ministère des Sports ?*

Il n'y a pas de doctrine en la matière. Un grand sportif peut devenir un bon ministre des Sports ou échouer, comme un médecin n'est pas certain de réussir à la Santé ou un avocat à la Justice... La politique est un art complexe auquel on peut accéder par différentes voies.

Mais il est vrai qu'une bonne connaissance de la singularité du sport professionnel peut être un atout.

*Pourquoi aimez-vous le football à ce point ?*

J'aime tout dans ce sport. La pelouse, la simplicité du jeu, son caractère populaire, sa dramaturgie. C'est difficile à expliquer davantage. Pourquoi aimons-nous nous baigner à la mer ? Pourquoi certaines musiques nous font frissonner ? Le foot, c'est la vie !

*D'ailleurs, quel est votre premier grand souvenir de fan de foot ?*

La victoire du Brésil sur l'Italie (4-1) en finale de la Coupe du Monde de 1970. Dieu était vraiment brésilien ce jour-là et Pelé était son prophète. Mon plus beau souvenir : la victoire de la France sur le Brésil au Mexique en 1986 (tir au but victorieux de Luis Fernandez en quart de finale de Coupe du Monde). Mon pire souvenir : évidemment France-Allemagne à Séville (1982). Le bonheur… puis le cauchemar !

*Petite indiscrétion, quel est votre club préféré ? Envisagez-vous de devenir président de club un jour ?*

Oui, c'est un rêve d'adolescent. Mes clubs préférés ? À l'étranger : Barcelone et Arsenal. En France : Marseille et Lyon.

Éric Besson assure qu'il s'investira un jour dans le football. À suivre. Car, si les footballeurs qui s'engagent en politique, ou qui montrent leur intérêt pour la chose publique font encore figures d'ovnis, les politiques qui font le chemin inverse également. Retour sur la trajectoire de Frédéric de Saint-Sernin, un politique passionné de ballon rond qui, de spectateur assidu, est devenu l'un des acteurs de ce monde si particulier.

**Saint-Sernin : de Chirac à Rennes**

À la veille d'une élection, il paraît qu'il n'arrivait pas à trouver le sommeil. Mais à la veille d'un match, l'angoisse était encore toute autre. Au point qu'au mois de mai dernier, selon la version officielle, il a jeté l'éponge en raison de problèmes de santé et a quitté ses fonctions de président du Stade rennais au profit de Patrick Le Lay, l'ancien patron de TF1. « Le plus dur, dans le foot, c'est l'instantanéité des sentiments. Je n'étais pas cardiaque, le football m'a rendu malade. Je n'avais pas connu cela en politique. Vous travaillez aussi tous les week-ends. Vos élections, vous les perdez mais c'est moins violent que certaines défaites[1] », lâche, le cœur lourd, le désormais ex-président rennais.

Nommé le 4 décembre 2006 à la place d'Emmanuel Cueff, il avait abandonné toutes ses fonctions politiques, exceptées celle d'adjoint au maire de Nontron, en Dordogne.

Son arrivée à Rennes avait laissé sceptiques les supporters bretons. Une banderole peu aimable l'avait accueilli lors d'un match au stade de la Route de Lorient. « Saint-Sernin rien que tu restes… » Un politique dans le monde du football. Il nie toujours en bloc le parachutage : « C'est ma fierté. Je n'ai jamais été pistonné par Chirac pour arriver à Rennes. J'étais allé au bout de mon mandat politique. J'avais dit au président que je voulais aller dans le privé. J'ai trouvé ce poste tout seul, grâce à une amie qui m'a présenté monsieur Pinault. Il m'avait vu commenter le foot sur I>Télé en 2006. J'avais aussi envie d'intégrer son groupe. Je suis allé annoncer à Chirac que j'avais rejoint le groupe Pinault. Chirac n'en savait rien. Pinault ne lui en avait jamais parlé. »

1. Entretien avec les auteurs le 30 avril 2010.

Frédéric de Saint-Sernin a joué au Stade de Reims, sa ville natale, et a vibré aux exploits de Raymond Kopa dans sa jeunesse. Débarqué à Paris à l'âge de 15 ans, il a évolué au Paris FC. Il bifurque dans la communication dans les années 1980 et intègre en 1988 l'équipe de campagne de Chirac. Il devient chargé de mission auprès d'Alain Juppé, alors secrétaire général du RPR. Ancien député de la 3e circonscription de Dordogne de 1993 à 2004 et secrétaire d'État à l'aménagement du territoire dans le gouvernement Raffarin en avril 2004, il ne conservera pas ce poste lorsque Dominique de Villepin sera nommé à Matignon en juin 2005.

Conseiller de Jacques Chirac, chargé des sondages et des études d'opinions pendant le septennat, il avait présenté da démission après la dissolution ratée. Chirac avait refusé.

Il est aujourd'hui directeur des relations institutionnelles chez Artemis, holding de la famille Pinault. Et légitime pour établir des parallèles entre football et politique : « Vous découvrez des gens passionnés désintéressés. Les supporters sont désintéressés comme des militants des partis. Quand votre club perd, vous souffrez. Quand vous êtes militant UMP, vous souffrez beaucoup aussi. » Mais quand vous êtes président d'un club de Ligue 1, la pression est incomparable, à l'en croire. À vous rendre fou, à vous rendre malade.

« En foot, vous passez de l'ombre à la lumière en peu de temps. On bat Bordeaux, puis on perd contre Guingamp en Coupe de France. En cinq jours, je perds la finale de la Coupe puis un partenaire décisif qui m'a claqué la porte au nez après cette finale perdue. Une dizaine de millions d'euros en moins. Capitaux pour le développement du club. Cette finale perdue de Coupe de France restera pour moi une blessure à vie. Sur les marchés, on vous sert la main même si on ne vote pas pour vous. J'ai perdu deux fois en sept élections sur des terres de gauche. Une législative et une cantonale. J'étais triste, mais pour les autres. Ma plus grande souffrance, c'est la défaite en Coupe de France, pas la défaite électorale. C'était le premier match que je voyais après mon accident cardiaque qui a eu lieu dans mes bureaux à Paris. Et on perd cette finale… »

Sous l'ère Saint-Sernin, le club breton n'a pas vraiment décollé, mais l'ancien secrétaire d'État s'est fait une place au pays des footeux. Pas Didier Bariani, président du Paris FC durant neuf ans dans les années 1990. Incarnation d'un mélange de genres sulfureux, sa passion pour le foot le conduit en 1992 à prendre les rênes du Paris FC. Avec un bilan sportif désastreux.

## Bariani, le député UDF qui fait couler le Paris FC

Présidé par l'ex-député UDF et ex-maire du XX^e^ arrondissement, le Paris FC a échoué dans sa quête de devenir le « fameux » deuxième grand club parisien au milieu des années 1990. Car Jean Tiberi, alors maire de Paris, avait l'ambition de développer le club de l'est parisien. « Je ne voyais pas d'un mauvais œil l'arrivée d'un deuxième grand club à Paris. Il y a encore la place aujourd'hui. Mais il faut d'abord que le PSG soit solide. » Sous l'ère Jacques Chirac, la ville ne s'était pas engagée financièrement pour le Matra comme elle l'avait fait pour le PSG. « La mairie ne pouvait pas donner de subventions au Racing. On avait déjà eu du mal avec le PSG [1] », justifie l'ancien maire de Paris. Il faut dire que le Matra était financé par Jean-Luc Lagardère.

Sous son règne, quelques années plus tard, Tiberi donna un sacré coup de main au Paris FC alors moribond. Le club de l'est parisien avait profité d'une manne providentielle de la municipalité, soit une subvention annuelle de 11 millions de francs. Colossal pour une équipe de troisième division. En 1993, Didier Bariani, placé par la mairie, reprend un club sans grands moyens mais dont la formation est louée et qui obtient de bons résultats chez les jeunes. Objectif, réintégrer au plus vite la deuxième division. Jusqu'en 1996, son fils Patrick occupe même le poste de secrétaire général du club. Le choc des cultures se fait vite sentir entre le politique et ses joueurs. « Avec eux, j'ai parfois l'impression de devoir être le premier des supporters, l'assistante sociale, le confident et la nounou. En plus de voir la tête de ce petit monde fragile, ces joueurs qui font la gueule parce qu'ils s'entraînent deux heures par jour, c'est étonnant. On a vraiment l'impression qu'ils vont à la mine [2]. »

Le courant ne passe pas. Pas bien du tout. Dans un restaurant, Bariani exigera même des joueurs qu'ils s'alignent devant lui au garde-à-vous. Les mois passent, les joueurs passent. Les résultats ne suivent pas.

---

1. Entretien avec les auteurs le 15 mars 2010.
2. Benjamin Danet, *Football et politique, les jeux dangereux*, *op. cit.*

En fin de saison 1998-1999, il se séparera en une seule fois de dix-huit d'entre eux ! Au lieu de monter en deuxième division, le PFC sera éjecté en catégorie CFA. Humiliation définitive, il sera également éliminé de la Coupe de France par Le Perreux, une équipe de division d'honneur.

Bariani a probablement cru que le football pouvait être un tremplin. Raté. Il n'aura jamais connu les joies de la deuxième division. En 1999-2000, le PFC sombrera même en quatrième division. La mairie décide alors d'arrêter la mascarade et de couper les vivres au club parisien. Les 7 millions de francs de subvention municipale ne seront plus reconduits à la fin de la saison 2001-2002.

Noël Le Graët reprendra les rênes du club fin décembre 2001 et Bariani, lui, prendra du recul. Sous la houlette Le Graët, le Paris FC va se remettre à l'endroit et retrouver un statut professionnel au milieu des années 2000. Aujourd'hui, la mairie de Paris a pris du recul. « Je le soutiens mais ce n'est pas moi qui fais les entraînements [1] », coupe Delanoë. Les temps ont changé. « Les capitalistes en France ne prennent pas de risques pour investir dans un club. Ils préfèrent qu'on en prenne pour eux en investissant au départ. Mais aucune collectivité ne va mettre de l'argent dans un club de foot et elles ont bien raison [2] », glisse Pascal Cherki, ancien adjoint aux sports de Bertrand Delanoë…

« Paris, c'est difficile. Il faut un grand club ou rien. Didier Bariani a tenu le club comme il a pu avec ses

1. Entretien avec les auteurs le 25 mai 2010.
2. Entretien avec les auteurs le 29 avril 2010.

relations. C'est très compliqué. À Paris, il faudrait un industriel pour monter un deuxième club. Souvent, les élus ont essayé. Cela ne suffit pas, incontestablement[1] », affirme Le Graët. C'est un expert qui parle. Le « menhir guingampais », aujourd'hui argentier de la Fédération, est un brillant industriel qui a aussi expérimenté le terrain politique. Témoignage.

## Le Graët, du football à la politique

Président de Guingamp, vice-président de la Fédération française, chef d'entreprise et maire de sa ville : Le Graët est un homme multi-casqué, venu à la politique par le football. En 1995, le Breton prend la tête de la liste d'Union de la gauche lors des élections municipales guingampaises, face au maire sortant Albert Lissillour. Il l'emporte de justesse de soixante-cinq voix et effectue deux mandats à la tête de la ville. Réélu triomphalement en 2001, il décide ne pas se présenter en 2008. Plus leader d'entreprise que leader politique, il n'a jamais voulu en faire un métier. La politique ? Un moyen pour développer sa ville, et rien d'autre, à l'en croire. « Je n'ai jamais fait beaucoup de politique. J'en ai fait à Guingamp parce que je suis né à Guingamp. J'avais envie de diriger la ville car il y avait des problèmes économiques. Je pense avoir fait avancer les choses. Une entreprise énorme de mille salariés avait fermé ici il y a une vingtaine d'années. On a relancé l'industrie locale. Cette expérience m'a

1. Entretien avec les auteurs le 19 mai 2010.

permis d'avoir une bonne connaissance de toutes les couches sociales de cette ville[1]. »

Maire de Guingamp et rien d'autre. « J'ai souvent été sollicité pour devenir député. Ça ne m'intéressait pas du tout. Je préfère la casquette de dirigeant d'entreprise. Vous avez l'impression de faire davantage bouger les choses. La politique, c'est une passion et un métier. Il faut des passionnés pour y croire. J'ai toujours aimé le débat politique, mais de là à en faire un métier… Les poignées de main, ce n'est pas trop mon truc. Ce n'est pas dans ma nature. J'avais souvent des invitations un peu partout. Je trouvais des excuses pour ne pas être présent. J'ai essayé de ne pas être incorrect mais je n'ai jamais recherché les mondanités. Je n'ai jamais été dans le circuit. Je n'ai jamais voulu perdre une demi-journée dans une réunion politique. »

C'est un homme de gauche, issu d'un milieu modeste : « J'ai toujours été socialiste. Mon père était très à gauche. Mes grands-parents aussi. » Et n'allez pas lui dire qu'être l'argentier de la Fédération sportive la plus riche de France ne colle pas à ses engagements de gauche. « Je ne comprends pas ceux qui disent que quand on a de l'argent, on ne peut pas être de gauche. Ce n'est pas raisonnable pour la démocratie de dire : "Ceux qui ont de l'argent doivent voter à droite." Il y a bien des ouvriers qui votent UMP. Les patrons ne sont pas tous de droite non plus. La gauche est un univers assez large. Elle sait aussi compter et investir. » Et lors de sa présidence à la Ligue nationale, Le Graët, qui dénonçait dans les

1. Entretien avec les auteurs le 19 mai 2010.

années 1980, dans une lettre ouverte intitulée *J'accuse*, les dérives naissantes du football business, a essayé de rester cohérent avec ses idées : « Si on ne m'a pas gardé à la Ligue, c'est peut-être en raison de mes convictions de gauche. Mon partage sur les droits TV était plus socialiste que celui que voulaient les grands clubs. Je n'ai pas eu de divergences avec eux mais l'idée du partage ne leur convenait pas. Jean-Michel Aulas défendait d'abord les intérêts de son club. ».

Le Breton est remercié en 2000 pour sa vision de « gauche » du football. Élu à la tête de la Ligue de football en 1991, réélu en 1995, il a contribué à l'assainissement du football français et mis fin aux dérives de la période Tapie. Il éprouve beaucoup de sympathie pour François Hollande et quand il parle de Royal, il dit Ségolène. Il a côtoyé Marie-George Buffet quand elle était ministre des Sports. Cette dernière, selon beaucoup d'observateurs, avait choisi de soutenir le maire de Guingamp dans son combat idéologique contre Jean-Michel Aulas sur les droits TV. Ce qui ne l'a pas empêché d'être battu par Gérard Bourgoin aux élections de 2000…

# 7
# Les présidents de la République et la Coupe du Monde

## François Mitterrand : guère passionné

François Mitterrand, pas un grand amateur de sport ? Trop vite dit. « Tonton » n'était certes pas un assidu des stades, mais il appréciait le sport. Fin lettré, d'une culture très supérieure à celles de ses successeurs, il ne délaissait pas pour autant les plaisirs « vulgaires ». Le publicitaire Jacques Séguéla confirme : « Mitterrand n'était pas un footeux mais il regardait les matchs comme tous les Français. Surtout, il adorait les séries télé. Moi, je l'ai entendu me dire : “Écoutez Séguéla, je suis désolé mais c'est l'heure de la grande série américaine, donc on va s'arrêter trente minutes et regarder *Dallas*[1].” » Mitterrand amateur de *Dallas* ? Alors pourquoi pas de football !

Selon Jack Lang, François Mitterrand était incollable sur le ballon rond. « On le présente comme un intellectuel, un homme de l'écrit ; il l'était. Mais il était aussi fanatique de ce sport et même un grand

1. Entretien avec les auteurs le 26 mai 2010.

spécialiste, capable de dire qui avait gagné, la composition des équipes… » s'enflamme l'ancien ministre de la Culture.

Mitterrand est surtout le premier président de la République à assister à une finale du championnat de France de rugby. « En 1980, je lui ai transmis un message d'Albert Ferrasse, le président de la FFR de l'époque qui m'avait dit : "Pourquoi le président ne va jamais à des finales de championnat de France ?" Ça lui a plu et il a assisté à toutes les finales. Ce que n'a d'ailleurs pas fait Sarkozy[1] », se souvient Jean Glavany, ancien chef de cabinet de Mitterrand.

Adolescent, il a été gardien de but dans l'équipe de football du collège d'Angoulême où il a fait ses études secondaires. Il s'est même illustré en arrêtant un penalty dans un match capital contre le régiment local. Bien plus tard, il a surtout pratiqué le tennis et le golf. Des sports plus bourgeois. Il jouait tous les lundis au golf de Saint-Germain-en-Laye, et pendant des années aussi, en « cachette » à Fontainebleau. Jean Glavany a souvent joué au tennis avec lui dans les années 1970. Il se souvient surtout d'un passionné de vélo. Un vrai de vrai. « Maire de Château-Chinon, il avait organisé un critérium qui servait de sélection pour l'équipe de France. Chaque année, il discutait avec les vainqueurs du critérium qui étaient tous d'anciens vainqueurs du Tour de France. Je l'ai vu à la fin d'un déjeuner dire : "On va regarder l'étape du Tour de France." Il a fait des étapes à l'Alpe d'Huez. Il était sur le bord de la route, prenant en photo des coureurs. » Il ne manquait pas non plus les étapes de

1. Entretien avec les auteurs le 2 juin 2010.

Paris-Nice, qui passait sur ses terres près de Nevers. Et le football alors ? « Il aimait le foot. Il est allé à toutes les finales de Coupe de France », rappelle Glavany. Plus fondu de cyclisme que de football, le président ne manquait toutefois pas les grands rendez-vous : « Il regardait les matchs de l'équipe de France. Au cours d'un voyage en Hongrie, il a demandé un poste de télévision pour voir un match du Onze tricolore », se souvient encore Jean Glavany.

C'est sous son premier septennat, le 11 juin 1988, qu'a été créé le Centre national technique Fernand Sastre, autrement dit Clairefontaine. Mitterrand a remis la Légion d'honneur à Michel Platini en 1984. « Mitterrand s'était bien entendu avec Fernand Sastre, l'ancien président de la FFF, pour lequel il avait beaucoup d'estime. » Sous son premier septennat, le loto sportif est né. Jean Glavany avait mis en relation Mitterrand et Hidalgo pour que l'État autorise la création de ce jeu.

Le président entretenait aussi une relation amicale avec un certain Guy Roux. Chaque année, l'AJ Auxerre faisait un stage de début d'année à Château-Chinon. Le club bourguignon s'était mis d'accord avec la municipalité et donc avec Mitterrand, maire de cette ville avant de devenir président. « Avant 1980 et une fois après 1980, on s'était posé en hélicoptère pour saluer Guy Roux et son équipe, poursuit Glavany. Roux est plutôt gaulliste mais il a entretenu de très bonnes relations avec Mitterrand. Et aussi avec Jospin parce qu'ils s'étaient connus au régiment. Avant d'entrer à l'Élysée, François Mitterrand fréquentait régulièrement Guy Roux. Ce dernier écrivait dans ses mémoires en 2006 : "Il ne cherchait pas à nous impressionner par ses connaissances sur le football. Mais il avait rapidement mémorisé le nom de tous les joueurs[1]." » En avril 1981, Jean Glavany demande à Guy Roux si ses joueurs accepteraient de faire une photo avec le candidat Mitterrand pour le *Times* de Londres. Ce que fait volontiers l'un des entraîneurs les plus célèbres de France. Mitterrand, au contraire de ses successeurs, n'a toutefois jamais cherché à récupérer un sport certes nettement moins médiatisé à l'époque.

Lors de la victoire des Bleus à l'Euro 1984, Mitterrand s'affiche discrètement. Pas le genre à porter un maillot tricolore, comme Chirac le fera en 1998. « Mitterrand était un être très honnête intellectuellement, il ne trichait pas. Il ne se forçait pas et ne jouait pas de rôle. Il n'allait pas jouer les sportifs. Contrairement à Giscard, qui se faisait photographier au ski. Cela lui a beaucoup coûté en termes d'image. Taper dans un ballon ou jouer de l'accordéon n'étaient pas les passions premières de Mitterrand », affirme Jacques Séguéla.

« On peut aimer le football sans chercher nécessairement à en faire un instrument de récupération politique », conclut Lang. Jacques Chirac, lui ne s'en est pas privé durant le Mondial 1998.

## Jacques Chirac : le football par intérêt

La vie footballistique de Jacques Chirac se décompose en deux parties : avant et après la Coupe du

1. Guy Roux, avec Dominique Grimault, *Entre nous*, *op. cit.*

Monde 1998. Dans les années 1980, à l'époque maire de Paris, Chirac ne s'intéresse pas franchement au football et encore moins au club de la capitale… Le PSG fait parti de ses prérogatives mais il n'est pas intéressant sur le plan politique, à l'inverse des Bleus. La France qui gagne et qui le place au centre de toutes les attentions, ça, il aime, il adore. Concernant le PSG, le futur président de la République est pourtant bien conseillé. « Comme je m'intéressais au football, j'ai un peu sensibilisé la municipalité et notamment le maire à partir de 1977[1] », déclare Jean Tiberi, ancien adjoint de Jacques Chirac à la mairie de Paris, puis maire de Paris. « Il me faisait confiance. J'allais voir les matchs. Il n'était pas de prime abord passionné, mais il s'y est intéressé. Je l'avais fait venir à quelques reprises dans les vestiaires du Parc des Princes. Il est venu naturellement. Il savait faire. Un maire ne peut pas mettre de côté un grand club de football. »

Dans la galaxie Chirac, il y a aussi à ce moment-là Bernard Brochand, un autre grand passionné du ballon rond… Le chef, lui, ça dépend des moments. « Chirac, c'est un supporter du PSG. Il a été très fier de contribuer au retour d'un grand club à Paris au début des années 1990. Il était ravi d'aller au Parc de temps en temps. Mais comme tous les hommes politiques, il était supporter car on gagnait souvent. Quand le club de sa ville perd, un maire s'affiche moins, évidemment. Mais ce n'est pas propre à Chirac[2] », avoue l'actuel maire de Cannes.

1. Entretien avec les auteurs le 15 mars 2010.
2. Entretien avec les auteurs le 30 mars 2010.

Alors, Chirac, fan de foot avant 1998 ? Frédéric de Saint-Sernin, l'un de ses proches pendant de nombreuses années, parlerait, lui, plutôt d'ovalie. « Il vient de Corrèze. Il aime spécialement le rugby. Il vous citerait toutes les équipes de Brive. Chirac a appris à aimer le foot. Contrairement aux idées reçues, c'est quelqu'un qui travaillait beaucoup. Le soir, il s'arrêtait à vingt heures, allait dîner avec son épouse, puis redescendait travailler. Il regardait souvent les matchs. Et cela avant 1998. Il n'avait pas, comme moi, le regard du passionné. Mais ça le détendait. Quand on lui passait une note le soir, le lendemain on avait un retour. Comme il savait que j'aimais le foot, il me disait : "Tiens, j'ai vu un beau but de machin [1]." » Pour Guy Drut, ministre des Sports au sein du gouvernement Juppé, Jacques Chirac a très vite compris l'intérêt du football : « Il ne faut pas non plus me faire dire que c'était un passionné de sport en général et de foot en particulier. Il aimait ça, fallait qu'il y soit. Il y allait avec plaisir, et puis bon il savait que c'était du bénef pour un ensemble de choses [2] ». Illustration.

## La Coupe du Monde 1998 et la France « black-blanc-beur »

Il s'agit de la plus belle page de l'histoire du football français. Mais dans ces moments de liesse, de joie collective, certains n'ont pas oublié l'essentiel. À cette époque, la communication n'a pas encore tout

1. Entretien avec les auteurs le 30 avril 2010.
2. Entretien avec les auteurs le 5 mai 2010.

envahi et pourtant, Chirac et ses proches ont tout anticipé. Un an auparavant, la droite connaît l'une de ses plus grandes défaites électorales. Les législatives de 1997, la dissolution de l'Assemblée nationale et la cohabitation... Le chef de l'État va rebondir malgré tout. Chirac-Jospin, tant de choses les opposent... Notamment le rapport au peuple. L'un est à l'aise en public, aime la convivialité. Il donnerait presque l'impression de vous connaître depuis des années. L'autre est plus froid, distant, austère même pour certains. Lors du Mondial 1998, le duel Chirac-Jospin va se déplacer sur le terrain footballistique.

C'est un nouveau combat, un affrontement que le leader de la gauche va perdre. Il n'est pas question de débat d'idées, de réformes. Il s'agit d'être supporter, d'en rajouter, de rigoler, de sourire. Ministre des Sports pendant la Coupe du Monde, Marie-George Buffet a vécu ça de très près. « Ce sont deux hommes totalement différents au niveau de leur tempérament, de leur comportement. Jacques Chirac, vous vous rappelez le 14 juillet, dans les jardins de l'Élysée avec l'équipe de France, il a complètement vécu cette victoire. Lionel Jospin, avec sa réserve, son esprit très rigoureux, n'a pas eu la même manière de vivre cette Coupe du Monde. Et pourtant il était quand même très présent, il était là quasiment à tous les matchs[1]. » Comment mieux résumer la situation que Michel Platini : « Jospin aime le sport et Chirac les sportifs. » « C'est une vision assez juste, comme souvent avec Michel Platini [rires] », ajoute la député communiste. « Chirac adorait les sportifs et c'était le grand souci de

1. Entretien avec les auteurs le 27 avril 2010.

Claude, sa fille. Quand il y avait une réception à l'Élysée, elle ne pouvait jamais mettre de rendez-vous important derrière car elle ne savait jamais à quel moment on pourrait retirer le président de l'ambiance générale », renchérit Guy Drut.

On se souvient de la garden-party du 14 juillet 1998, ou encore de cette séquence où Jacques Chirac scande le nom des Bleus à l'annonce du onze de départ lors de la finale à Saint-Denis. Scander, c'est un bien grand mot car le président ne connaît pas le nom de plusieurs joueurs. Et pourtant, ce ne sont pas les conseillers qui manquent à l'Élysée. Un petit cours sur les vingt-deux joueurs du groupe France aurait été utile. Mais pour la récupération politique d'après-match, le président sait faire. Le Corrézien arrive dans le vestiaire des Bleus tel un bon copain et se met en scène. Le maillot de l'équipe de France sur le dos, il est dans son monde, participe au bonheur ambiant, rigole avec les joueurs et, symboliquement, comme Laurent Blanc, embrasse Fabien Barthez sur le crâne. Le vrai pote. Où est passé Jospin ? On se le demande encore. Chirac, 3, Jospin, 0.

« C'était la réussite de l'équipe de France en 1998. Il y avait un climat de confiance et le pouvoir en place en a profité, en a bénéficié [1] », témoigne Jack Lang, futur ministre de l'Éducation nationale à partir de mars 2000 au sein du gouvernement Jospin. « Mitterrand n'aurait pas récupéré cette victoire de la même manière [2] », estime le socialiste Jean Glavany.

1. Entretien avec les auteurs le 29 mai 2010.
2. Entretien avec les auteurs le 2 juin 2010.

Mitterrand était moins vulgaire que Chirac. Il connaissait sûrement mieux le foot. Chirac n'est pas un sportif. Séguin m'avait dit qu'un jour, Chirac lui avait demandé pourquoi les deux équipes jouaient avec des couleurs différentes. Il ne connaissait rien des bases du football. Il y allait pour regarder les filles dans la tribune, pour dire "Allez les Bleus" et "Youpi, vive la France". »

Les propos de l'ancien chef de cabinet de François Mitterrand, qui fera son entrée dans le gouvernement Jospin quelques semaines après le Mondial 1998, sont révélateurs. Jospin a-t-il été trop distant ? Commentateur de ce France-Brésil historique, Thierry Roland s'enflamme : « Quand Chirac est arrivé le jour de la finale avec le maillot de l'équipe de France sous son veston, c'est un peu comme Nelson Mandela lors de la finale de Coupe du Monde de rugby avec le maillot des Springboks en 1995. Lors d'un Mondial, plus on s'affiche du côté des vainqueurs, mieux c'est. À ce niveau-là, il avait une longueur d'avance sur le Premier ministre [1]. »

En 1995, Chirac avait été élu sur le thème de la fracture sociale. Une promesse de campagne non tenue, une de plus. Trois ans après, vingt-deux sportifs tapant dans un ballon réuniront les Français, tous les Français. Vingt-deux joueurs de football et leur sélectionneur. Pourquoi s'embêter avec de beaux discours ? La Coupe du Monde, il n'y a rien de mieux.

1. Entretien avec les auteurs le 12 avril 2010.

## Un dernier Mondial avant de partir

Dans les couloirs de l'Élysée, à quelques semaines de la Coupe du Monde 2006, on aime à se rappeler les bons souvenirs de 1998. Le Mondial 2002, au Japon et en Corée du Sud, Chirac l'a vite oublié. On n'a pas beaucoup vu ni entendu le Corrézien fan de football après la débâcle des Bleus en Asie. En Allemagne, les choses ne se présentent pas de la meilleure des manières. Certes, Zidane et Thuram sont revenus, mais les matchs amicaux inquiètent. L'entrée en matière est poussive avant la victoire face au Togo, la montée en puissance et cette finale rocambolesque marquée par le coup de boule de Zizou. Sur l'affaire Zidane-Materazzi, Jacques Chirac va adopter une attitude très claire : on ne touche pas à Zidane, demi-dieu national et exemple d'intégration pour la population française d'origine maghrébine. Sur le perron de l'Élysée, les accolades entre le chef de l'État et les joueurs sont cordiales, sans plus. Celles avec le meneur de jeu de l'équipe de France sont en revanche des plus chaleureuses. « Zidane a rendu tellement de services à l'équipe de France de football. Bon, il a déjanté pendant une minute mais il faut aussi savoir ce que l'autre lui a balancé[1] », déclare Guy Drut. Le protège-t-on par intérêt, Zidane représentant tant de choses, notamment une communauté et ses millions d'électeurs ? « C'est parce qu'il est sympathique. Moi aussi, ça m'est arrivé, face à des adversaires, d'avoir envie de leur "mettre une tarte", comme à des politiques d'ailleurs, poursuit Drut.

1. Entretien avec les auteurs le 5 mai 2010.

Zidane a craqué. Il a balancé “le coup de boule”, point barre. Ce n’est pas dramatique. À mon avis, il n’y avait pas de calcul. » Pas de calcul, certainement, mais il était quand même préférable de se montrer solidaire de la peine de l’un des sportifs préférés des Français. C’est toujours bon à prendre.

## Sarkozy, un vrai grand passionné

Sarkozy, un amoureux du ballon rond mais pas seulement : le cyclisme mais aussi ses célèbres joggings avec François Fillon ou d’autres dans les jardins de l’Élysée ont forgé son image de président sportif. Le sport est un mode de vie chez Sarkozy : « Je le connais depuis longtemps et c’est un type qui était dans les tribunes du stade olympique de Munich déjà pour les Jeux Olympiques en 1972. À l’époque j’avais 22 ans, il devait en avoir 17, 18. Ça a toujours été un passionné de sport. Aussi bien dans la vision que dans la pratique[1] », déclare Guy Drut. Pour Frédéric Lefebvre, « Nicolas Sarkozy, c’est une encyclopédie sur le foot. Vous pouvez l’interroger sur tel but, à telle minute ». « Énergie, talent, il faut surprendre ses adversaires et il faut marquer des buts. C’est un sport ou il faut prouver, or ce qu’aime Nicolas, c’est la preuve[2] », s’enflamme Jacques Séguéla, l’homme des dîners qui comptent : après la rencontre Tapie-Mitterrand, il est à l’origine de celle entre Sarko et Carla quelques années plus tard. Sarkozy, amoureux de Carla et du PSG.

1. Entretien avec les auteurs le 5 mai 2010.
2. Entretien avec les auteurs le 26 mai 2010.

Son club de cœur. Un président supporter. « Nicolas Sarkozy me l'a dit un jour : "Moi, je suis fan du PSG", lâche Pape Diouf. Amicalement, très gentiment. Je lui ai répondu que j'étais supporter de l'OM [1] [rires]. » « Nicolas Sarkozy, il décide au dernier moment d'aller voir un match au Parc des Princes et il y va [2] », glisse Thierry Roland.

Un ancien président du PSG, Francis Graille, témoigne de l'amour sincère du chef de l'État pour ce club : « Il connaissait tous les joueurs de l'équipe… Mieux que moi. Il demandait des places pour ses gamins et des amis mais il se comportait proprement et remerciait tout le monde derrière. Son successeur, Dominique de Villepin, ne nous remerciait jamais. Il ne connaissait rien au foot et lui venait au Parc des Princes pour se montrer. L'environnement de Villepin avait beaucoup d'exigences quand il venait au Parc. Parfois, il demandait des places et envoyait les enfants d'un copain [3] … » Pour Pierre Blayau, Sarkozy n'a jamais eu de rapport électoraliste avec le club de la capitale : « Il a été voir plus de matchs du Paris Saint-Germain que de l'OM, ce qui n'est électoralement pas vraiment payant. Pour lui, le Paris Saint-Germain, c'est le club que ses enfants aimaient et aiment. Toujours très discret… C'était plutôt le père de famille qui venait avec la retenue nécessaire car il ne pouvait pas s'afficher comme supporter exclusif du PSG. Il avait une dimension nationale comme homme poli-

1. Entretien avec les auteurs le 19 mai 2010.
2. Entretien avec les auteurs le 19 mai 2010.
3. Entretien avec les auteurs le 20 mai 2010.

tique. Il était très prudent dans ses commentaires. Il n'est jamais sorti de son rôle[1]. »

Le chef de l'État aime Paris, oui, à tel point qu'il vient même voir parfois des matchs à enjeu mineur comme ce seizième de finale aller de Coupe de l'UEFA entre le PSG et les Allemands de Wolfsburg (saison 2008-2009). Et où s'assoit le président de la République ? Aux côtés de Sébastien Bazin, actionnaire majoritaire du PSG, représentant de Colony Capital Europe, fonds d'investissement notamment spécialisé dans l'immobilier. Jusque-là, rien d'étonnant. Et pourtant, une histoire incroyable relie les deux hommes. Il faut remonter au jeudi 13 mai 1993, à 9 h 27. Ce jeudi-là, à Neuilly-sur-Seine, un homme vêtu de noir, la tête cachée par un casque de motard et une cagoule, fait irruption dans la classe maternelle du groupe scolaire Commandant Charcot et prend en otages vingt et un enfants ainsi que leur institutrice Laurence Dreyfus. Surnommé « *Human Bomb* », Érick Schmitt est armé d'un pistolet et d'explosifs. Dans cette classe maternelle se trouve la fille de Sébastien Bazin. À l'époque, Nicolas Sarkozy est maire de la ville de Neuilly. Depuis ce terrible événement, des liens forts unissent les deux hommes.

Entre ses liens avec l'actionnaire et son amour du club, le chef de l'État influe-t-il sur d'autres domaines plus privés de la vie du PSG ? La réponse de Daniel Hechter, quatrième président de l'histoire du club, est sans équivoque : « Pour nommer le président du PSG aujourd'hui, il faut l'avis de l'Élysée,

1. Entretien avec les auteurs le 9 mars 2010.

c'est clair[1]. » La nomination de Charles Villeneuve à l'été 2008 a d'ailleurs été au centre de certaines discussions. Nicolas Sarkozy a-t-il glissé le nom de Villeneuve, ancien directeur des sports de TF1, propriété de Martin Bouygues ? Réponse de l'intéressé : « Je suis parti de TF1 en des termes qui n'étaient pas chaleureux. Alors je vois très mal Martin Bouygues décrocher son téléphone ou dialoguant avec le chef de l'État me concernant. Michel Derbesse [ancien numéro 2 du groupe Bouygues], qui était conseiller de Colony Capital, m'avait demandé de lui arranger un rendez-vous avec Arsène Wenger et Sébastien Bazin. On y est allé et au retour, Bazin m'a demandé si j'acceptais de prendre la présidence après l'avoir proposée à Arsène Wenger[2]. »

Un an plus tard, en juin 2009 et selon *RMC.fr*, Sébastien Bazin aurait contacté l'ancien secrétaire d'État aux Sports, Bernard Laporte, débarqué du gouvernement quelques jours auparavant, pour lui offrir la présidence du PSG. Un proche du chef de l'État à la tête de son club de cœur, qui dit mieux ? Bernard Laporte, qui a connu Sarkozy en faisant du footing avec lui sur le bassin d'Arcachon en 2004… Laporte, président du PSG ? Sa réponse est claire et limpide. « Jamais. J'ai dit haut et fort d'abord que cela ne m'intéressait pas car aujourd'hui, je ne vois pas ce que je “foutrais” dans un club de foot[3]. »

1. Entretien avec les auteurs le 25 mai 2010.
2. Entretien avec les auteurs le 22 mars 2010.
3. Entretien avec les auteurs le 30 mars 2010.

## Un peu de « récup », ça ne peut pas faire de mal

Tout est parti d'un problème de quota de places. 5 mars 2006, l'OM se déplace à Paris. Le règlement de la Ligue de football professionnel est très clair : dans chaque stade, les places réservées aux supporters visiteurs représentent 5 % de la capacité totale, avec un maximum de deux mille places. Pierre Blayau : « C'était lié à un nombre de places et à l'utilisation de la tribune supérieure du virage visiteurs. On avait pris une position assez restrictive en fonction des droits qui sont fixés par les règles lors des matchs de championnat et cela avait fortement déplu aux dirigeants marseillais de l'époque [1]. » Réponse de Pape Diouf : « On nous donnait 2,5 %. On a demandé les 5 % [2]. » « Après, chacun a été au bout de sa position », ajoute l'ancien président parisien. La polémique entre les présidents Blayau et Diouf, le match… Un désastre pour le PSG. Les joueurs ont été tétanisés par l'événement et l'OM est venu chercher le 0-0 avec son équipe de CFA 2 [cinquième division] ! » Un peu moins de deux mois plus tard, les deux clubs se retrouvent en finale de Coupe de France à Saint-Denis, avec près de trente mille supporters par club. Après la polémique née du quota de places, la haine entre les supporters des deux clubs s'est réveillée. La sécurité est au cœur des discussions. Quelques jours avant la finale, Nicolas Sarkozy, alors ministre de l'Intérieur, va notamment

1. Entretien avec les auteurs le 9 mars 2010.
2. Entretien avec les auteurs le 19 mai 2010.

convier Blayau et Diouf à une réunion préparatoire place Beauvau. L'enjeu est assez important pour un ministre fan de foot et qui a fait de la lutte contre l'insécurité le thème central de son combat politique. Encore plus à un an de la présidentielle 2007. « La réunion a été préparée de façon professionnelle. Symboliquement, à la fin, il y a eu une poignée de main très amicale avec Pape Diouf sur le perron du ministère de l'Intérieur », déclare Pierre Blayau. On se réconcilie vite, quand Sarko se penche sur un dossier et donne des consignes. Le 29 avril 2006, la finale se déroulera parfaitement. Pas de débordements aux abords du stade. Marseillais et Parisiens cohabiteront sans heurts. Pour Nicolas Sarkozy, le pari est gagné, sur tous les plans. « Quand le PSG a gagné [2-1], j'ai pu voir qu'il était heureux. Il a pris plaisir à venir toucher la Coupe, à saluer les joueurs. Après, Nicolas Sarkozy est allé saluer les joueurs de l'OM dans leur vestiaire, mais c'est vrai qu'il a commencé par les vainqueurs, le club de son cœur. »

De quoi se souviendra-t-on ? Notamment de son arrivée au Stade de France avec toutes ces caméras l'attendant. L'image du « super flic » destiné à devenir chef d'État. Deux ans plus tard, le PSG est de retour au Stade de France pour y disputer la finale de Coupe de la Ligue face à Lens. Entretemps, Nicolas Sarkozy a enfilé le costume présidentiel. La « banderole de la honte » va ternir la victoire parisienne deux buts à un (voir le chapitre 5). Guy Delcourt, maire de Lens, était assis à quelques mètres du chef de l'État : « Ce qui m'a mis en colère, c'est que personne n'a bougé. Le président était plus concentré sur le match que moi. Il a fallu que j'interpelle Sarkozy, assis quelques places au-dessus de moi. J'ai dit : "Monsieur le président, on va laisser ça ?" Une fois mis au courant, sa réaction a été immédiate et à la hauteur. Il a interpellé Frédéric Thiriez en disant : "Faites-moi retirer ça immédiatement ou sinon je m'en vais[1] !" »

Elle sera enlevée dans la foulée mais l'histoire ne s'arrêtera pas là. Sarkozy veut marquer le coup. Quelques heures après le match, il recevra au « Château » Guy Delcourt et le président du RC Lens, Gervais Martel, avant de les raccompagner sur le perron de l'Élysée. La « banderole » a choqué une grande partie des Français, alors autant y mettre les grands moyens.

## Sarkozy et l'Olympique lyonnais

Quand on est président de la République et que l'on est passionné de football, il y a un club que l'on ne peut mettre de côté en France : l'OL. Septuple champion de France entre 2002 et 2008. Jean-Philippe Baille, journaliste à RTL, qui a couvert l'actualité de l'OL pendant dix ans, se souvient d'une anecdote assez particulière : « Nicolas Sarkozy est venu à Lyon en pleine campagne présidentielle. Il a visité le centre d'entraînement. Il est venu voir tous les joueurs qui lui ont serré la main. Coupet lui a donné ses gants. Certains dans le club se sont quand même demandé pourquoi Sarko était venu et pas Ségolène Royal[2]. » Certains joueurs comme Govou

1. Entretien avec les auteurs le 31 mars 2010.
2. Entretien avec les auteurs le 5 juillet

se sont sentis un peu récupérés politiquement. Personne ne se souvient vraiment si Jean-Michel Aulas était au centre d'entraînement ce jour-là. Dans une période où le soutien du maire socialiste, Gérard Collomb, est indispensable pour faire avancer le projet OL Land, Aulas a peut-être préféré ne pas s'afficher avec Sarkozy, même si les deux hommes se connaissent et s'apprécient. Quelques semaines plus tard, certains se font l'écho d'une situation un peu bizarre. Le club aurait demandé que l'on régularise des nounous de joueurs brésiliens qui avaient des problèmes pour rester sur le territoire français. Quand on connaît aujourd'hui les problèmes que des milliers de personnes doivent affronter pour obtenir des permis de séjour… On ne saura jamais le fin mot de l'histoire mais en pleine campagne présidentielle, Nicolas Sarkozy n'a pas été à un entraînement du club de son cœur, se battant à l'époque pour ne pas être relégué en deuxième division, mais à Lyon. PSG *vs* OL : politiquement, Sarko a choisi son camp.

### Une coutume mise de côté

Il s'agit d'une tradition vieille comme la Coupe de France. Avant le coup d'envoi de chaque finale de Coupe de France, la coutume veut que le chef de l'État vienne serrer la main des joueurs. La bise de Jean-Pierre Papin, attaquant de l'OM, à François Mitterrand en juin 1989 est inscrite dans l'inconscient collectif.

En ce 1er mai 2010, la donne est cependant bien différente. Les sondages sont calamiteux pour Nicolas

Sarkozy. Aucun intérêt pour lui de se faire siffler par tout un stade. Mais le président est excusé. Rama Yade : « Sachez qu'il descendait de l'avion. Il venait d'arriver d'un vol de Pékin[1]. » Une question de timing, donc. « Connaissez-vous un président de la République qui se bat pendant trente ans dans sa vie politique, qui connaît des hauts et des bas et des traversées du désert, et qui aurait peur d'être sifflé ? », développe la secrétaire d'État.

« Il a serré la main des joueurs une fois le match terminé. Il est descendu dans les tribunes pendant les pauses avec les gens qui voulaient le voir et prendre des photos avec lui. C'est juste un faux débat. C'est à la mode de faire des procès à Sarkozy. » Dans la majorité, tout le monde partage un peu le même avis. « Ce n'est pas écrit dans la loi. Il n'était même pas obligé d'être là. Ça ne me choque pas. Ça n'a pas traumatisé les joueurs. Il a eu peur de se faire siffler. Ce n'est pas facile pour un politique de ne pas se montrer quand il va au stade ! Je ne vois pas pourquoi le président pousserait le masochisme jusqu'à se faire siffler[2] », confirme François-Michel Gonnot, député UMP de l'Oise. Pour Jean Lassalle, il y a quelque chose de plus enfoui qui concerne la classe politique dans son ensemble : « Ça montre le très profond désamour entre le peuple et l'élite politique. Il a eu raison de ne pas descendre saluer les joueurs. »

L'Élysée aurait pu consulter Jack Lang : « Pourquoi Sarkozy irait-t-il s'exposer aux quolibets ? J'ai

1. Entretien avec les auteurs le 7 mai 2010.
2. Entretien avec les auteurs le 12 mai 2010.

un souvenir : on y avait d'ailleurs travaillé. Lors de la cérémonie d'ouverture des jeux Olympiques d'Albertville en 1992, Mitterrand avait traversé le stade avec Michel Barnier, président du conseil général, et Jean-Claude Killy, l'organisateur des jeux Olympiques. Ça s'était très bien passé. On avait trouvé une bonne solution : la France de gauche et celle de droite… Les gens n'avaient pas sifflé. Malheureusement pour Édith Cresson, alors Premier ministre, qui avait atteint une popularité très basse… Lors de la cérémonie de clôture, Michel Barnier, voulant lui faire plaisir, l'a citée dans son discours, déclenchant des sifflets[1] ! »

Lors de la remise de la Coupe à Claude Makelele après la victoire du PSG sur Monaco 1 à 0, le cadreur, proche du chef de l'État a été l'auteur d'un véritable exploit : filmer la remise du trophée en évitant au maximum de montrer Nicolas Sarkozy sur les écrans du Stade. Un an auparavant, lors de la finale entre Rennes et Guingamp, le chef de l'État avait déjà boycotté les poignées de main avant le coup d'envoi. Jean-Pierre Escalettes, alors président de la FFF, avait assuré le travail.

Sur son blog, Jean-Michel Apathie, journaliste politique et présent dans les travées du Stade de France ce soir-là, décrit la suite : « La victoire de Guingamp déchaîne l'enthousiasme du speaker. Il fait remarquer à la foule que cette victoire d'une équipe de Ligue 2 en Coupe de France est un événement qui s'est produit en présence “des plus hautes autorités de la République”. Pourquoi donc le spea-

1. Entretien avec les auteurs le 29 mai 2010.

ker utilise-t-il une formule à la mords-moi le nœud ? Il serait évidement plus simple et plus juste de dire que le match Rennes-Guingamp s'est déroulé devant le président de la République, et non pas devant les "plus hautes autorités de la République", ce qui ne veut rien dire. Pourquoi donc use-t-il de cette formule ? Est-ce de sa propre initiative ? Peu probable. Est-ce à la demande des organisateurs ? À la demande de l'entourage présidentiel ? Mystère. Et pour quelle raison emploie-t-il cette formule ampoulée ? Peur des sifflets ? Des manifestations hostiles ? Ni le nom de Nicolas Sarkozy, ni celui de sa fonction, président de la République, n'ont été prononcés dans l'enceinte sportive samedi soir ! »

## Une Coupe du Monde pour se relancer

En ces temps de grande impopularité, la Coupe du Monde 2010 peut être synonyme d'espoir à l'Élysée. Tous ont encore en tête les images de liesse de 1998, et surtout les bienfaits politiques apportés à Jacques Chirac. Sarko compte sur un bon parcours de la France en Afrique du Sud. En tant que supporter des Bleus mais aussi sur un plan purement politique… Un bon Mondial 2010, après la désillusion de la Coupe du Monde de rugby 2007 disputée en France. Les Bleus de son ami sélectionneur, Bernard Laporte, s'étaient arrêtés en demi-finale mais avaient signé l'exploit d'éliminer la Nouvelle-Zélande en quart. Un parcours similaire irait déjà très bien au président de la République, conscient que son équipe nationale n'est pas en très bon état. Et on le comprend. Un bonne Coupe du Monde, cela signifie un peu de moral pour les Français en pleine crise économique. En 1998, la victoire des Bleus avaient eu pour effet un point de croissance supplémentaire et puis, pour Sarko, cela peut modifier le climat plutôt conflictuel, en pleine réforme des retraites. À l'inverse, des défaites rajouteraient de la déprime à la déprime.

Mais le chef de l'État ne la sent pas vraiment, cette Coupe du Monde. Alors qu'il avait annoncé en début d'année à Raymond Domenech venir à Bloemfontein pour France-Afrique du Sud, dernier match de poule des Bleus, quelques semaines avant le début du Mondial, le porte-parole de l'UMP, Frédéric Lefebvre, modifie la donne sur Canal + dans *La Matinale* : « Pas sûr que Nicolas Sarkozy aille en Afrique du Sud… Cela dépendra des résultats. » Que peut-il y avoir de positif à associer son image à une équipe de « *loosers* » trop payés ? Les choses se précisent le 8 juin, soit trois jours avant le début de la compétition.

Sarko annonce qu'il n'ira pas voir le moindre match des Bleus lors du premier tour, en raison d'un agenda surchargé. Ces fameux problèmes d'agenda. « C'est sûr que le Mondial, c'est un facteur d'image très fort pour un politique et pour un président. Encore faut-il que la France gagne. Car un politique a tout à y gagner. Si la France perd, ce n'est pas lui le responsable, ce sont les joueurs et leur entraîneur. Mais si la France gagne, il profite de la victoire des Bleus. C'est évident que la France en a besoin, et son président aussi. Il a besoin de redresser la tête, d'avoir des signes de réussite. Et un geste, une victoire comme celle de la Coupe du Monde est le meilleur remède contre la crise de foi. Il n'y en a pas de meilleur au monde. Et ça changerait le moral des Français, surtout que 78 % pensent que l'on n'a aucune chance de voir notre équipe triompher. Et après tout, pourquoi pas ? On l'a déjà fait, pourquoi on ne le referait pas [1] ? »

Vous l'aurez compris. Cette interview de Jacques Séguéla a été réalisée avant le début du Mondial. La suite, on la connaît. Le chef de l'État a bien fait de ne pas aller en Afrique du Sud.

---

1. Entretien avec les auteurs le 26 mai 2010.

# 8
# Les ministres des Sports et le football

## Un ministère par défaut ?

C'est une exception bien française. En Angleterre et en Allemagne notamment, le poste de ministre des Sports n'existe pas. Un poste de ministre oui, mais pour faire quoi ? « C'est un ministère qui n'a plus rien, affirme Jean Glavany. Il n'y a plus de moyens. Il devrait être rayé de la carte. Ça n'a plus de sens d'avoir un ministère des Sports avec aussi peu d'argent[1]. » Marie-George Buffet, propriétaire des lieux entre 1997 et 2002, confirme : « Il fallait juste que je lutte pour avoir un budget qui n'a d'ailleurs jamais tenu la route. Mais je me suis battue, notamment contre le dopage. J'ai vécu de belles choses, comme la Coupe du Monde 1998, de moins bonnes, comme France-Algérie. Donc on a parlé de ce ministère mais sinon, on le voit bien encore aujourd'hui, c'est l'une des dix dernières roues du carrosse[2]. »

1. Entretien avec les auteurs le 2 juin 2010.
2. Entretien avec les auteurs le 27 avril 2010.

Un ministère, c'est beaucoup dire car là aussi, les choses ont changé. D'un vrai poste de ministre, on est désormais passé à une responsabilité collégiale sous Nicolas Sarkozy. La ministre de la Santé et des Sports, Roselyne Bachelot, s'occupe un peu plus des questions de santé publique que de l'équipe de France de football. Le quotidien est géré par un secrétaire d'État, poste dévolu dans un premier temps à Bernard Laporte d'octobre 2007 à juin 2009, au sein du gouvernement Fillon. « Je l'ai dit haut et fort. Au départ, chacun doit trouver sa place. Au début, ça n'a pas été simple mais après, ça a été merveilleux avec Roselyne [1] », déclare l'ancien sélectionneur du XV de France. « Moi, je suis un bon soldat. Je ne voulais pas être calife à la place du calife. Ça se passait très bien. »

Avec Rama Yade, la cohabitation sera plus compliquée, toutes deux ayant de vraies perspectives politiques. La petite jeune du gouvernement cherchant à exister face à sa ministre de tutelle, qui a la primeur de toutes les grandes annonces… « Un ministre des Sports est toujours apprécié parce que souvent, il donne des places aux autres ministres [rires], poursuit Laporte. Personne ne veut être ministre des Sports. Quand vous êtes dans un gouvernement, personne ne veut votre place [rires]… Souvent parce que les politiques ne sont pas issus de ce milieu-là et que ce n'est pas ce qu'il y a de plus valorisant pour eux. » En pleine débâcle de l'équipe de France lors de la Coupe du Monde 2010, Christophe Dugarry, ancien champion du monde 1998, a évoqué sur le

1. Entretien avec les auteurs le 30 mars 2010.

plateau du *Canal Football Club*, le 18 juin dernier, « ces ministres des Sports qui n'y connaissent rien au football ».

Sous le gouvernement Giscard d'Estaing, Jean-Pierre Soisson, supporter historique de l'AJ Auxerre, a occupé la fonction avec passion. « Lors de la première finale de Coupe de France d'Auxerre perdue contre Nantes en 1976, j'étais assis aux côtés de Giscard. J'étais ministre des Sports et je manifestais pour mon club. Le président n'était pas très content et me rappelait sans cesse à l'ordre[1]. » Et de dresser un constat sur l'évolution du sport au sein du gouvernement : « Le ministère, aujourd'hui, c'est un dixième du budget d'il y a trente ans. C'était un gros ministère... Maintenant, ce n'est plus grand-chose. » C'était mieux avant pour l'ancien maire d'Auxerre, un peu misogyne quand il s'agit d'évoquer Rama Yade : « Ce n'est pas bien d'avoir une fille comme secrétaire d'État aux Sports car elle ne peut pas aller dans les vestiaires... »

## Sportifs ou non-sportifs ?

Deux tendances s'opposent. Faut-il un ancien international ou une bleue comme ministre des Sports ? Les avis divergent. « Non... Pourquoi des sportifs ? Moi, il a fallu que je travaille énormément et que je consulte beaucoup parce que justement je n'étais pas de la famille[2], explique Marie-George

1. Entretien avec les auteurs le 12 mai 2010.
2. Entretien avec les auteurs le 27 avril 2010.

Buffet. Quand il faut dire : “L’impunité sur le dopage, c’est terminé”, il vaut mieux ne pas faire partie de la famille. » La grande famille du sport français, Guy Drut la connaît plutôt bien. « Objectivement, le fait d’avoir été sportif, c’est quand même un avantage à partir du moment où on a une expérience politique. Je ne pense pas qu’on ait rendu service à Bernard Laporte en le bombardant ministre du jour au lendemain. Tout comme Roger Bambuck, d’ailleurs. Il était chargé des sports à la mairie d’une ville de Seine-Saint-Denis… Et puis, d’un seul coup, il a été nommé ministre sous François Mitterrand, tout simplement parce qu’il était Antillais, ancien champion – et quel champion –, médaillé olympique [de bronze au relais 4 x 100 mètres en 1968] et également franc-maçon. Donc ça faisait quand même beaucoup de qualités pour un ministre ! Bernard Laporte était entraîneur de rugby puis, d’un coup, il se retrouve secrétaire d’État. Au début, il y a le premier degré de sympathie mais ça ne dure jamais que quinze jours ou trois semaines [1]. » Pour Marie-George Buffet, Bernard Laporte n’a jamais enfilé le costume de secrétaire d’État : « Ça a été un échec. Il s’est trop appuyé sur le sport professionnel avec une conception un peu “bling bling” de la pratique sportive. Moi, je me suis vraiment intéressée à l’ensemble des pratiques sportives. »

L’ancien rugbyman revient sur son drôle de mandat : « Il a fallu que je m’habitue aux codes. Certaines personnes m’ont déçu dans leur comportement. Par rapport au fait que vous n’êtes pas énarque, que vous

1. Entretien avec les auteurs le 5 mai 2010.

ne venez pas du même monde qu'eux. Bernard Kouchner ? On me l'avait vendu comme Dieu… Je me suis rendu compte que ce n'était pas ça. Je n'ai rien contre lui mais j'ai le droit d'être déçu par son attitude. C'est un monde assez égoïste. » Jean Glavany a également son avis sur la problématique : « sportifs *or not* sportifs ? »… Très tranché ! « Je n'ai jamais trouvé que c'était une réussite. Le seul qui a eu mon indulgence, c'est Calmat. Bambuck ? Échec terrible. Drut et Lamour ? Pareil. Laporte ? Catastrophique.

Quand on fait de la politique, il faut avoir le sens de l'intérêt général et ne pas arriver avec ses préjugés. J'ai toujours pensé qu'un diplomate faisait un mauvais ministre des Affaires étrangères, un médecin un mauvais ministre de la Santé. Les sportifs arrivent avec des préjugés provenant de leurs corporatismes [1]. »

Deux anciens athlètes (Bambuck et Drut), un patineur (Calmat), un escrimeur (Lamour), un joueur de rugby (Laporte) mais pas de footeux au cours de ces vingt-cinq dernières années. Il n'y a pas que le foot dans la vie.

### « Monsieur le Premier ministre, est-ce que je peux vous voir lundi ? »

Si une année a marqué la vie de Michel Hidalgo, c'est évidemment 1984. Un titre de champion d'Europe remporté à l'été au Parc des Princes, une

1. Entretien avec les auteurs le 2 juin 2010.

génération exceptionnelle (Platini, Giresse, Tigana, Rocheteau…), et une proposition des plus surprenantes. Laurent Fabius, tout juste nommé Premier ministre par François Mitterrand, appelle Hidalgo. Objet de la discussion, le poste de ministre des Sports : « Je regrette de ne pas avoir eu le temps de tester et de juger un petit peu la proposition. Moi, quand on m'appelle un samedi soir vers vingt heures et qu'on me demande de donner la réponse le lendemain matin[1] … » C'est Jean Glavany qui a soufflé le nom du sélectionneur des Bleus. « Fabius m'appelle. J'étais en vacances dans le sud-ouest. Il me dit : “Je voudrais nommer un sportif connu au ministère des Sports.” On me dit : “Calmat est de gauche.” Et Hidalgo ? Je ne sais pas s'il est de gauche mais il n'est pas engagé à droite. C'est un républicain avec qui on a toujours eu de bonnes relations[2] », explique Glavany.

L'ancien sélectionneur de l'équipe de France de football se souvient de cet épisode au détail près : « N'étant pas dans le sérail politique, je ne peux même pas me tourner vers des amis politiques également pour leur demander : “Qu'est-ce que je fais ?” Ne sachant pas ce qu'on attendait de moi, j'ai quand même répondu à Fabius : “Monsieur le Premier ministre, est-ce qu'on peut se voir lundi ?” Il me dit : “Non, il me faut la réponse demain matin à dix heures.” N'étant pas de ce milieu-là, je ne savais pas avec qui j'allais travailler, il y a beaucoup de choses que je ne savais pas. J'ai donc dit non. » Vingt-cinq

1. Entretien avec les auteurs le 17 mars 2010.
2. Entretien avec les auteurs le 2 juin 2010.

ans après, des regrets, des remords. « Quand j'ai rencontré des amis en politique, ils m'ont tous dit : "Tu es un vrai con !" En politique, il faut d'abord dire oui. Et après, si tu veux partir, tu peux t'en aller. Il y en a qui sont partis au bout de huit jours, au bout d'un mois, ou au bout de six mois, mais on ne dit jamais non. »

Fabius n'avait pas le temps. Calmat a donné son accord et Hidalgo le regrettera éternellement. Entrer au gouvernement, ça ne se refuse pas !

## Rama Yade et la menace Douillet

« Je le dis sous le contrôle de David [Douillet], moi, j'adore le sport, surtout depuis que je suis secrétaire d'État aux Sports. » Une phrase de Rama Yade ? Non, une pique à son intention de la part de… Nicolas Sarkozy. « Certains comportements ministériels ne m'ont pas plu, j'en tirerai sévèrement les conséquences à l'automne ! » Et certaines déclarations ne laissent pas insensible.

Depuis son arrivée au secrétariat d'État aux Sports, Rama Yade a enchaîné les boulettes. Ribéry et le maillot bleu, la polémique sur l'hôtel de l'équipe de France en Afrique du Sud… À Matignon et à l'Élysée, on commence à se lasser un peu de ses déclarations. Un directeur de cabinet confirme : « Rama Yade ? Pas de réelle stratégie pour le sport en France… Juste de la communication [1] ! » Membre du premier gouvernement Fillon (juin 2007), la jeune

1. Entretien avec les auteurs le 25 août 2010.

trentenaire est nommée secrétaire d'État auprès du ministre des Affaires étrangères, chargée des affaires étrangères et des droits de l'Homme. Déjà mise sous tutelle, avec Bernard Kouchner comme supérieur. La cohabitation s'avère bien compliquée, la trentenaire se faisant régulièrement encadrée. Rama Yade, le poids des mots, le choc des propos : « Le colonel Kadhafi doit comprendre que notre pays n'est pas un paillasson sur lequel un dirigeant, terroriste ou pas, peut venir s'essuyer les pieds du sang de ses forfaits. »

Une déclaration courageuse qui lui vaudra en tout cas la sympathie de l'opinion. Moins celle de Sarkozy. En pleine visite du chef d'État libyen à Paris, avec en ligne de mire pour le président la signature de contrats portant notamment sur l'achat de vingt et un Airbus, et l'acquisition à terme d'un ou plusieurs réacteurs nucléaires, il y avait peut-être mieux à faire… Les conflits avec Bernard Kouchner seront réguliers et sa personnalité un peu rebelle agace parfois au sommet de l'État. À l'inverse de Rachida Dati, la jeune femme refuse de défendre la liste UMP aux européennes 2009. Lors du remaniement effectué par François Fillon en juin 2009, elle atterrit aux Sports. Pas une mise au placard, selon elle. « Je suis très contente d'être aux Sports. J'ai la chance d'être membre du gouvernement à 33 ans et c'est déjà énorme. Et puis le microcosme sportif c'est un monde attachant[1]. » Michel Hidalgo a rencontré la trentenaire quelques semaines après sa nomination. « Laissons-lui le temps. Elle n'est pas là pour trois

1. Entretien avec les auteurs le 7 mai 2010.

mois, ni pour six mois. Elle m'a demandé de venir la voir. Elle m'a posé beaucoup de questions, j'ai essayé de lui répondre le plus simplement possible. Elle a dû faire cela avec pas mal de sportifs de toutes disciplines, et donc, tout doucement, elle va s'installer dans ce siège de secrétaire d'État. Elle est agréable d'abord parce qu'elle demande aux sportifs de venir la voir, de parler du sport, chacun dans sa spécialité, et je la trouve très convaincante, quelquefois, dans ses réponses [1]. »

Dominique Rocheteau a également été convié par la secrétaire d'État : « Elle m'a fait venir pour parler football. Et j'ai découvert un poster de moi dans le bureau. Ça m'a étonné. Elle m'a dit qu'elle aimait bien le foot car sa famille était passionnée de ballon rond [2]. » Rêvait-elle de ce ministère ? On a à peine à l'imaginer mais… « Je réalise des rêves d'enfant. Entrer dans les vestiaires. Quand je me retrouve devant Laurent Blanc… À Montpellier, c'était mon idole. J'avais des posters de lui dans ma chambre. C'est un monde fascinant. » Laurent Blanc, futur sélectionneur de l'équipe de France [cette interview a été réalisée avant sa nomination à la tête des Bleus]. Évidemment. Son club préféré ? « Je n'ai pas le droit de le dire. C'est l'équipe de France. Ça me tenterait bien d'être présidente d'un club. C'est génial d'accompagner une aventure comme ça. J'ai trois clubs préférés. » Présidente du Paris Saint-Germain ? « Ah non, pas du PSG ! » En marge de l'entretien, Rama Yade confiera qu'elle apprécie plusieurs

1. Entretien avec les auteurs le 17 mars 2010.
2. Entretien avec les auteurs le 18 juin 2010.

Marseillais (Mamadou Niang, Lucho Gonzalez et Souleymane Diawara), qu'elle aime bien l'OM d'aujourd'hui, malgré un ballon logoté PSG situé à un mètre de son ordinateur. « Ah, je n'avais pas vu ! », dit-elle en souriant…

Parmi les ministres menacés par l'éventuel remaniement annoncé le 30 juin dernier par le président de la République figure Rama Yade. Ses critiques sur le « clinquant » de l'hôtel des Bleus en Afrique du Sud « n'ont pas plu ». Devant les députés UMP invités à l'Élysée, le chef de l'État a visé implicitement trois ministres, dont la benjamine du gouvernement. Il a énuméré « avions » (Alain Joyandet), « cigares » (Christian Blanc), « critique de la nature des hôtels » (Rama Yade) comme autant de comportements qu'il juge « sévèrement ». Joyandet et Blanc[1] ont été contraints à la démission. Yade y a échappé de très peu.

Le chef de l'État a en tout cas déjà quasiment mis en scène l'arrivée de son successeur. Évoquant le « désastre » de l'équipe de France à la fin de la réunion, il a complété avec cette formule, selon *Le Figaro* : « Je parle sous les yeux de David… » À savoir David Douillet, élu récemment député UMP

1. Alain Joyandet (secrétaire d'État chargé de la Coopération et de la Francophonie) a été épinglé à deux reprises, ces derniers mois, par le Canard enchaîné : une première fois en mars pour avoir eu recours à la location d'un avion privé pour 116 500 euros lors d'un déplacement ministériel en Martinique (Antilles), et une autre en juin, quand il a été soupçonné d'avoir bénéficié d'un permis de construire illégal pour agrandir la maison qu'il possède près de Saint-Tropez. En juin, le Canard enchaîné révélait également l'existence d'une facture de 12 000 euros de cigares pour le compte de Christian Blanc (secrétaire d'État au Grand Paris), achetés sur le dos du contribuable.

des Yvelines et qui égratigne lui-même depuis quelques semaines la secrétaire d'État et sa ministre de tutelle. « Je trouve qu'elles ont parfois manqué de recul, avec des réactions trop passionnelles » au sujet l'équipe de France de football, dit-il dans une interview donnée au *Parisien* le 27 juin 2010. Douillet, plus que jamais favori à la succession… Il a annoncé mi-juillet à *Var-Matin* qu'il accepterait le ministère des Sports si Sarkozy le lui proposait. Rama n'a pas apprécié et s'est fendue d'un petit jeu de mot à l'attention du champion olympique de judo, sur Europe 1, quelques jours plus tard : « Ceux qui cherchent à vous pousser hors du ministère des Sports, comme Douillet, ne pourront pas dire que vous ne connaissez pas vos dossiers », lui lance le journaliste d'Europe 1 après avoir interrogé la secrétaire d'État sur le dernier Tour de France. « Ça veut dire quoi "pousser dehors" ? Ça mériterait la ceinture noire du ridicule », glisse Yade.

En attendant, elle a encore un peu plus aggravé son cas ces derniers mois. Selon le *Canard enchaîné*, elle aurait demandé à la mi-juin une rallonge de 150 000 euros pour ses déplacements, en pleine rigueur budgétaire imposée par Nicolas Sarkozy. Un million de francs, c'est si peu pour une secrétaire d'État pointilleuse sur le prix d'une chambre d'hôtel.

### L'argent du foot et les ministres

Pour une ministre communiste, le tout-capitalisme du foot-business interpelle forcément. Pendant son mandat, Marie-George Buffet a cherché à atténuer les effets négatifs du trop-plein de « fric » dans le football : « Les amendements. On les sent, ils sont là, ils sont présents ! Ça passe direct à l'Élysée et ça redescend. Alors, qu'on ne me dise pas que le président de la République est effrayé par le salaire des joueurs. Il se fiche du monde[1]. » Premier dossier à gérer pour Buffet : la cotation des clubs en Bourse ; la ministre des Sports du gouvernement Jospin résistera jusqu'au bout à toute forme de pressions. « Sur cette question du sport professionnel et de l'argent, je tiens à réaffirmer mon opposition ferme à la cotation en bourse des clubs sportifs. C'est peut-être une réussite financière. Mais c'est un échec pour le sport et ses valeurs. La valeur d'un club ne peut se réduire à un indice boursier ; et une telle évolution est un pas supplémentaire dans la réduction du sport à un simple spectacle, avec toutes les dérives qui l'accompagnent[2]. » Avant d'ajouter : « Lorsqu'il y a eu les modifications permettant l'ouverture à la bourse des clubs, on m'a expliqué que c'était pour mettre fin à la concurrence déloyale des autres clubs européens. J'ai tout de suite dit que ça ne concernera qu'un club : l'Olympique lyonnais ! J'avais raison. Ça fait maintenant plusieurs années que l'autorisation de la bourse est réelle et il n'y en a qu'un côté en bourse, c'est Lyon. »

Un échec pour le sport et ses valeurs… La solidarité, le partage, le lien social, Marie-George Buffet défendra toujours ces principes. Son successeur, Jean-

1. Entretien avec les auteurs le 27 avril 2010.
2. Discours devant le Comité national olympique et sportif français, le 15 février 2007.

François Lamour, nommé aux Sports après la victoire de Jacques Chirac à la présidentielle de 2002, aura une tout autre vision du métier. Un mandat en trois temps et à l'opposé de Marie-George Buffet. Plus axé sur la rentabilité des clubs de football et leur compétitivité sur le plan européen. Deux conceptions très différentes. L'argent roi face au football de « maman ». Après la loi Lamour 1 en juillet 2004, accordant notamment aux clubs la copropriété des droits télé ; la loi Lamour 2 en décembre 2005, leur permettant de verser une partie des salaires en droits à l'image (exonérés de charges), la loi Lamour 3, la mesure la plus spectaculaire, la cotation des clubs en bourse, formellement exclue par la loi depuis 1999… Le 9 février 2007, Jean-Michel Aulas voit son lobbying récompensé : l'OL fait son entrée sur les marchés, Lamour 2 ou un dispositif fiscal en vigueur permettant d'exonérer de charges sociales (salariales et patronales) jusqu'à 30 % de la rémunération brute des professionnels du rugby, basket, hand, volley… et surtout du football ! Puis le DIC : droit à l'image collective, ou comment favoriser les intérêts du sport roi. « Je me suis battue contre ça. Je pense que tout ce qui est exonération et bouclier fiscal porte atteinte au devoir de solidarité. À partir du moment où l'on veut des écoles publiques, des hôpitaux publics, une fonction publique, où l'on veut un pays qui permet la solidarité entre les individus, il faut que chacun participe selon ses moyens. Qu'on soit actionnaire ou sportif de très haut niveau, dans les sports très bien rémunérés qui ne sont pas légion car avoir une médaille olympique ce n'est pas gagner grand-chose, car il faut quand même faire le tri aussi. Je trouve normal aussi qu'ils cotisent. Moi, je suis pour l'impôt progressif. »

Le mot est lâché par Marie-George Buffet. Bouclier fiscal. En ces temps de crise et de rigueur, le DIC pose problème au sein du gouvernement, quatre ans après sa création. Rama Yade, fraîchement arrivée aux Sports, s'oppose à un amendement parlementaire supprimant le droit à l'image collective. Roselyne Bachelot, sa ministre de tutelle, et Éric Woerth, alors ministre du Budget, s'étaient tous deux prononcés en faveur de ce texte, finalement adopté par les députés. La réaction des porte-flingues du sarkozysme ne tardera pas. Nadine Morano, sur le plateau de *Dimanche +* : « Quand on n'est pas d'accord avec la politique menée par le gouvernement, c'est simple : ou on ferme sa gueule, ou on démissionne, vous connaissez l'adage. » Voilà qui est dit. « Dans les circonstances actuelles, dans les difficultés des comptes sociaux de notre pays, maintenir un dispositif complètement en train d'exploser, injuste et inefficace… Si nous ne renonçons pas à cette niche fiscale, on peut se demander à laquelle nous renoncerons », ajoute alors Roselyne Bachelot.

Ce bouclier fiscal, décrié par l'opposition depuis son instauration. Le DIC et les footeux au milieu de la problématique fiscale… Rama Yade revient sur ce débat de fond : « Au moment de la crise, dire aux Français : "Il faut supprimer le DIC", dont personne ne connaissait l'existence, pour punir ces footballeurs avec leurs Ferrari qui gagnent beaucoup d'argent… Comme si le droit à l'image collective, ce n'était que le foot ! Le DIC c'est le basket, le hand, c'est ce qui fait que Karabatic évolue en France [à Montpellier] ! Après, la ministre en a décidé autrement et les parlementaires aussi. Je n'ai pas essayé de les contredire. Simplement, ils ont changé d'avis au niveau du gouvernement, ils ont le droit, alors que moi, des mois avant, j'avais déjà dit que je voulais qu'il soit maintenu jusqu'à son terme initialement prévu [2012[1]]. » Rama Yade opposée à la suppression du DIC, s'est vue reprendre par sa ministre de tutelle et l'Élysée avant de se rétracter. « Je pense qu'elle a dû subir des pressions », glisse Marie-George Buffet.

Qu'en pensent les principaux concernés ? Éléments de réponse avec Jean-Claude Dassier. « Je ne suis pas sûr que l'État y était perdant. Certains disent même qu'il y était plutôt gagnant. Je veux bien que l'on dise : "Ce n'est pas le moment." Ce qui m'a chagriné, c'est que la loi telle qu'elle avait été passée devait s'appliquer jusqu'en 2012. Cette habitude est détestable de changer les règles en cours de partie. Rama Yade, au début, était contre la suppression du DIC et puis, comme elle s'est fait taper sur les doigts, elle a changé d'avis. Madame Bachelot, elle, évidemment, était pour sa suppression. C'était lié à la polémique sur le bouclier fiscal. La période est propice à ce genre de posture et d'attitude. Faire un peu de populisme ne nuit pas dans ces moments en disant : "Regardez-moi ces joueurs de football, avec ce qu'ils sont payés, en plus il faut les aider ?" Moi, ça va me coûter 5 millions ou 5 millions et demi... C'est beaucoup d'argent. Donc, il va falloir qu'on se débrouille. C'est un joueur en moins, une embauche en moins.

1. Entretien avec les auteurs le 7 mai 2010.

La compétitivité des clubs français sur le plan européen va en souffrir [1]. »

« À chaque fois, on nous explique qu'il faut lâcher sur nos valeurs, sur nos acquis, sur la solidarité parce qu'il y a l'Europe, rétorque Buffet. Moi, je prends le raisonnement inverse : il faut assainir au niveau européen la gestion des clubs. Il faut mettre en place une commission de contrôle. Michel Platini a commencé à travailler en ce sens, il y a des petites étapes qui sont en train de se franchir. Mais il faut y aller carrément car un jour on pourrait bien se dire : “Est-ce qu'il y a blanchiment ou pas dans certains clubs ?” Les équipes françaises sont plus surveillées que d'autres. Avec les DNCG, au lieu de dire “Il faut céder en France”, j'ai envie de dire “Il faut faire en sorte que dans les autres pays, on crée un contrôle de gestion”. »

Décidément, le DIC fait réagir. Quand un petit dispositif fiscal destiné à lutter financièrement face aux grands clubs européens est relié à l'actualité. Lors d'une réunion à l'Élysée en décembre dernier, Nicolas Sarkozy avait notamment promis à Frédéric Thiriez et Jean-Michel Aulas une compensation. Dans les clubs de Ligue 1, on attend toujours.

## Nicolas Sarkozy et les « amis du Fouquet's »

Il s'agissait d'un monopole d'État remontant à 1539 et établi par François I^er^. La royauté, une autre page de l'histoire de France. Quatre cent soixante-et-

1. Entretien avec les auteurs le 19 avril 2010.

onze ans après, le 6 avril 2010 plus précisément, l'Assemblée nationale adopte définitivement le projet de loi ouvrant les jeux de paris en ligne à la concurrence. Les joueurs pourront donc désormais miser de l'argent dans une partie de poker, ou sur une compétition sportive ou hippique, tout en restant devant leur ordinateur. Concrètement, la Française des jeux et le PMU vont devoir en laisser un peu aux autres. Et derrière tout cela, des enjeux économiques gigantesques. En 2009, les jeux d'argent et de hasard ont rapporté 5 milliards d'euros à Bercy. La prévision concernant le marché des jeux en ligne en France pour 2011 : trois millions de joueurs et deux milliards d'euros en jeu. Les chiffres parlent d'eux-mêmes. Problématique économique, mais aussi politique... Quand il y a autant d'argent à gagner, certains font évidemment jouer leurs réseaux d'influence, avec une question sous-jacente : le président de la République a-t-il favorisé son cercle de proches, les « amis du Fouquet's » subitement pris de passion pour le football ?

Une certitude : il y avait urgence à légiférer. Objectif : accorder les agréments aux sociétés de paris en ligne avant le début de la Coupe du Monde, le 11 juin, et le match France-Uruguay, synonymes de recettes exceptionnelles.

Et, quand il est question d'argent, les communistes sont forcément toujours là pour faire entendre leur voix : « L'acharnement du gouvernement s'explique car le Mondial arrive à grands pas et qu'il y a du fric à faire », déclare Roland Muzeau, député communiste des Hauts-de-Seine. Un autre député et membre du parti d'extrême gauche, André Chassaigne, fustige lui « une loi qui revient à blanchir des intérêts privés aujourd'hui illégaux » et « favorise des intérêts particuliers très proches du pouvoir : Arnaud Lagardère, Martin Bouygues, Patrick le Lay, Vincent Bolloré, François Pinault, Dominique Desseigne, Stéphane Courbit et Alexandre Balkany ». Au PS, on n'est pas en reste, évoquant un cadeau « aux amis du Fouquet's »... Ces bons vieux copains du président. Les paris en ligne, le moyen de s'enrichir facilement pour des sociétés créées en l'espace de quelques mois. Sur cette thématique, on n'a pas entendu Bachelot et Yade. Les amis du président, on n'y touche pas. Et pourtant, il y avait de quoi donner son avis, notamment sur les dangers d'addiction, de rupture du lien social et aussi sur les problèmes de triche éventuelle. Mais ça n'a évidemment pas la même force médiatique que l'affaire Anelka ou le prix de la chambre des Bleus en Afrique du Sud.

# Conclusion

C'est presque devenu une obligation pour un homme ou une femme politique de gauche comme de droite. Se positionner sur le football. Le sport roi pris en otage par le monde politique, le football n'étant pour eux que « l'opium du peuple ». Une « Marseillaise » sifflée, une main dans la surface de réparation deviennent vite des affaires d'État. Quand l'hymne national était sifflé sur les terrains il y a une trentaine d'années, cela ne choquait pourtant personne. Ce n'était que du football… Mais la popularité de ce sport est telle aujourd'hui qu'elle en fait un enjeu médiatique et politique de première importance. C'est ainsi et pas autrement. Symbole identitaire par excellence, le football n'échappe donc pas à son destin politique. Il s'agit souvent de bien plus qu'un simple match de foot. Les politiques s'y sont mis avec plus ou moins de réussite. Au niveau national et local, ils se servent de ce sport quand la victoire est là pour capter un peu de lumière, serrer les mains des vainqueurs dans les vestiaires, mais quand les résultats ne sont plus là, ils sont les premiers aussi à dénoncer les salaires indécents. Au-delà de la simple récupération, le monde politique se trouve en permanence confronté aux dérives du football (sécurité, argent). Et, comme dans d'autres domaines, il est difficile de tenir ses promesses.

Si la conquête des mandats se ne se joue pas uniquement dans les tribunes et sur les bords du terrain, il est impossible d'occulter ce phénomène de société. Aller au stade pour se montrer et développer ses réseaux d'influence, bien sûr, mais pas seulement. Car si beaucoup de politiques n'y connaissent pas grand-chose en ballon rond, il y a des hommes de gauche comme de droite qui aiment sincèrement ce sport. Comme n'importe quel Français, ils sont sélectionneurs et de mauvaise foi. Et comme tous les Français, ils ont leurs équipes de cœur. En vrais supporters.

Mais avant d'être des amoureux du football, ils sont avant tout des hommes politiques et souvent, le naturel revient au galop. Dans ces moments-là, la récupération politique n'est jamais très loin. En ces temps de crise, en chute dans les sondages, nul doute que Nicolas Sarkozy était persuadé qu'obtenir l'organisation de l'Euro 2016 était un antidote qui pouvait lui permettre d'augmenter ses chances de réélection en 2012.

Décidément, on demande beaucoup au football…

# Remerciements

Les auteurs tiennent à remercier :

Jean-Philippe Baille, rédacteur en chef adjoint à RTL. Jean-Luc Bennahmias, député européen Modem depuis 2009. Antoine Boutonnet, commissaire à la tête de la Division nationale de lutte contre le hooliganisme. Bernard Brochand, député-maire UMP de Cannes depuis 2001 et ancien dirigeant du PSG. Pascal Cherki, maire PS du XIV$^{e}$ arrondissement et ancien adjoint au maire de Paris chargé des sports de 2001 à 2008. Gérard Collomb, sénateur-maire PS de Lyon depuis 2001. André Delpierre, à l'origine de l'association Sauvons la cité de la citadelle. Fabien Cool, ancien gardien de l'AJ Auxerre et conseiller municipal Nouveau Centre d'Auxerre depuis 2008. Bertrand Delanoë, maire PS de Paris depuis 2001. Guy Delcourt, député-maire PS de Lens depuis 1998. François Cuillandre, député-maire PS de Brest depuis 2001. Sylvain Garel, élu Vert à la mairie de Paris. Frédéric Laharie, journaliste sportif à *Sud-Ouest*. François-Michel Gonnot, député UMP de la 6$^{e}$ circonscription de l'Oise depuis 1988. Francis Graille, ancien président du PSG de juin 2003 à mai 2005. Jean Glavany, député de la 3$^{e}$ circonscription des Hautes-Pyrénées et ancien conseiller de François Mitterrand. Daniel Hechter, ancien président du PSG de 1974 à 1978. Nicolas Hourcade, sociologue spécialiste des supporters. Sylvain Kastendeuch, ancien footballeur professionnel et ancien maire adjoint de Metz en charge de la Jeunesse et des sports de 2001 à 2008. Jean Lassalle, député Modem de la 4e circonscription des Pyrénées-Atlantiques. Noël Le Graët, vice-président de la Fédération française du football et ancien maire PS de Guingamp de 1995 à 2008. Renaud Muselier, député de la 5e circonscription des Bouches-du-Rhône. Marc Prevost, journaliste indépendant spécialisé dans l'actualité du Nord-Pas-de-Calais. Patrick Revelli, ancien footballeur à Saint-Étienne dans les années 1970 et aujourd'hui conseiller pour les Affaires sportives et sociales du maire PS de Saint-Étienne Maurice Vincent. Dominique Rocheteau, ancien attaquant international (49 sélections). Frédéric de Saint-Sernin, ancien secrétaire d'État du gouvernement Raffarin à l'Aménagement du territoire et président du Stade Rennais de décembre 2007 à mai 2010. Michel Seydoux, président du LOSC. Jean-Pierre Soisson, député UMP de la 1re circonscription de l'Yonne et ancien maire d'Auxerre. André Soulier, avocat au barreau de Lyon depuis 1959, avocat de l'OL et ancien adjoint au maire de Lyon de 1977 à 1983. Jean Tiberi, ancien maire RPR de Paris de 1995 à 2001 et maire UMP du Ve arrondissement de Paris. Jean-Louis Valentin, ancien directeur délégué de la Fédération française de football. Mario Albano, journaliste sportif à *La Provence* couvrant l'Olympique de Marseille. Éric Besson, ministre de l'Immigration, de l'intégration et de l'identité nationale. Pierre Blayau, président du PSG de mai 2005 à juin 2006. Dalil Boubakeur, grand recteur de la mosquée de Paris. Marie-George Buffet, ministre de la Jeunesse et des sports de 1997 à 2002. Jean-Claude Dassier, président de l'Olympique de Marseille. Pape Diouf, président de l'Olympique de Marseille de 2005 à 2009. Guy Drut, ministre de la Jeunesse et des sports de 1995 à 1997. Michel Hidalgo, sélectionneur de l'équipe de France de football de 1976 à 1984. Jack Lang, ancien ministre de la Culture et de l'Éducation nationale et actuel député de la 6e circonscription du Pas-de-Calais. Bernard Laporte, secrétaire d'État aux Sports de 2007 à 2009. Rama Yade, secrétaire d'État aux Sports. Frédéric Lefebvre, porte-Parole de l'UMP. Patrick Pelloux, président de l'Association des médecins urgentistes de France (AMUF). Gilles Rof, journaliste d'investigation, auteur d'un documentaire sur l'affaire Santos Mirasierra pour France 3 Méditerranée. Thierry Roland, commentateur historique des matchs de l'équipe de France de football sur TF1 et M6. Michel Sappin, préfet des Bouches-du-Rhône. Jacques Séguéla, publicitaire. Charles Villeneuve, président du PSG de mai 2008 à février 2009. Roger Zabel, ancien journaliste sportif de TF1.

Sans oublier les sept personnes qui ont souhaité conserver leur anonymat.

Jean-Claude Gawsewitch et Bruno Godard pour la confiance qu'ils nous ont témoignée tout au long du chemin.

Antoine Grynbaum :

Celle sans qui je ne serai pas grand-chose.
Celui qui m'a permis d'être où j'en suis.
Ma petite princesse.
Cette jeune femme au regard bienveillant.
Ces deux amis, deux frères dont la gentillesse et la présence, l'écoute et la solidarité…
Tous ceux que je n'oublierai jamais.
Toutes celles et ceux qui m'ont aidé dans mon parcours journalistique.
Mon coauteur, que j'ai appris à découvrir encore un peu plus et avec tant de plaisir.

Romain Schneider :

À mes parents.
À mon frère Mathias.
À Marguerite et Nanou.
À mon coauteur.

# Table des matières

## Introduction

Des liaisons dangereuses ........ 5

## 1
## L'équipe de France otage des politiques

Une mutinerie qui fait beaucoup parler ........ 18
Quand Nicolas Sarkozy reprend la main ........ 21
Et pourtant François-Michel Gonnot avait prévenu… ........ 23
De dérapages en dérapages ........ 25
Quand Sarkozy demande à recevoir Henry ........ 27
La FIFA rappelle l'État à l'ordre ........ 30
Domenech et Escalettes au rapport ! ........ 31
Comment l'État a poussé Jean-Pierre Escalettes vers la sortie ........ 33
Un hôtel cinq étoiles qui fait débat ........ 36
Les politiques et l'argent du foot ........ 38
La main de la « honte » ........ 41
Ribéry, Zahia, Rama et le maillot de l'équipe de France ..... 46

## 2
## Bernard Tapie, entre football et politique

Un itinéraire bien particulier ........ 54
Premiers pas réussis dans le sport ........ 55
Des débuts plus que prometteurs ........ 55
L'OM, la « Rolls » de TF1........ 58
Munich 1993 : tremplin vers les sommets ........ 60
La politique, nouveau terrain de jeu ........ 62

Quand Tapie joue à l'entremetteur (épisode 1) .................. 65
Tapie et « Tonton » .................................................................. 66
Quand gauche et droite font cause commune .................... 70
Quand Tapie joue à l'entremetteur (épisode 2) .................. 76
Retour manqué ........................................................................ 77
Vers de nouvelles aventures, quoique… .............................. 79

## 3
## L'identité nationale et le football

Un débat polémique ................................................................ 83
France-Algérie : un immense gâchis .................................... 84
Aux armes, citoyens… .......................................................... 92
Des dérapages en tout genre .............................................. 97

## 4
## Les rapports étroits entre municipalités et clubs

Bez, Rocher et les autres… .................................................. 102
Hechter et les politiques ...................................................... 104
À Strasbourg, seul contre tous ............................................ 108
Quand la mairie de Paris sauve le PSG ................................ 110
Borloo et VA : un tremplin politique .................................. 115
Un lien toujours plus fort ...................................................... 117
Soisson, le politique dirigeant .............................................. 120
Roux-Soisson, ticket gagnant ................................................ 122
Delanoë : un maire pas très gâté .......................................... 125
Les fonds exotiques qataris .................................................. 129
Quand des politiques président l'OM… ................................ 132
La mairie s'efface, Robert Louis-Dreyfus entre en scène .... 136
Quand la maire prend (un peu) ses distances… .................. 139
Lyon et le foot : le grand mépris avant les années 1980 ...... 142
Aulas propulsé par la mairie de Lyon.................................. 144
Comment Gérard Collomb surfe sur les succès lyonnais .... 147
Aulas et Collomb, ou le mariage de raison .......................... 151
Pourquoi est-ce si compliqué de construire
des stades en France ? .......................................................... 154

OL Land : la guerre des élus ..... 158
Les Verts contre tout ..... 161
Lille : la guerre des stades ..... 164
Quand Juppé rêve de stade ..... 167

## 5
## Sécurité et supporters

La mort frappe au Parc des Princes une première fois ..... 169
La banderole de la honte ..... 172
Une dissolution en question ..... 175
Auteuil-Boulogne, des tribunes si politisées ..... 177
Les raisons de la haine ..... 178
À la droite de l'extrême droite... ..... 181
Un État trop longtemps laxiste ..... 186
Très chère sécurité ..... 189
Mais que fait la police ? ..... 190
Dissolutions en rafale ..... 194
Ailleurs en France... ..... 195
La répression et rien d'autre ..... 197
Vers des stades aseptisés ? ..... 199
Un club trop longtemps ambigu ..... 201
Francis Graille avait pourtant essayé... ..... 205
La révolution Leproux ..... 208
Santos Mirasierra : un supporter pas comme les autres ..... 209
Une affiche au service de la prévention de la grippe A ? ..... 217

## 6
## Les joueurs et la politique

Quand les politiques s'arrachent les joueurs ..... 227
Rocheteau, l'engagé qu'on a voulu récupérer ..... 228
Revelli : un Vert en politique ..... 231
Quand Dhorasoo s'engage auprès de Delanoë ..... 233
Quand Jean Lassalle rencontre Chamakh ..... 237
Pas si Cool que ça, la politique... ..... 240
Kastendeuch, l'homme qui dérangeait ..... 244

Thuram et le monde politique ............................................ 245
Les politiques qui aiment le football ................................... 249
Éric Besson, un passionné de football ................................ 254
Saint-Sernin : de Chirac à Rennes ....................................... 258
Bariani, le député UDF qui fait couler le Paris FC ............ 261
Le Graët, du football à la politique .................................... 264

## 7
## Les présidents de la République et la Coupe du Monde

François Mitterrand : guère passionné ................................ 267
Jacques Chirac : le football par intérêt ............................... 270
La Coupe du Monde 1998
et la France « black-blanc-beur » ...................................... 272
Un dernier Mondial avant de partir ..................................... 276
Sarkozy, un vrai grand passionné ........................................ 277
Un peu de « récup », ça ne peut pas faire de mal .............. 281
Sarkozy et l'Olympique lyonnais ......................................... 283
Une coutume mise de côté .................................................. 284
Une Coupe du Monde pour se relancer ................................ 287

## 8
## Les ministres des Sports et le football

Un ministère par défaut ? .................................................. 291
Sportifs ou non-sportifs ? .................................................. 293
« Monsieur le Premier ministre,
est-ce que je peux vous voir lundi ? » ............................... 295
Rama Yade et la menace Douillet ........................................ 297
L'argent du foot et les ministres .......................................... 301
Nicolas Sarkozy et les « amis du Fouquet's » ...................... 306

**Conclusion** ......................................................................... 309
**Remerciements** ................................................................. 311

Collection « Coup de gueule »
dirigée par Jean-Claude Gawsewitch

Dépôt légal : octobre 2010

Composition et mise en page

NORD COMPO
multimédia

Achevé d'imprimer par Corlet, Imprimeur, S.A. - 14110 Condé-sur-Noireau
N° d'Imprimeur : 132219 - Dépôt légal : octobre 2010 - *Imprimé en France*